Gegensätze Neu

Ein Programm für die Mittelstufe Deutsch als Fremdsprache

Textbuch

Klaus Lodewick

unter Mitarbeit von Manuela Glaboniat

Fabouda-Verlag
Göttingen

Gegensätze Neu

von Klaus Lodewick

unter Mitarbeit von Manuela Glaboniat

Gestaltung und DTP: Klaus Lodewick

Das Lehrwerk bietet Lernmaterialien für die gesamte Mittelstufe (ca. 360 Unterrichtsstunden). Grundlagen sind die Rahmenrichtlinien des Goethe-Instituts, die Zentrale Mittelstufenprüfung (ZMP) sowie die Mittelstufenprüfung des Österreichischen Sprachdiploms (ÖSD-M).

Gegensätze NEU besteht aus

- **Textbuch** ISBN 3-930861-**30-5**
- **Kursbuch** ISBN 3-930861-**31-3**
- **2 Kassetten zu den Hörtexten** ISBN 3-930861-**33-x**
- **2 CD zu den Hörtexten** ISBN 3-930861-**34-8**
- **1 Kassette Aufbauprogramm Hören** ISBN 3-930861-**35-6**
- **Handbuch für Unterrichtende** ISBN 3-930861-**32-1**
- **Tests & Spiele** ISBN 3-930861-**37-2**

1999 Fabouda-Verlag
1. Auflage 1999

Verlagsanschrift
Fabouda-Verlag
Lotzestr. 5
37083 Göttingen
Tel: 0551 / 7 38 31
Fax: 0551 / 7 48 92

Das Werk und seine Teile sind urheberrechtlich geschützt.
Jede Verwertung in anderen als den gesetzlich zugelassenen Fällen bedarf deshalb der vorherigen schriftlichen Einwilligung des Verlags.

Druck: Alfa-Druck Göttingen
Printed in Germany   ISBN 3-930861-**30-5**

HINWEISE

Liebe Deutschlernerinnen und Deutschlerner,

*Sie halten das Textbuch von **Gegensätze Neu** in der Hand.*

Sie werden für einige Wochen spannende Texte lesen und hören: Nachdenkliches, Lustiges, Trauriges, Provozierendes über die deutschsprachigen Länder, über andere Kulturen, die Ihnen fremd erscheinen, aber vielleicht vertrauter werden.

Sie werden vielleicht neue Lernmethoden kennen lernen und ausprobieren, Ihre Schwierigkeiten beim Hörverstehen vermindern, Ihren Wortschatz vergrößern und Ihre Angst beim Sprechen verlieren. Vielleicht werden Sie sogar im Zeitalter der elektronischen Kommunikation, der schnellen E-mails und des Mobilfunks zum gelegentlichen Schreiben von Texten motiviert.

*Sie werden ..., sie werden – hoffentlich bei aller Anstrengung viel Spaß mit **Gegensätze Neu** haben!*

Gegensätze Neu besteht aus:

Das **Kursbuch** enthält

- alle Aufgaben und Übungen zu den Lese- und Hörtexten, zur Grammatik und zum Wortschatz;
- Aufbauprogramme, die gezielt das Sprechen, das Schreiben und das Hören fördern;
- Lernstrategien, Tipps und Vorschläge;
- einen Lösungsschlüssel.

Das **Textbuch** enthält

- alle Texte und Fotos der 12 Kapitel;
- einen Grammatikteil, der den Kapiteln zugeordnet ist, aber auch unabhängig von ihnen bearbeitet werden kann;
- Sprech-oder Schreibhilfen (»SoS«);
- einen Index zum schnellen Auffinden von grammatischen Problemen.

2 CD oder 2 Hörkassetten

mit den Hörtexten

1 Kassette zu den Hörtexten des Aufbauprogramms Hören

Die Mappe **Tests & Spiele** enthält

- **Tests,** die Sie mit typischen Mittelstufen-Prüfungen wie z.B. der Zentralen Mittelstufenprüfung (ZMP) vertraut machen
- **Spiele,** mit denen Sie die Grammatik, den Wortschatz und die Sprech- oder Schreibhilfen wiederholen und spielerisch festigen können.

Nach den Texten zu den Kapiteln 1 – 12 finden Sie in diesem Buch
- **Grammatikbereiche (GR) und**
- **Sprech- oder Schreibhilfen (SoS).**

Die **Grammatikbereiche** sind den Kapiteln zugeordnet. Zum Beispiel beschäftigt sich der Grammatikbereich 4 mit der direkten und indirekten Rede und dem Konjunktiv I. In Kapitel 4 (Medien & Wirklichkeit) werden im Kursbuch dazu Übungen angeboten, d.h., die indirekte und direkte Rede wird als Grammatik-Schwerpunkt dieses Kapitels vorgeschlagen.

Falls Sie die Texte dieses Kapitels nicht interessiert, können Sie trotzdem den Grammatikschwerpunkt bearbeiten.

Die **Sprech- oder Schreibhilfen** sind auch den Kapiteln zugeordnet, allerdings weitgehend formal.
Typische Formulierungen für »Ratschläge und Empfehlungen geben« finden Sie zum Beispiel gleich in SoS 1. In Kapitel 1 werden Ihnen Aufgaben angeboten, mit denen Sie diese Formulierungen (mündlich und schriftlich) einüben und festigen können. Die Sprech- oder Schreibhilfen »Ratschläge« spielen aber natürlich nicht nur in Kapitel 1 eine Rolle, sondern auch bei vielen kommunikativen Übungen in den folgenden Kapiteln. Zum Teil wird bei bestimmten Aufgaben dann direkt auf sie verwiesen.

Andererseits sind auch Sprech- oder Schreibhilfen, die erst späteren Kapiteln zugeordnet sind, für Aufgaben und Übungen früherer Kapitel nützlich. Auch hier finden Sie Hinweise. Zum Beispiel sind die Sprech- oder Schreibhilfen »Meinungen äußern, begründen und widersprechen« formal Kapitel 8 zugeordnet. Natürlich brauchen Sie die Formulierungen schon viel früher. Am besten Sie verschaffen sich gleich zu Beginn der Arbeit mit Gegensätze Neu einen Überblick über die Sprech- oder Schreibhilfen, sodass Sie sie bei Bedarf nachschlagen können.

INHALT

Inhaltsverzeichnis 4

		Texte, Grammatik, Sprech- oder Schreibhilfen	Textsorte	Seiten im Tb	Kb		
1.1		Früher in der Schule	Anekdote	9	10		
1.2		Wege ins Gedächtnis	Sachtext	10	10		
1.3		Wörter und Geschichten	Sachtext	11	14		
1.4		Wie funktioniert das Gedächtnis?	Sachtext	12	17		
1.5		Griffige Übersetzung	Zeitungsartikel	13	21	**1**	Erinnern & Vergessen
GR	1.1	Nominalkomposita		90	19		
	1.2	Vorgangs- und Zustandspassiv		90	18		
SoS	1.1	Über Erinnerungen berichten		114	10		
	1.2	Über Erfahrungen berichten		114	14		
	1.3	Ratschläge und Empfehlungen		114	13		
2.1		Mit 16 in Amerika	Bericht	14	25		
2.2		Kulturelle Missverständnisse	Erzählungen	14	27		
2.3		Die U-Kurve des Kulturschocks	Sachtext	16	28		
2.4		Georgia	Lied	16	30		
2.5		San Salvador	Kurzgeschichte	17	30		
2.6		Nach Kanada	Kurzprosa	17	31		
2.7		Heimkehr / Ein Wintermärchen	Glosse / Gedicht	18	33		
2.8		Keine Angst vorm Hören!	Interview (Hörtext)	–	35	**2**	Inland & Ausland
2.9		Der fremde Planet	Sciencefiction	20	36		
GR	2.1	Negationen		92	28		
	2.2	Verben mit festen Präpositionen		93	33		
SoS	2.1	Irrtümer gestehen und korrigieren		115	27		
	2.2	Vermutungen ausdrücken		115	30		
3.1		Verstehen Sie Neudeutsch?	Sachtext	22	42		
3.2		»Verzeihung, ich spreche kein Englisch!«	Hörtext	–	43		
3.3		Die Farbe der Stimme	Sachtext	24	45		
3.4		Babylon in der Schweiz	Hörtext	25	47		
3.5		Frühe Entscheidungen	Zeitungsartikel	26	49	**3**	Sprache & Sprechen
GR	3.1	Relativsätze		94	48		
	3.2	Umschreibungen von »können«		95	51		
SoS	3	Fragen stellen		116	44		
4.1		Willkommen im Internet!	Internet-Seiten	27	57		
4.4		Ohne Titel (Bertolt Brecht)	Lehrgeschichte	28	59		
4.4		Meinungen zum Internet	Textcollage	28	60		
4.4		Olympia Zwo	Kurzgeschichte	29	61		
4.5		Computerspiele	Sachtext	30	63		
4.6		Wie wirkt Gewalt im Fernsehen?	Vortrag (Hörtext)	31	64		
4.7		Medien in »1.« und »3.« Welt	Zeitungsartikel	32	67	**4**	Medien & Wirklichkeit
GR	4.1	Redewiedergabe (Konjunktiv I)		97	60		
	4.2	Mehrteilige Textkonnektoren		98	58		
SoS	4.1	Bilder beschreiben		117	60		
	4.2	Verben der indirekten Rede		117	67		

INHALT

	Texte, Grammatik, Sprech- oder Schreibhilfen	Textsorte	Seiten im Tb	Kb		
5.1	Warum wir reisen?	Gedicht	34	75		
5.2	Der kleine Prinz und der Fluglotse	Märchen	35	76		
5.3	Rückreise von Amerika	Glosse	35	76		
5.4	Flucht in den Urlaub	Sachtext	36	77		
5.5	Wenn ich reise, bin ich jemand Anderes	Interview (Hörtext)	37	80		
5.6	Von primitiven und edlen Touristen	Sachtext	38	82	**5**	Tourismus & Reisen
5.7	Urlaub nur noch mit Reisezertifikat?	Zeitungsmeldung	39	84		
5.8	Zwei Rundreisen	Werbekatalog	40	84		
5.9	Heimatlied	Lied	40	86		
GR	5.1 Nominalisierungen		99	79		
	5.2 Kausalsätze		101	84		
SoS	5 Statistiken verbalisieren		118	75		
6.1	Männer	Lied	41	92		
6.2	Auch Männer sind Opfer!	Interview	42	92		
6.3	Mein Arbeitgeber	Erzählung	44	94		
6.4	Das faule Geschlecht	Sachtext	45	95		
6.5	»Die Männer müssen einfache Kulturtechniken lernen!«	Interview (Hörtext)	46	98	**6**	Frauen & Männer
6.8	Mord im Hafen	Kriminalstück	47	101		
6.6	Sachliche Romanze	2 Gedichte	48	104		
6.7	Gute Trennungsgründe	Romanauszug	49	104		
GR	6 Konzessivsätze		102	97		
SoS	6 Gesprächsstrategien		119	94		
7.1	Textcollage	Aphorismen	50	110		
7.2	Die Last der Hast	Sachtext	51	112		
7.3	Anekdote zur Senkung der Arbeitsmoral	Erzählung	52	116		
7.4	Zeit und Glück	Sachtext	54	120		
GR	7.1 Partizipien als Attribute		102	119	**7**	Zeit & Geschwindigkeit
	7.2 »wenn« und »als«		104	110		
SoS	7.1 Texte zusammenfassen		120	114		
	7.2 Termine verabreden		121	122		
	7.3 Zeitangaben		121	122		
8.1	Vorsicht, Lüge!	Partnertest	55	125		
8.2	Der Lüge auf der Spur	Sachtext	56	125		
8.3	Mein erster japanischer Hamburger	Erzählung	58	128		
8.4	Die Nachfahren des Baron Münchhausen	Zeitungsartikel	58	128		
8.5	Die Alltagslüge	Interview (Hörtext)	–	132		
8.6	Ohne Titel	Satire	60	134	**8**	Lüge & Wahrheit
8.7	Das letzte Lügengedicht	Gedicht	61	**137**		
8.8	Wenn Lila wüsste ...	Romanausschnitt	62	137		
8.9	Fünf Kurzhörtexte	Radioreportage	–	138		
GR	8.1 Finalsätze		105	130		
	8.2 »es«		106	136		
SoS	8 Meinungen äußern, begründen, widersprechen		122	128		

INHALT

	Texte, Grammatik, Sprech- oder Schreibhilfen	Textsorte	Seiten im Tb	Kb		
9.1	Die Beständigkeit des Gedächtnisses	Gemälde	63	143		
9.2	Enkel von Opfern und Tätern sprechen über den Holocaust	Radioreportage	–	144		
9.3	verhältniswörter	Gedicht	63	147		
9.4	Es ist der Papa ...	Zeitungsreportage	64	148		
9.5	Schrecken der Erinnerung	Erzählung	66	150	**9**	Gestern & Heute
9.6	Wegweiser in die Vergangenheit	Zeitungsreportage	68	154		
9.7	Stimmen zur Ausstellung	Radioreportage	–	154		
9.8	Schmeckt das Rattengift?	Essay	69	156		
GR	9 Zeitfolgen (Temporalsätze)		107	153		
10.1	Der Traum vom Wassertheater	Kurzprosa	71	161		
10.2	Geister in der Stadt	Hörtext (Glosse)	72	161		
10.3	Leichenrede	Gedicht	73	162		
10.4	Der Tod und das Mädchen	Gedicht	73	163		
10.5	Sterben in anderen Kulturen	Radioreportage	–	163	**10**	Leben & Tod
10.6	Verbot des Todes	Sachtext	74	164		
10.7	Ruhe sanft	Satire	75	167		
GR	10 Konsekutivsätze		109	165		
	3.2 Umschreibungen von *wollen* und *dürfen*		96	168		
11.1	Für Gäste das Beste?	Interview (Lesetext)	76	172		
11.2	Bilder, Sprüche, Regeln	Bildergeschichte	78	175		
11.3	»Wisst ihr, was mir neulich passiert ist?«	Erzählung	80	175		
11.4	Gäste? Nein, danke! Ja, bitte!	Radioreportage	–	176		
11.5	Der ungebetene Gast	Gedicht	81	177	**11**	Gäste & Gastgeber
11.6	Rede eines deutschen Schriftstellers	Zeitungsmeldungen	82	178		
GR	11.1 Konjunktiv II		110	174		
	11.2 Konditionalsätze		110	174		
SoS	11 Lebendiges Erzählen		123	175		
12.1	Fluch der freien Zeit	Zeitungsreportage	84	181		
12.2	Jenseits der Erwerbsgesellschaft	Hörtexte	85	181		
12.3	Das Verhängnis	Kurzprosa	85	182		
12.4	Freiheit macht arm	Sachtext	86	182	**12**	Arbeit & Leben
12.5	Der Schnurbart	Satire	88	–		
GR	Bestimmter und unbestimmter Artikel		112	188		
	Umschreibungen von »müssen«		96	188		

Grammatik-Index	124
Quellenverzeichnis	125

INHALT

Grammatik-Kapitel

			Tb	Kb
1	1.1	Nominalkomposita	90	19
	1.2	Vorgangspassiv und Zustandspassiv	90	19
2	2.1	Negationen: *nicht, kein*, Adverbien, Pronomen, Präfixe, Suffixe	92	28
	2.2	Verben mit festen Präpositionen	93	33
3	3.1	Relativsätze: spezifische und unspezifische Relativsätze, Relativsätze mit Präpositionen	94	48
	3.2	Umschreibungen der Modalverben *können, müssen, wollen, dürfen* (Übersicht)	95	
	3.2.1	Umschreibungen von *können: sein ... zu; sich lassen*, Adjektive mit *-bar* und *-fähig*	95	51
4	4.1	Fremde Meinungen wiedergeben: Direkte und indirekte Rede, Konjunktiv I	97	60
	4.2	Mehrteilige Textkonnektoren: *sowohl ... als auch, entweder ... oder* etc.	98	58
5	5.1	Nominalisierungen: Nominalisierung von Verben, Adjektiven, Partizipien; nominaler und verbaler Stil; Nominalisierung und Genitivattribut, Nominalisierung und Präpositionalattribut, Nominalisierung von Nebensätzen (Übersicht)	99	79
	5.2	Den Grund nennen (Kausalsätze)	101	84
6	6	Einschränkungen und Einwände nennen (Konzessivsätze)	102	97
7	7.1	Partizip I und Partizip II als Attribut Partizipattribute und Relativsatz	103	110
	7.2	*wenn* und *als* in der Vergangenheit	104	110
8	8.1	Das Ziel, den Zweck nennen (Finalsätze)	105	130
	8.2	*es*	106	136
9	9	Zeitliche Folgen nennen: *bevor/vor, nachdem/nach, als/während, seitdem/seit, bis dass/bis*	107	153
10	10	Die Folge nennen (Konsekutivsätze)	109	165
		Umschreibungen von *wollen, (nicht) dürfen* (Übersicht in 3.2)	96	168
11	11.1	Konjunktiv II	110	174
	11.2	Die Bedingung nennen (Konditionalsätze): reale, potentielle, irreale Bedingungen	110	174
12	12	Bestimmter und unbestimmter Artikel Umschreibungen von *müssen*: Infinitiv mit *sein ... zu* und *haben ... zu* (Übersicht in 3.2)	112	188
			96	188

Sprech- oder Schreibhilfen

			Tb	Kb
1	1.1	Über Erinnerungen berichten	114	10
	1.2	Über Erfahrungen berichten	114	14
	1.3	Ratschläge und Empfehlungen geben	114	13
2	2.1	Irrtümer eingestehen und korrigieren	115	27
	2.2	Vermutungen äußern	115	30
3	3	Fragen stellen	116	44
4	4.1	Bilder beschreiben	117	60
	4.2	Verben der indirekten Rede	117	67
5	5	Statistiken verbalisieren	118	75
6	6	Gesprächsstrategien	119	94
7	7.1	Texte zusammenfassen	120	114
	7.2	Termine verabreden und absagen	121	122
	7.3	Zeitangaben	121	122
8	8	Meinungen äußern, begründen, widersprechen	122	128
9	9	Anwendungen, Wiederholungen		
10	10	Anwendungen, Wiederholungen		
11	11	Lebendiges Erzählen	123	175
12	12	Anwendungen, Wiederholungen		

Inhalt

Prüft jedes Wort
prüft jede Zeile
    Vergesst niemals
    man kann mit einem Satz
    auch den Gegen-satz ausdrücken

                    Horst Bienek

ERINNERN & VERGESSEN

Früher in der Schule ⇒ Kb, S. 10

... aber ich besitze Fotos, die beweisen, dass man 1968 als Erstklässler noch mit einer Schiefertafel und einem Lappen bewaffnet zur Schule ging. Der Lappen baumelte seitlich aus dem Ranzen und diente zur Tafelreinigung. Als ich im Herbst 1968 eingeschult wurde, in Pfaffendorf bei Koblenz am Deutschen Eck, waren die Unterrichtsmaterialien, die Lehrmethoden, die Kleidung und die schulischen Umgangsformen noch vom alten Schrot und Korn. Taschenrechner, Markenkleidung, Schülermitbestimmung, Koedukation, blendend bunte Schultaschen im Reisekofferformat und das Recht auf körperliche Unversehrtheit hatten sich noch längst nicht flächendeckend durchgesetzt.

> Die jungen Leute von heute wollen es immer gar nicht glauben ...

Stattdessen ging es zu wie in der Kaserne. Morgens und am Ende der großen Pause hatten wir uns klassenweise in Zweierreihen auf dem Schulhof aufzustellen und auf das Erscheinen der jeweiligen Lehrkraft zu warten, bevor wir ihr im Gänsemarsch ins Gebäude folgen und den Klassenraum aufsuchen durften. Meine Klassenlehrerin war Frau Bogenhardt.

Damals ließen sich Erwachsene von Kindern in der Regel ja noch als Respektspersonen behandeln. So hielt es auch Frau Bogenhardt, die nach Gutdünken Backpfeifen verteilte, aufsässige Schüler für den Rest der Stunde in die Ecke abkommandierte und einen Katalog von Griffen beherrschte, mit denen sie die Elastizität des menschlichen Ohres immer neuen Belastungsproben unterzog.

Als ich einmal an der Tafel stand und nicht wusste, wie viel 17 weniger 4 ist, wurde mir links und rechts und noch einmal rechts und links eine gescheuert, von der jähzornigen Frau Bogenhardt, deren Liebe nicht leicht zu gewinnen war.

In Rechnen war ich sowieso nicht gut. Für die Lösung der Rechenaufgabe »26-14=0« erhielt ich die Note »Ungenügend«. Der betreffende Rechenvorgang ist mir noch in allen Einzelheiten gegenwärtig: 20 weniger 10 ist 10, 10 weniger 4 sind 6, bleiben noch die 6 von 26, 6 weniger 6 ist null. Frau Bogenhardt war anderer Meinung.

Gerhard Henschel

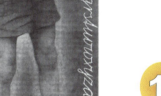

ERINNERN & VERGESSEN

1.2 Wege ins Gedächtnis

⇒ Kb, S. 10

In jeder Sekunde fließen über unsere Sinnesorgane (Augen, Ohren, Nase, Haut, Geschmacksnerven) unzählige Informationen in unser Gehirn. Wenn wir ein Kaufhaus betreten, sehen wir hunderte von Gesichtern, hören Werbung aus einem Lautsprecher, riechen die Duftstoffe der Parfümerie, fühlen den Luftzug der Klimaanlage.

Aber nur wenige dieser unzählbaren Reize aus der Umwelt nehmen wir bewusst wahr, und noch weniger bleiben in unserem Gedächtnis hängen. Sie entgehen unserer Aufmerksamkeit, die sich nur wenigen Ereignissen zuwenden kann. Fragt uns beispielsweise jemand, ob die Frau an der Kasse Frau Müller oder Frau Meier hieß, könnten wir wahrscheinlich keine befriedigende Antwort geben, obwohl jede Kassiererin ein kleines Namensschild trägt. Selbst wenn wir dem Schild einen Moment unsere Aufmerksamkeit schenken und den Namen lesen, bedeutet das nicht, dass wir uns später auch an ihn erinnern können.

Durch das Lesen ist der Name zwar in unser »Arbeitsgedächtnis«, aber noch lange nicht ins Langzeitgedächtnis gelangt. Das Arbeitsgedächtnis ist leider nicht besonders groß: Etwa sieben Informationseinheiten kann es aufnehmen. Wenn auf dem Namensschild zusätzlich noch die Adresse, Telefonnummer und das Geburtsdatum der Verkäuferin angegeben wären, könnten wir uns all diese Informationen nicht merken. Das zweite Problem besteht darin, dass das Arbeitsgedächtnis laufend neu gefüllt wird. Wenn wir unsere Aufmerksamkeit anderen Dingen zuwenden, z.B. ob die Verkäuferin die Preise richtig in die Kasse eingibt oder wenn wir plötzlich bemerken, dass wir noch eine wichtige Sache kaufen müssen, wird der Name der Verkäuferin im Arbeitsgedächtnis »gelöscht« und mit diesen neuen Informationen »überschrieben«. Schon kurze Zeit später hätten wir ihn vergessen.

Ganz anders sähe es aus, wenn folgendes passiert wäre:

Patrick: Ich habe Ihnen aber einen Hundertmarkschein gegeben!
Kassiererin: Nein, es waren zwanzig.
Patrick: Ich bin absolut sicher ...
Kassiererin: Hören Sie, glauben Sie, ich lüge?!
Patrick: Nein, aber es waren einhundert Mark.
Kassiererin: Eine Frechheit. Typisch Ausländer. Kommt hierher ...
Patrick: Wie bitte?! Was hat das damit zu tun? Ich werde mich beschweren.
Kassiererin: Tun Sie das. Zweite Etage, dritte Tür links.
Patrick: Unverschämtheit. Typisch deutsch! Wie heißen Sie? Ach ja, Frau Schönluder. Da steht es ja. Frau Schön-lu-der! Schönluder.

Patrick wird sich wahrscheinlich noch lange Zeit an den Namen erinnern, weil er
- ihn mit einem wichtigen **Erlebnis** verknüpft;
- ihn mit **Gefühlen** – Wut, Empörung – verbindet;
- ein starkes **Interesse** daran hat, den Namen nicht zu vergessen (er will sich ja beschweren) und
- ihn nicht nur **gelesen und gehört**, sondern auch laut **gesprochen** hat.

Schließlich hilft ihm zusätzlich, dass er die Einzelwörter kennt, aus denen sich der Name zusammensetzt: Luder ist ein Schimpfwort für eine freche, unverschämte Frau. Wir können also davon ausgehen, dass der Name »Sibylle Schönluder« in Patricks Langzeitgedächtnis gespeichert ist. Er ist in ein Netz von Bezügen und Verknüpfungen eingebunden: Patrick hat ihn »gelernt«, er wird ihn »behalten« und sich an ihn erinnern, weil sehr viele und unterschiedliche Pfade zu der Information führen, die irgendwo in seinem Langzeitgedächtnis »abgelegt« ist.

Aus Patricks spontaner »Lernarbeit« können wir wichtige Erkenntnisse für bewusste Lernstrategien in einer Fremdsprache gewinnen.

1 Gefühle und Interessen spielen beim Lernen eine wichtige Rolle. Ist der Lernstoff interessant und die Lernumgebung (der Kurs, die Beziehungen zwischen den Lernenden und zwischen Lernenden und Lehrenden) angenehm und macht der Unterricht Spaß, dann lernen wir leichter.

2 Wiederholungen des Lernstoffs sind entscheidend für eine dauerhafte Speicherung des Gelernten.

3 Lernen ist ein Prozess, in dem Neues und Unbekanntes zu Bekanntem in Beziehung gesetzt wird. Wenn wir etwas Neues lernen und dabei Verbindungen zu etwas Bekanntem suchen, erleichtern wir unserem Gedächtnis die Arbeit.

4 Wörter werden in unserem Gedächtnis nicht isoliert voneinander, sondern in bestimmten assoziativen oder logischen Zusammenhängen gespeichert. Wenn wir neue Wörter bewusst nach bestimmtem Prinzipien ordnen und dann lernen, finden wir sie leichter im Labyrinth unseres Gedächtnisses wieder.

5 An allen Lernvorgängen sollten möglichst viele Sinnesorgane beteiligt sein. Im Idealfall lernen wir das Wort »Knoblauch«, indem wir seinen Duft riechen, es schmecken, das Wort hören, es lesen und es laut sprechen.

ERINNERN & VERGESSEN

1.3 Wörter und Geschichten ⇒ Kb, S. 14

Geschichten

Porte bedeutet **Tür**

Gestern war ich in einem sehr guten Restaurant. Es hieß »La Porte«. Das Haus ist sehr vornehm. Es gibt drei Eingangsportale mit je einem Portier. Ich machte offensichtlich einen guten Eindruck und durfte alle drei Pforten passieren. In dem großen Speisesaal hingen überall Porträts des Besitzers, der natürlich La Porte hieß. Der Ober nahm meine Bestellung auf: eine große Portion Porree mit einem Glas Portwein. Es schmeckte vorzüglich. Nach dem Essen verlangte ich die Rechnung. Ich griff in die Tasche. O Gott, das Portemonnaie ist weg!

Leg bedeutet **Bein**

Bei meinem letzten Skiurlaub hatte ich Pech. Schon am dritten Tag lag ich mit einem Beinbruch im Krankenhaus. Statt die Pisten runter zu sausen, lag ich nun drei Wochen im Bett. Gerade wollte ich das erste Mal aufstehen, da kam die Krankenschwester und befahl: »Leg das Bein hoch!« Am nächsten Tag das gleiche Spiel: Gerade wollte ich aufstehen, da ging die Tür auf. »Leg sofort das Bein hoch!« Beim dritten Versuch folgte die Strafe. Der Drachen schnallte mich an das Bett, und was schreibt sie mit rotem Filzstift auf den Gips? Richtig: »Leg das Bein hoch!«

von Wörtern

Die Kiste

Das Erzählen von Geschichten ist entscheidend für das Funktionieren der Erinnerung. Aber was für Geschichten denke ich mir aus? An welche Geschichten kann ich mich am besten erinnern? Bauen Sie in Ihre Geschichten skurrile und phantastische Szenen ein! Denken Sie sich spannende Geschichten aus, mit (etwas) Gewalt und (viel) Humor.

Ebenso wichtig ist in jeder guten Geschichte die Anregung der Sinne. Wenn Sie so viele Sinne wie möglich ansprechen, verlieren die Wörter, die Sie lernen möchten, ihren abstrakten Charakter und verstärken ihre Beziehung zu Ihnen.

Stellen Sie sich vor, Sie haben es mit einer so trockenen und leblosen Information wie dem Wort »Kiste« zu tun. Sie können den Sehsinn einbinden, indem Sie sich gedanklich ein Bild von der Kiste machen und sich damit bereits den entscheidenden Schritt vom abstrakten Wort entfernen. Ihre Phantasie ist grenzenlos. Warum transportieren Sie Ihre Kiste nicht an einen ungewöhnlichen Ort? Stellen Sie sich vor, sie steht mitten in der Wüste, treibt auf dem Meer herum oder steckt in einem Mondkrater. Im Moment hat die Kiste noch einen langweiligen braunen Ton. Malen Sie sie mit Ihrer Lieblingsfarbe an!

Das nächste Stadium ist die Einbeziehung des Gehörsinns. Hier bietet es sich an, Ihr Objekt in eine musikalische Kiste zu verwandeln. Sie gibt einen dumpfen Laut von sich, wenn man gegen sie tritt, aber wenn der Deckel geöffnet ist, hören Sie die wunderbarste Musik. Stellen Sie sich vor, wie der Klang auf Ihre Gefühle wirkt. Vielleicht ist es eine sehr leise, sanfte Melodie, vielleicht ertönt aber aus der Kiste dröhnende Rock-Musik.

Wie fühlt sich die Kiste an? Wie schwer ist sie? Sie können die Kiste vielleicht heben, aber sobald Sie die messerscharfen Kanten spüren – autsch! –, setzen Sie sie sofort wieder ab.

Beziehen Sie Ihren Geruchssinn mit ein. Der Geruchssinn ist der Sinn, der am engsten mit der Erinnerung verknüpft ist. Möglicherweise ist in Ihrer Kiste Kaffee – oder Fisch.

Versuchen Sie zuletzt, die Kiste zu schmecken. Nur Mut! Reißen Sie mit den Zähnen eine Ecke heraus; vielleicht stellen Sie überrascht fest, dass Sie ein Stück Pizza kauen ...

1.4 Wie funktioniert unser Gedächtnis? ⇒ Kb, S. 17

Wie funktioniert unser Gedächtnis?

Wie gelangt nun eine Information von außen in unser Gedächtnis? Die moderne Biologie arbeitet hier mit dem Modell eines stufenweisen Abspeicherns (Verschlüsselns, **Codierens**):
Eine Information in Form eines sinnlich wahrnehmbaren Reizes erreicht uns. Die eintreffende Informationsmenge ist von der Art des Reizes abhängig: Geruchliche Reize können etwa 20 Bit pro Sekunde enthalten, visuelle hingegen ca 10 Millionen Bit.
Der wahrnehmbare Reiz trifft auf eine Sinneszelle, die ihn in Form eines elektrischen Impulses an eine Nervenzelle und ihre Nervenfaserendung, die Synapse, weitergibt (Ultrakurzzeitgedächtnis).
Der elektrische Impuls beginnt nun zwischen den Synapsen verschiedener Nervenzellen zu kreisen. (Kurzzeitgedächtnis) Er kreist in bestimmten, sich wiederholenden Bahnen im Netzwerk der Nervenzellen und hinterläßt dabei charakteristische molekulare Spuren, die sich chemisch im Gehirn einprägen. Die zunächst noch nicht fest zusammengeschalteten Nervenbahnen festigen sich dabei; es entstehen solide Verbindungen, die »**Engramme**«. Sie bilden unser Langzeitgedächtnis.

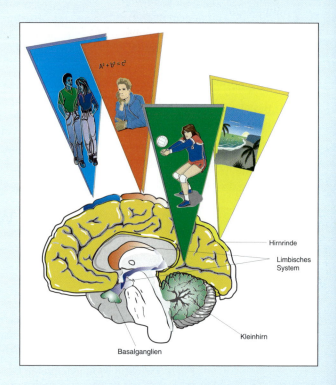

Hirnrinde
Limbisches System
Kleinhirn
Basalganglien

Das Langzeitgedächtnis besteht nach neueren Erkenntnissen aus mindestens vier verschiedenen Speichersystemen. Jedes System ist zuständig für bestimmte Inhalte:
Im »**episodischen**« oder »**autobiographischen**« Gedächtnis werden alle persönlichen Erlebnisse aufbewahrt – besonders fest haften jene Ereignisse, die mit starken Emotionen verbunden sind.
Das »**semantische**« Gedächtnis oder »**Wissenssystem**« enthält das allgemeine und eher gefühlsneutrale Welt- und Faktenwissen – es umfasst Vokabeln, Verkehrsregeln, Geschichtskenntnisse, Telefonnummern.
Im »**prozeduralen**« Gedächtnis finden sich Bewegungs- und Handlungsabläufe, die oft mühsam gelernt wurden, später aber automatisch beherrscht werden wie Schwimmen, Radfahren, Tanzen oder Klavierspielen.

»**Priming**« nennen die Wissenschaftler schließlich jenes Gedächtnissystem, das Sinneseindrücke (Farben, Formen, Gerüche) festhält. Es erleichtert das Wiedererkennen schon einmal erlebter Situationen.
Diese vier Gedächtnissysteme bilden jedoch keine strikt voneinander getrennten Erinnerungskammern; sie wirken vielmehr auf höchst komplexe Weise zusammen. So werden zum Beispiel beim Sprechen die Muskeln des Stimmapparates vom _____ Gedächtnis koordiniert. Das _____ Gedächtnis sorgt für die Vokabeln, die Grammatik und das Sachwissen. Sprechen wir von etwas Persönlichem, liefert das _____ _____ Gedächtnis Erinnerungen, und das _____ sorgt dafür, dass das Sprechen mit bestimmten Gefühlen verbunden ist.

ERINNERN & VERGESSEN

Griffige Übersetzung

Harald Bögeholz

Griffige Übersetzung
Hexaglot Quicktionary scannt und übersetzt

Die Bedienung des Quicktionary ist so unkompliziert wie die eines Textmarkers: einfach mit dem Stift über ein unbekanntes Wort fahren und im Display die Übersetzung ablesen. Falls das Scannen mal nicht klappen will oder die Buchstaben zu groß sind (Zeitungsüberschriften), lassen sich Wörter auch von Hand eingeben oder korrigieren. Das geht entweder mühsam mit den wenigen Tasten des Stifts oder mit einem mitgelieferten Pappkärtchen, auf dem für jeden Buchstaben ein Strichcode aufgedruckt ist. Indem man mit dem Stift der Reihe nach auf die verschiedenen Barcodes tippt, kann man ein Wort halbwegs schnell eingeben.

Das Gerät kommt mit drei 1,5-Volt-Batterien als Stromversorgung aus. 3 MByte ROM speichern neben der Betriebssoftware den Wortschatz des Geräts, den der Hersteller mit 28 000 Stichwörtern je Sprachrichtung angibt.

Insgesamt erzielt das Quicktionary eine sehr hohe Erkennungsrate. Je nach Länge des Wortes und Qualität des Scans dauert die Übersetzung verschieden lange. Englische Wörter erkennt das Gerät wie vom Hersteller angegeben in zwei bis fünf Sekunden, über lange deutsche Wörter gerät der Stift aber auch mal für zehn bis 15 Sekunden ins Grübeln.

Das Wörterbuch enthält keine Informationen über die Wortarten, sondern listet beispielsweise Bedeutungen als Verb und Substantiv kommentarlos nebeneinander auf. Noch mehr als bei einem gewöhnlichen Wörterbuch muss man also bei der Benutzung des Quicktionary das Ergebnis mit Vorsicht genießen und den Kontext prüfen.

Mit der Übersetzung deutscher Wörter ins Englische tut sich Quicktionary deutlich schwerer als umgekehrt. Längere Wörter sind schwieriger zu scannen. Bei zusammengesetzten Wörtern braucht das Gerät länger für die Übersetzung. Meist zerlegt es sie in ihre Bestandteile und bietet diese in einem Menü einzeln zur Übersetzung an. Insgesamt macht die Übersetzung aus dem Deutschen einen weniger guten Eindruck als umgekehrt; dies dürfte aber für den deutschsprachigen Anwender auch weniger wichtig sein.

Fazit

Trotz kleinerer Schwächen funktioniert das Quicktionary im Alltagsgebrauch erstaunlich gut. 28 000 Stichwörter je Sprachrichtung sind für ein Wörterbuch nicht allzu viel, und es gibt in der gleichen Preisklasse elektronische Konkurrenz mit größerem Vokabular. Diesen Nachteil macht das Quicktionary aber durch seine einfache Handhabung wett. Weil es den Lesefluss kaum unterbricht, schlägt man auch solche Wörter nach, über die man normalerweise hinweg gelesen hätte, und erweitert dadurch automatisch seinen Wortschatz. Dazu trägt auch die Möglichkeit bei, die letzten 75 nachgeschlagenen Wörter noch einmal abzurufen, um sie sich besser einprägen zu können. Ein Drücken der »R-Taste« genügt, und die Wörter erscheinen im Display. Damit ist das Quicktionary das ideale Weihnachtsgeschenk für Schüler ab der Oberstufe.

In Deutschland ist Quicktionary nur als Englisch-Deutsch-Wörterbuch erhältlich. International gibt es auch Kombinationen von Englisch mit Französisch, Koreanisch und Japanisch. Weitere Versionen mit Deutsch, etwa Deutsch-Französisch, sind zurzeit leider nicht geplant.   (bo)

Quicktionary
Elektronisches Wörterbuch in Stiftform
Hersteller Hexaglot, Tel. 040/514560-0
Vertrieb   Buchhandel, Kaufhäuser
Preis   299 Mark

INLAND & AUSLAND

2.1 Mit 16 in Amerika ⇒ Kb, S. 25

Es hat lange gedauert, bis ich erfuhr, dass es ein Kulturschock war. Ich war damals sechzehn Jahre alt und vor ein paar Monaten mit einem Stipendium aus Schwaben in die USA gekommen, mit dem Schiff in New York gelandet und dann im Bus tage- und nächtelang über schnurgerade Straßen bis zu einer winzig kleinen Kreisstadt im Mittelwesten gefahren. Dort gab es auf der Ebene unter dem endlosen Himmel nichts außer Mais, Rindern und menschenleeren Straßen. Es gab viele Kirchen und auf der Hauptstraße, der Fernverkehrsstraße, einige Geschäfte, ein Kino und eine Bar.

Nach meiner Ankunft war ich euphorisch über meine neue Situation und aufgeregt stolz über mein Heldentum, sie zu bewältigen. Von den späteren Gefühlen der Überforderung spürte ich anfangs nichts. Dabei verstand ich kaum etwas von dem, was die Leute um mich herum sagten. Mein Wortschatz war so begrenzt, dass ich eigentlich nur das verstand, was ich selbst sagte. In der Schule verpasste ich sechzig Wörter, während ich ein Wort nachschlug. Meine begrenzte Wahrnehmungsfähigkeit rettete mich vor dem frühzeitigen Zusammenbruch. Von all den fremden und neuen Dingen bemerkte ich offensichtlich immer nur so viel, wie ich bewältigen konnte.

Doch nach etwa zwei Monaten fühlte ich mich plötzlich fremd. Ich merkte: Ich gehörte nicht dazu. Ich war anders als alle anderen und würde »es« nie schaffen. Es war wie eine Schwelle, über die ich in einen anderen Raum getreten war, von dem aus alles anders aussah. Was vorher offen und lockend ausgesehen hatte, erschien nun plötzlich eng und verschlossen. Vielleicht lag es daran, dass ich mich nicht länger nur als Besuch, wie in den Ferien fühlte. Es kam mir langsam zu Bewusstsein, dass ich eine lange Zeit bleiben würde. Jedenfalls spürte ich jetzt die Überforderung durch all das Neue und erkannte, wie wenig ich von dem verstand, was um mich herum geschah und gesprochen wurde. Nach drei Monaten zog ich mich mehr und mehr aus der fremden Welt zurück, schrieb Briefe nach Hause, selbst an Klassenkameraden, mit denen ich daheim kaum ein Wort gewechselt hatte. Irgendwann wurde mir bewusst: Ich hatte Heimweh.

Elend und ausgesetzt kam ich mir vor, und alles erschien mir unverständlich fremd und feindlich. Alles störte mich, und niemand schien mich zu verstehen. Es begann bereits mit der gesalzenen Butter beim Frühstück, und es endete abends im Bett, dessen jeden Tag stramm unter die Matratze geschlagene Bettdecke mir die Füße fesselte und mich nicht schlafen ließ. Ich fühlte mich nirgendwo zu Hause.

[...] Ein Traum brachte nach etwa fünf Monaten die Wende. Ich wachte auf und merkte, dass ich auf Englisch geträumt hatte. Ich erzählte beim Frühstückstisch davon, und alle lachten. Niemand hatte geglaubt, dass es ein Problem sein könnte, in welcher Sprache man träumt. Wenn die Leute mich danach sahen, riefen sie: »Hey, Wolf, in welcher Sprache hast du heute Nacht geträumt?« Von da an ging es mir besser. Ich denke, das lag daran, dass ich meine Fremdheit zeigte, aber nicht als Anklage oder um Mitleid zu erwecken, sondern in humorvoller Weise.

2.2 Kulturelle Missverständnisse ⇒ Kb, S. 27

»Treffen wir uns am Freitag um 12.30 Uhr im Restaurant ›Maple Garden‹?« – »Maple Garden, das ist ein sehr gut gewähltes Restaurant.« Meine japanische Kollegin kam nicht um 12.30 Uhr ins Maple Garden. Wieder die gleiche Erfahrung: Auf Japaner kann man sich nicht verlassen. – Ein ungerechtes Urteil, wie ich später lernte. Japaner sind so erzogen, dass sie es als unverschämt empfinden, Anfragen oder Bitten mit einer direkten Ablehnung zu beantworten. Man erwartet vom Fragenden, dass er auf das hört, was nicht gesagt wird. Es gibt zwei Wege, dieses nicht verbalisierte »Nein« auszudrücken. Üblich ist eine Pause vor dem »Ja« (»hai«). Je länger der Antwortende wartet, bevor er »hai« sagt, desto größer ist die Wahrscheinlichkeit, dass er eigentlich »nein« (»iie«) meint. Die zweite Möglichkeit besteht darin, überhaupt keine direkte Antwort auf die Frage zu geben. In beiden Fällen ist es die Stille, die die Bedeutung übermittelt, während die gesprochenen Worte missverständlich sind.

a

INLAND & AUSLAND

Als ich meine Arbeit in Brasilien begann, fragte ich meine Chefin, ob sie auch eine Stelle für meine Freundin besorgen könnte. »Kein Problem!«, antwortete sie. Sie telefonierte, notierte einen Namen und eine Adresse und bat uns, am nächsten Morgen um 9 Uhr vor ihrem Haus zu sein. Ihr Chauffeur würde uns zu einer Firma fahren, wo meine Freundin einen Job bekommen könnte. Wir waren sehr beeindruckt. Nur tauchte der Chauffeur am nächsten Morgen nicht auf. Dieselbe Szene wiederholte sich am nächsten Tag. Wir waren empört über meine Chefin, die sich noch nicht einmal entschuldigte. Nach mehreren gleichen Erfahrungen sagte ich ihr in deutscher Direktheit, dass es besser sei, klar zu sagen, dass sie mir nicht helfen könne. »Aber ich sage Ihnen doch, dass ich genau die richtige Person kenne, die Ihrer Freundin helfen kann«, antwortete sie. »Kein Problem!« Am nächsten Tag war alles wie immer.

Als ich einem brasilianischen Freund unsere enttäuschenden Erfahrungen schilderte, erklärte er mir, was mein Fehler war. Ein »Ja« bedeutet häufig ein »Nein«, und für Brasilianer ist es wichtiger, hilfsbereit und höflich zu wirken, als ihre Versprechen zu halten. Außerdem hatte ich meine Chefin vor ein unlösbares Problem gestellt: Sie konnte meine Bitte weder ablehnen noch erfüllen. Hätte sie meine Bitte abgelehnt, wäre das unhöflich gewesen. Gleichzeitig hätte sie ihre Machtlosigkeit in dieser Frage zugeben müssen. In Brasilien sind die Gefühle der Menschen wichtiger als korrekte Informationen.

(b)

Ich möchte ein Beispiel erzählen, von dem ich bei einer Reise durch den Norden Thailands erfuhr. Dort begegnete mir eine Deutsche, die fassungslos von einer nächtlichen Zugreise berichtete, wo sie auf dem Weg zur Toilette von einer Einheimischen plötzlich und ohne ersichtlichen Anlass beschimpft, geschlagen und zuletzt sogar mit einem Messer angegriffen worden war. Erst der mutige Einsatz anderer Zureisender habe ihr die Flucht in den nächsten Wagen ermöglicht. Sie hatte die Angreiferin in keinster Weise provoziert und weder mit ihr geredet noch sonst Kontakt mit ihr gehabt. Im Gegenteil: Sie hatte sich besonders rücksichtsvoll benommen und war, um niemanden im Schlaf zu stören, vorsichtig über die kreuz und quer im Flur des Zuges schlafenden Passagiere hinweggestiegen. Plötzlich sei die Frau aufgesprungen, habe sie wie eine Wahnsinnige auf Thai angeschrien, auf sie eingeschlagen und dann aus ihrem Gepäck ein langes Messer gezogen, mit dem sie auf sie losgegangen sei. Sie musste verrückt gewesen sein.

Später las ich, dass es in der thailändischen Kultur als schwere Beleidigung gelte, mit den eigenen Füßen höher zu sein als der Kopf einer anderen Person. Denn der Kopf ist in der thailändischen Vorstellung der Sitz der Seele, des »Khwam«. Die Füße hingegen sind der Sitz des Bösen, sie gelten als niedrigster und schmutzigster Teil. Wenn die Füße, das Böse, den Sitz der Seele berühren, dann entflieht die Seele und kann nur mit aufwändigen und entsprechend teuren Ritualen wiedergewonnen werden. So ist es schon schlimm, wenn beim Sitzen mit übereinander geschlagenen Beinen die Füße auf jemanden zeigen. Katastrophal ist es geradezu, jemanden mit den Füßen oder den Schuhen am Kopf zu berühren.

(c)

Wenn ich Freunde in Indien besuchte, habe ich mich oft sehr unwohl gefühlt. Oft saßen wir dann einfach nur da und schwiegen. Ich rutschte nervös auf meinem Sitz herum und fand diese Kommunikationslosigkeit peinlich und direkt körperlich anstrengend. Manchmal dauerte das Schweigen Stunden, bis sich plötzlich eine lebhafte und lustige Unterhaltung ergab. Nichtstun, so wurde mir auf meine Fragen erklärt, sei schon eine Tätigkeit.

(d)

SCHOCK

INLAND & AUSLAND

2.3 Die U-Kurve des Kulturschocks ⇒ Kb, S. 28

Sozialwissenschaftler entdeckten beim Verlauf des Kulturschocks verschiedene Phase. Bringt man die einzelnen Phasen in ein Koordinatensystem, so ergibt sich eine Kurve, die wie ein »U« aussieht.

Am *Ausgangspunkt* steht eine hohe kulturelle Sicherheit in der eigenen, heimatlichen Kultur. Man lässt sich nicht in Frage stellen, bleibt der Tourist, der sich von der Exotik fasziniert zeigt, die Fremdheit in ihrem ganzen Ausmaß gar nicht wahrnimmt und sich von ihr kaum berühren lässt.

Im *Abstieg* folgt eine Zeit des Verlusts an kultureller Sicherheit. Man merkt nach und nach – mehr oder weniger schockartig –, wie fremd die neue Kultur ist. Nichts erscheint mehr sicher. Erste Reaktionen darauf sind Selbstzweifel und Selbstbeschuldigung, weil man die gewohnte kulturelle Sicherheit erwartet und deshalb das Misslingen der Kommunikation nur sich selbst anlastet.

Auf dem *Tiefpunkt* scheint es überhaupt keine Verständigungsmöglichkeiten mit der fremden Kultur zu geben. Je nach den durchlebten Konflikten kann die Kurve ganz flach oder sehr tief sein. Entscheidend dafür ist, ob man die fremde Kultur für seine Frustrationen verantwortlich macht. Die Folge ist dann die Verherrlichung der eigenen Kultur, was sich in dem Gefühl des Heimwehs äußert. Je stärker das Heimweh, desto mehr wird die neue Kultur abgelehnt, was wiederum die Heimat noch besser erscheinen lässt.

Damit es zum *Aufstieg* kommt, muss sich etwas Entscheidendes ändern. Voraussetzung dafür ist, dass man begreift, dass die Gründe für die Schwierigkeiten weder bei einem selbst noch bei den anderen liegen, sondern aus den kulturellen Unterschieden resultieren, dass es sich also um Missverständnisse handelt.

Im *Endpunkt* gelingt die Verständigung. Die Missverständnisse werden seltener; man betrachtet die Menschen vorurteilsfreier, man erlernt die Normen der fremden Kultur und berücksichtigt sie. Irgendwann ist die ursprüngliche kulturelle Sicherheit wieder erreicht, und zwar in den Regeln beider Kulturen.

2.4 Georgia ⇒ Kb, S. 30

Sieh, diese Stadt und sieh, sie ist kalt.
Erinnere dich, wie lieblich sie war.
Jetzt betrachte sie nicht mit einem Herzen,
sondern kalt,
und sage: sie ist alt.

Komm mit mir nach Georgia!
Dort bauen wir halt eine neue Stadt.
Wenn diese Stadt zu viele Steine hat,
dann bleiben wir nicht mehr da.

Sieh, diese Frau doch sieh, sie ist kalt.
Erinnere dich, wie gut sie einst war.
Jetzt betrachte sie nicht mit einem Herzen,
sondern kalt,
und sage: sie ist alt.

Komm mit mir nach Georgia!
Dort laß uns schaun nach neuen Fraun.
Wenn diese Fraun wieder kalt ausschaun,
dann bleiben wir nicht mehr da.

Und sieh, deine Ansichten, auch sie, sie sind alt.
Erinnere dich, wie gut sie einst waren.
Jetzt betrachte sie nicht mit einem Herzen,
sondern kalt,
und sage: sie sind alt.

Komm mit mir nach Georgia!
Dort, wirst du sehen, gibt es neue Ideen.
Wenn die Ideen wieder alt aussehen,
dann bleiben wir nicht mehr, dann, dann bleiben wir nicht mehr da.

Text: Bertolt Brecht; Lied: Klaus Hoffmann

2.5 San Salvador ⇒ Kb, S. 30

Er hatte sich eine Füllfeder gekauft.
Nachdem er mehrmals seine Unterschrift, dann seine Initialen, seine Adresse, einige Wellenlinien, dann die Adresse seiner Eltern auf ein Blatt gezeichnet hatte, nahm er einen neuen Bogen, faltete ihn sorgfältig und schrieb: »Mir ist es hier zu kalt«, dann »ich gehe nach Südamerika«, dann hielt er inne, schraubte die Kappe auf die Feder, betrachtete den Bogen und sah, wie die Tinte eintrocknete und dunkel wurde (in der Papeterie garantierte man, dass sie schwarz werde), dann nahm er seine Feder erneut zur Hand und setzte noch großzügig seinen Namen Paul darunter.

Dann saß er da.
Später räumte er die Zeitungen vom Tisch, überflog dabei die Kinoinserate, dachte an irgendetwas, schob den Aschenbecher beiseite, zerriss den Zettel mit den Wellenlinien, entleerte die Feder und füllte sie wieder. Für die Kinovorstellung war es jetzt zu spät.
Die Probe des Kirchenchores dauert bis neun Uhr, um halb zehn würde Hildegard zurück sein. Er wartete auf Hildegard. Zu alldem Musik aus dem Radio. Jetzt drehte er das Radio ab.
Auf dem Tisch, mitten auf dem Tisch, lag nun der gefaltete Bogen, darauf stand in blauschwarzer Schrift sein Name Paul. »Mir ist es hier zu kalt«, stand auch darauf.
Nun würde also Hildegard heimkommen, um halb zehn.
Es war jetzt neun Uhr. Sie läse seine Mitteilung, erschräke dabei, glaubte wohl das mit Südamerika nicht, würde dennoch die Hemden im Kasten zählen, etwas müsste ja geschehen sein.
Sie würde in den Löwen telefonieren.
Der »Löwe« ist mittwochs geschlossen.
Sie würde lächeln und verzweifeln und sich damit abfinden, vielleicht.
Dann saß er da, überlegte, wem er einen Brief schreiben könnte, las die Gebrauchsanweisung für den Füller noch einmal – leicht nach rechts drehen – las auch den französischen Text, verglich den englischen mit dem deutschen, sah wieder seinen Zettel, dachte an Palmen, dachte an Hildegard. Saß da.
Und um halb zehn kam Hildegard und fragte: »Schlafen die Kinder?«
Sie strich sich die Haare aus dem Gesicht.

Peter Bichsel

2.6 Nach Kanada ⇒ Kb, S. 31

Im Eisenbahnabteil auf der Rückfahrt von Irgendwo nach Itzehoe und nachdem wir spät ins Gespräch gekommen, redete sie, eine hübsche Mischung aus Frau, Mädchen und Modeblatterscheinung, immer hastiger auf mich ein. Nach Kanada wolle sie auswandern. Mit ihrem Mann. Ihr Ziel liege fest, man werde abseits der Zivilisation hausen, in einem Blockhaus, selbstgebaut, und von eigener Hände Unternehmen leben. Es gehe darum, frei zu sein, und zwar gründlich. Dies sei ihr letzter Besuch in Itzehoe bei ihren Eltern und Freunden, die sie vielleicht niemals mehr in ihrem Leben wieder sehe, denn Geld für erneute Besuche hätte sie keins. Das sei der Preis der Freiheit, den müsse man zahlen; dazu sei sie bereit, obwohl er, wie sie spüre, ständig steige, aber auch ihr Wissen über sich selbst ständig erweitere. Möglicherweise wäre alles falsch, was sie da tue, doch sei sie viel reifer geworden. Und darauf komme es doch an, auf sonst gar nichts. Gleich nach unserer Ankunft stieg sie in die erste Taxe vor dem Ausgang, nickte noch einmal abschiednehmend und eigentlich mehr für sich als für mich vor sich hin und fuhr, ohne Blick für ihren Geburtsort, den langen, langen Weg nach Kanada davon.

Günter Kunert

Heimkehr / Ein Wintermärchen

In der Erinnerung wächst alles, im Guten wie im Schlechten. Die Eltern waren größer, die Straßen der Kindheit weiter, die Verletzungen und Freuden der Jugend tiefer. Um diesen Vergrößerungseffekt eintreten zu lassen, reichen wenige Wochen. Wie oft stieg ich nach einem Urlaub die steilen Treppen zu meiner Dachwohnung hinauf, voller Freude, wieder zu Hause zu sein. Doch jedes Mal dasselbe: Ich schloss die Tür auf, und die weiten Räume, die ich erwartete, waren – geschrumpft! So viel kleiner, dunkler, muffiger, so viel trüber die Aussicht ... Derweil komme ich nur noch selten nach Europa. Einmal, zu Beginn der 90er Jahre, vergingen fast drei Jahre, in denen ich auf meiner Ranch in Arizona saß und an einem Roman schrieb. Dann aber war das Buch fertig, und ich fand mich auf dem Flug nach Frankfurt, umgeben endlich von Landsleuten und den vertrauten Lauten der Muttersprache. Wobei das mit den Lauten wörtlich zu nehmen war: Sie waren unheimlich laut. Und eine Menge anderes gab es, dass ich vergessen hatte.

Das Drängeln zum Beispiel, das Schieben, Stoßen, die Unfreundlichkeit, die Eroberung zusätzlichen Lebensraums per Ellenbogen. Kurzum: die gesamtdeutschen Rowdy-Riten. »Ich weiß, dass es nicht politisch korrekt ist, Generelles über eine ganze Nation zu behaupten«, schreibt der US-Romancier Hans Koning übers vereinigte Deutschland: »Dennoch, Jahrhunderte gemeinsamer Geschichte können eine Gesellschaft prägen, sodass es schwer wird für andere Gesellschaften, sie zu verstehen.«

Der Glückliche! Im Gegensatz zu ihm verstand ich alles noch bestens. Das dröhnende »Hoppla« etwa, mit dem beim Einsteigen der Riese hinter mir kommentierte, dass er mir seinen Koffer ins Kreuz gerammt hatte. Kinderleicht war es auch zu erraten, wer in der Kabine Deutscher und wer Amerikaner war. Eindeutig signalisieren die verschlossen schweigenden Gesichter die Nationalität: verkniffene Mienen, angespannte Seitenblicke.

»Noch immer ein rechter Winkel / In jeder Bewegung, und im Gesicht / Der eingefrorene Dünkel«, klagte über die preußische Physiognomie einst Heine, der immerhin 13 Jahre im freundlichen Ausland ausharrte, bis er wieder einem deutschen Zöllner unter die Augen trat. Mein Grenzbeamter war dann kein pickelhäubiger Preuße, sondern ein pickliger Hesse, ein bebrillter Jüngling, der zum guten Kontrollspiel die böse Miene eines Generals machte. Fordernd und wortlos streckte er die Hand aus. Ich gab ihm meinen Pass. »Beim nächsten Mal schlagen Sie den auf!«, raunzte er mich an. Wie dankbar ich dafür war: Er hatte gesprochen, einen ganzen Satz!

Denn an die mufflige Sprachlosigkeit des sozialen Umgangs, das fehlende Lächeln, den Mangel an Begrüßung und Smalltalk, muss man sich erst wieder gewöhnen. Mir jedenfalls fiel es schwer, obwohl ich im »CompuServe«-Magazin die »Dos and Don'ts« studiert hatte: »Komplimente sind Deutschen peinlich«, stand da zum knallharten Klingon-Wesen der Bundesbürger: »Deutsche gehen nicht davon aus, dass sie sie machen oder entgegennehmen müssen. Sie vermuten, dass alles ausreichend ist, solange sie nichts Gegenteiliges hören.« In diese Gedanken verloren, musste ich für Sekunden den Verkehr aufgehalten haben. Doch Hilfe war keine zehn Zentimeter entfernt. Dicht hinter mir stand eine hochgewachsene Business-Dame – ob zu Fuß unterwegs oder im Auto, hier hält keiner in keiner Schlange Abstand. Nun gab sie mir einen freundlichen Schubs. Damit war ich wieder in Deutschland, und das war genau wie früher, wenn ich vom Strandurlaub in meine Hinterhofwohnung zurückkam.

Gundolf S. Freyermuth

INLAND & AUSLAND

Heinrich Heine, Ein Wintermärchen

Im traurigen Monat November war's,
Die Tage wurden trüber,
Der Wind riß von den Bäumen das Laub,
Da reist' ich nach Deutschland hinüber.

Und als ich an die Grenze kam,
Da fühlt' ich ein stärkeres Klopfen
In meiner Brust, ich glaube sogar
Die Augen begannen zu tropfen.

Und als ich die deutsche Sprache vernahm,
Da ward mir seltsam zumute;
Ich meinte nicht anders, als ob das Herz
Recht angenehm verblute.

(Heine kommt nach Aachen)
Ich bin in diesem langweil'gen Nest
Ein Stündchen herumgeschlendert.
Sah wieder preußisches Militär;
Hat sich nicht sehr verändert.

Noch immer das hölzern pedantische Volk,
Noch immer ein rechter Winkel
In jeder Bewegung, und im Gesicht
Der eingefrorene Dünkel.

Sie stelzen noch immer so steif herum,
So kerzengerade geschniegelt,
Als hätten Sie verschluckt den Stock,
Womit man sie einst verprügelt.

Worterklärungen
hölzern *ungeschickt und steif*
pedantisch *übertrieben genau und ordentlich*
der Dünkel *Arrgoganz*
stelzen *mit steifen Beinen gehen*
geschniegelt *sich mit übertriebener Sorgfalt kleiden*

Heinrich Heine
Heine (1797-1856), einer der größten Dichter deutscher Sprache, ist vor allem durch sein lyrisches Werk bekannt geworden. In seinen Gedichten kritisiert er in oft scharfer Form und mit viel Ironie die deutschen Verhältnisse zu seiner Zeit. (*Deutschland – Ein Wintermärchen*, 1844). Heine begründete das literarische Feuilleton in Deutschland. Seine Kritik an den Mächtigen in Deutschland, die vor allem seine beißende Ironie fürchteten, erzwang schließlich die Flucht ins Pariser Exil, in dem er die zweite Lebenshälfte verbrachte. Bekannt sind auch seine *Reisebilder*, z.B. *Die Harzreise, Reise von München nach Genua*.

INLAND & AUSLAND

2.9 Der fremde Planet ⇒ Kb, S. 36

Aus einer bestimmten Perspektive verschwinden die Unterschiede zwischen Inland & Ausland ...

Der fremde Planet

Der Pilot Ama Bend hatte seinen Auftrag beendet. Er betätigte den Hebel R-23-A, und sein Raumschiff verließ die Umlaufbahn um den fremden Planeten. Wenig später raste er fast mit Lichtgeschwindigkeit seinem Ziel entgegen.
Ama Bend wartete die vorgeschriebenen 50 Zeiteinheiten ab, dann erst schaltete er den Gedankenverstärker ein und ließ sich mit dem Koordinator verbinden. Aus dem undeutlichen Gewirr von Gedankenströmen in seinem Kopf löste sich plötzlich der laute, klare Gedankenstrom des Koordinators: »Pilot Ama Bend, Pilot Ama Bend! Kannst du mich verstehen?«
»Ich verstehe dich, Koordinator.«
»Ama Bend, du solltest den unbekannten Planeten im Raumquadrat 47/3/1 anfliegen und ihn beobachten. Hast du es geschafft?«
»Ich habe den Planeten 3800 Zeiteinheiten lang beobachten können.« – »Und? Gibt es Lebewesen dort? Intelligente Lebewesen?«
»Es gibt Lebewesen dort. Vielleicht berichte ich der Reihe nach.« – »Bitte!«
»Der Planet ist größer als alle bekannten Planeten unseres Systems. Und er kreist um einen noch viel größeren Planeten, der starke Strahlen aussendet.«
»Strahlen?« fragte der Koordinator erstaunt. »Bist du sicher?«
»Vollkommen sicher! Ich konnte die Strahlen mit meinen Instrumenten deutlich messen. Diese Strahlen haben eine große Wirkung auf die Bewohner des Planeten: Wenn sie von den Strahlen getroffen werden, werden sie lebhaft und bewegen sich schnell. Bleiben die Strahlen aus, weil der Planet sich weitergedreht hat, so werden sie bewegungslos.«
»Völlig bewegungslos?« fragte der Koordinator dazwischen.
»Fast bewegungslos. Sie ziehen sich in flache Behälter zurück, die mit einem Gespinst bedeckt sind. Dort verharren sie, bis die Strahlen des großen Planeten sie wieder treffen.«
»Und wie sehen diese Lebewesen aus?«
»Sie haben einen ungegliederten, trockenen Rumpf, der sich an einem Ende stark verdünnt und dann in einem kugelförmigen Fortsatz endet. Außerdem gehen von diesem Rumpf vier plumpe Stängel ab, die einen kreisförmigen Querschnitt haben. Mit diesen Stängeln bewegen sie sich.«
»Sie sind also Vierfüßler?« fragte der Koordinator.
»Es sind keine Füße in unserem Sinne«, überlegte Ama Bend. »Aber der Einfachheit halber können wir von Vierfüßlern sprechen. In der ersten Zeit ihres Lebens bewegen sie sich auf ihren vier Stängeln fort und halten den kugelförmigen Fortsatz nach vorn gestreckt. Später bewegen sie sich hauptsächlich auf zwei Stängelbeinen und halten die beiden anderen seitlich am Rumpf herunter. Sie tragen dann den kugelförmigen Fortsatz oben. Seitlich an dieser Kugel befinden sich zwei dünne Häutchen in einer halbkugelförmigen Vertiefung. Werden diese Häutchen durch auftreffende Luftbewegungen in Schwingungen versetzt, so erzeugen diese Lebewesen ebenfalls Schwingungen in ihrem Rumpf und lassen sie durch eine Öffnung in der Kugel entweichen.«
»Hast du herausgefunden, warum sie das tun?«
»Mir scheint, sie verständigen sich auf diese Weise. Übrigens haben diese Lebewesen die Gewohnheit, ihren Rumpf und Teile ihrer Beinstängel mit einem Gespinst zu überziehen. Dieses Gespinst nehmen sie zum Teil von der Oberfläche anderer vierfüßiger Lebewesen. Zum Teil stellen sie das Gespinst auch aus dünnen Fäden her, die sie aus Metallröhren pressen.«
»Tun sie das, um sich warm zu halten?« fragte der Koordinator.
»Ich habe nicht herausfinden können, wozu es gut sein soll. Sie tragen das Gespinst auch dann, wenn die Lufttemperatur so hoch ist, dass es ihnen unangenehm sein muss.«
»Vielleicht wohnen sie darinnen?«
»Nein, auch das kann nicht sein. Sie wohnen in würfelförmigen Behältern, die oben spitz zugehen. Unten ist ein viereckiges Loch, durch das sie in den Behälter gelangen. Sie haben die Gewohnheit, ganz viele dieser Behälter nebeneinander zu stellen. Auf diese Weise wird eines Tages der ganze Planet zugebaut sein.
»Das klingt verrückt! Hast du herausgefunden, was sie damit bezwecken?«
»Leider nicht. – Zu bestimmten Zeiteinheiten findet man die Lebewesen fast alle in besonders großen Behältern. Sie stehen nebeneinander und machen alle die gleichen Bewegungen mit den Vorderbeinen. Auf ein bestimmtes Signal verlassen alle die großen Behälter und ziehen sich zurück in ihre eigenen, kleinen Behälter. Da sie das seltsamerweise alle gleichzeitig tun, herrscht ein großes Gedränge, und sie kommen nur langsam vorwärts. Wenn sie endlich in ihren eigenen Behältern angekommen sind, tun sie wieder

INLAND & AUSLAND

alle das Gleiche: Sie lassen sich auf ein Holzgestell nieder, das mit Gespinst bedeckt ist, und nehmen Strahlen auf, die aus einem Kasten kommen. Dieser Kasten besteht aus dünngeschnittenem Baum und ist mit Metallteilen gefüllt.«

»Das klingt alles rätselhaft. Man kann noch nicht erkennen, ob es intelligente Wesen sind oder nicht.«

»Die meisten ihrer Handlungen bleiben mir unverständlich. Ich kann sie nur beschreiben. Wenn sie ein bestimmtes Alter erreicht haben, benutzen sie ihre Beinstängel nur noch selten als Fortbewegungsmittel. Sie stellen kleine Behälter aus gewalztem Metall her, die sich selbstständig fortbewegen. Die Planetenbewohner steigen in diese Metallbehälter und rasen auf andere Behälter zu. Meistens gelingt es ihnen, dicht daran vorbeizurasen. Manchmal gelingt es ihnen auch nicht. In diesem Fall platzen die Metallbehälter auf. Die Lebewesen, die in den Behältern sind, werden dadurch lange Zeit bewegungslos, manche sogar für immer.«

»Das ist doch völlig verrückt.«

»Es kommt noch verrückter: Diese Lebewesen sind gezwungen, die Lufthülle ihres Planeten in winzigen Teilchen in sich aufzunehmen und wieder abzugeben. Viele der Lebewesen beschäftigen sich nun viele Zeiteinheiten lang damit, der Lufthülle durch hohe Röhren Kohlenstoff, Schwefel und andere schädliche Gase zuzusetzen. Dadurch fällt ihnen und den anderen Lebewesen die Aufnahme der Luft schwerer.«

»Erzählst du die Wahrheit?« fragte der Koordinator ungläubig.

»Ich lüge nie«, sagte Ama Bend und schwieg gekränkt.

»Ich entschuldige mich«, sagte der Koordinator.

Ama Bend setzte seinen Bericht fort: »Viele Lebewesen sind nur damit beschäftigt, bestimmte kleine Behälter aus Metall herzustellen.«

»Du meinst die, in denen sie sich fortbewegen?«

»Nein, nein. Sie sind kleiner und haben eine andere Aufgabe. Es gibt davon verschiedene Arten, die mit verschiedenen Stoffen gefüllt sind. Da gibt es welche, die haben die Aufgabe, das Metall zum Platzen zu bringen. In diesem Fall fliegen die Metallteile durch die Lufthülle des Planeten, reißen Löcher in die Lebewesen und machen sie für immer bewegungslos. Andere Metallbehälter erzeugen eine Luftverdichtung, die so stark ist, dass die Wohnbehälter einstürzen und die Lebewesen zerquetschen. Wieder andere erzeugen so hohe Temperaturen, dass die Lebewesen verkohlen. Dann gibt es welche ...«

»Genug! Aufhören!« Der Gedankenstrom des Koordinators war so stark, dass es schmerzte. »Es ist mir egal, ob die Lebewesen intelligent sind oder nicht. Eines ist sicher: Sie sind verrückt! Sie sind wahnsinnig! Ich will von diesem irrsinnigen Planeten nichts mehr hören. Wir werden ihn zum Sperrgebiet erklären, damit andere intelligente Lebewesen vor ihm geschützt werden. Keiner soll mit ihm Verbindung aufnehmen.«

»Sehr gut«, antwortete Ama Bend erleichtert. »Ich wollte den gleichen Vorschlag machen.«

»Nur noch ein paar abschließende Notizen für unseren Bericht«, fuhr der Koordinator fort. »Hat der Planet einen Namen?«

»Die Bewohner nennen ihn _____. Und den großen Planeten, der die Strahlen aussendet, nennen sie _____.«

»Und die Bewohner?«

»_____. Sie nennen sich _____«.

»Hast du noch andere Bezeichnungen herausfinden können?«

»Nur noch wenige: den kugelförmigen Fortsatz nennen sie _____. Die großen Behälter, in denen sie sich versammeln, nennen sie _____, und der kleine Kasten, vor dem sie so viele Zeiteinheiten verbringen, wird _____ genannt.«

»Danke, das genügt«, sendete der Koordinator. »Du hast gut gearbeitet. Ich wünsche dir einen guten Heimflug!«

»Danke! Auf später!« antwortete Ama Bend. Mit seinen Seitenfühlern stellte er den Gedankenverstärker aus, während er mit seinen blauen Vordertastern gleichzeitig den Hebel R-23-A auf Stufe vier schob. Dann saugte er sich gemütlich an der verspiegelten Innenfläche des kleinen Raumschiffs fest. Er freute sich: Sein Auftrag war beendet. Noch dreihunderttausend Zeiteinheiten, und er war wieder daheim.

Paul Maar

SPRACHE & SPRECHEN

Verstehen Sie Neudeutsch?

Miles & More führt ein flexibleres Upgrade-Verfahren ein: Mit dem neuen Standby oneway Upgrade-Voucher kann direkt beim Check-in das Ticket aufgewertet werden (**Lufthansa**). *Der Shootingstar unter den Designern bekam Standing Ovations für die supercoolen Outfits mit den trendigen Tops im Relax-Look* (**ein Modemagazin**). *Der letzte Gig der Band zeigt einmal mehr, dass der Trend zum Crossover geht, diesem ausgeflippten Sound-Mix aus Heavymetal und Rap, der seine Fans unter weißen Unterschichtkids hat und zunehmend in die Charts gelangt.*

Um welche Sprache handelt es sich bei diesen aus deutschsprachigen Zeitschriften ausgewählten Sätzen? Die Syntax scheint deutsch zu sein, die meisten Wörter aber englisch. Nahezu jedes Inhaltswort ist in diesen Sätzen ein englisches.

Die Anglisierung der Sprache scheint auf den ersten Blick auf einzelne sachliche oder soziale Bezirke beschränkt, vor allem auf den Computerbereich. Beim zweiten Blick aber sieht man, dass sehr viele Lebensbereiche davon betroffen sind: die Wissenschaften; der Bereich Reise/Verkehr/Tourismus; viele Zonen der Wirtschaft; die Bereiche Werbung, Mode, Popmusik. In diesen Bereichen ist heute ein großer Teil aller sinntragenden Wörter englisch. Deutsch hat sich auf diesen Gebieten verabschiedet und seinen Platz einem oft miserablen Englisch überlassen.

Hervorstechendstes Kennzeichen des öffentlichen Neudeutsch sind die überall aus dem Boden schießenden Pseudowörter: *Airpass, Antiklau-Code, Anti-Stress-Hit, Antiviren Tool, Astrolook, BahnCard, Body-Bewusstsein, Bugfix für Windows Setup, Business-Look, Car HiFi, CD-ROM Fan, Dauer-Talker, Dia-Show, EasyFit-Zuschlag, Erotik ClipArt, Family&Friends-Tarif, Fashion-Mix, Fastfood-Info, Fly&DriveKunde, Ghetto-Kid, Hair und Make-up-Artist, Hightech Profi, Infopool, Intensiv Crash Kurs, InterRegio, InterKombiExpress, Low Cost Produkt, Maso-Freak, Mediabox, Megastau, Megastore, Metroliner, Micro-Mini, Öko-Set, Office Paket, Oldies-Gala, Online-Chats, Open-air -Gefühl, Politthriller, Promi-Paradies, Promotion-Action, Pull-Down-Menü, Punk-Opa, Reiseshop, Repro Center, Service total, Technic Center, Telelearning, Top frisch Discount, Trend-Guide, Trucker Festival, TuneUp-Modul, Tuningtipps, TV Gameshow-Hopper, Video Clip, Workshop.*

Wer ist für das Eindringen dieser Wörter in unsere Sprachwelt verantwortlich? Wer treibt die Sprachentwicklung voran? Ist es eine vornehme Elite? Sind es die Sachverständigen der Akademien oder Institute oder Verlage? Ist es irgendein gewähltes Parlament? Oder gibt es gar keinen Verantwortlichen, ist es doch sozusagen der Geist der Sprache, der da entscheidet? Wenn man so fragt, zeigt man auch schon auf, dass nichts davon zutrifft. Niemand kommandiert die Sprache, aber sie verändert sich auch nicht von allein; sie gehört allen, aber nicht alle sind an ihrer Entwicklung gleich beteiligt. Das Subjekt der Sprache muss man heute nicht lange suchen. Es sind die professionellen Vermittler, die Medien. Sie erfinden die Neuerungen. Sie entscheiden, ob fremde Wörter in Umlauf gebracht werden sollen und in welcher Form. Wie langweilig, zum *Torwart* jedes Mal *Torwart* zu sagen — *Torhü-*

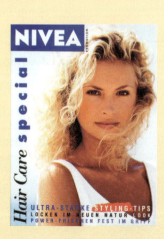

Sprache & Sprechen

ter, Tormann, Torwächter gibt es doch auch noch, es muss nicht einmal das Tor darin vorkommen, man könnte ja auch *Schlussmann* sagen oder *Mann zwischen den Pfosten,* aber auch das wird langweilig, wie heißt der Kerl denn anderswo – richtig, *Goalkeeper* oder so ähnlich, was immer das bedeuten mag, noch ein bisschen zu lang allerdings, *Keeper* also oder *Goaler* oder netter *Goalie.*

Beim heutigen Fremdwortimport, der weitgehend ein Import aus dem Englischen ist, sehe ich drei Motive am Werk.

1 Das wichtigste Motiv ist die blanke Notwendigkeit. Es kommen neue Sachen, und sie bringen ihren Namen mit, der genau so neu ist wie sie selber. Irgendwie muss man den *Scanner* ja nennen; auch seine Erfinder mussten gleich ein Wort für ihn mit erfinden. *Abtastgerät? Abtaster?* Was tut ein *Scanner* denn? Tastet er ab? Für das, was er tut, gibt es gar kein deutsches Wort. Warum also nicht *scannen* und *Scanner?* Es ist so einleuchtend wie praktisch.

2 Die meist kurzen englischen Wörter sind oft weniger umständlich, sind zupackender als deutsche Entsprechungen. *Stress* ist kürzer als *Anstrengung, Campus* ist kürzer als *Hochschulgelände.* Das macht sie attraktiv.

3 Seit dem Ende des Zweiten Weltkriegs ist Amerika die Leitkultur. Als Leitkultur wirkt es modern, dynamisch, jung; flott, vital, sexy, auch sein Wortschatz. Amerikanische Wörter haben von vornherein eine gewisse Aura, die sie attraktiv macht. Sie haben Appeal und verleihen Appeal. Man muss nur einmal ausprobieren, wie es sich anfühlt, eine *Unterhose* zu tragen oder einen *Slip,* und man fühlt den Appeal auf seiner Haut. Mehr als irgendeine Notwendigkeit oder Vorteilhaftigkeit englischer Bezeichnungen ist dies das Hauptmotiv hinter dem Sprachwandel hin zum Englischen, und genau darum ist er auch nicht zu bremsen.

Die treffende alte Bezeichnung Dauerlauf hätte in Deutschland niemanden zu einer so ausdauernden und eintönigen Kraftanstrengung motiviert; *Jogging* schaffte es.

Das zur Fortbewegung bestimmte Metallgestell mit zwei Rädern hatte längst einen Namen: Fahrrad oder Rad oder in der Schweiz: Velo(ziped). Seine Renaissance aber erlebte es unter dem Namen *Bike,* und zwar als Kurzform von *Mountain Bike.* Beim Import des *Mountain Bike* kam niemand auf die Idee, es vielleicht »Bergrad« zu nennen, obwohl das eine unverkrampfte und vollständige Übersetzung dargestellt hätte. Wer schweißüberströmt auf Schotterwegen bergan strampelt, will wenigstens ein schickes Wort für sein Sportgerät, eines, mit dessen Hilfe er sich in die Marlboro-Welt des Abenteuers versetzt vorkommen darf. Als »Bergrad« hätte das Gestell nicht Karriere gemacht; trotzdem ist es natürlich nichts anderes.

Wenn das Englische den profanen Dingen jenen gewissen Appeal verleiht, den sie unter ihrem normalen deutschen Namen nicht hätten, so wirken sie damit natürlich auch an der Konstruktion einer Scheinwelt mit. Der schöne Schein verschwindet sofort, wenn man sie ins Deutsche übersetzte, gar wörtlich. Das Wunder an prompter Hilfe, das einem eine *Hotline* verspricht, würde man von einer Telefonberatung gar nicht erst erwarten. Käme der *Double Color Everlasting Lipstick* als zweifarbiger Dauerlippenstift daher, würde ihn zwar niemand mehr kaufen. Aber immerhin sähe jeder sofort, worum es sich handelt. Die Übersetzung ins Deutsche hat oft etwas Entlarvendes: sie führt geradewegs auf den Boden der Tatsachen. Darum wird sie in der Warenwelt auch so konsequent gemieden.

Dieter E. Zimmer

Wer auf Schotterwegen bergan strampelt, will wenigstens ein schickes Wort für sein Sportgerät.

```
         Deutsche Telekom
           Ihre Rechnung
Artikel-/
Leistungs-Nr.
                 Monatliche Beträge
04011            Basisanschluß (DSS1)
                 Komfort-Mehrgeräteanschluß

                 Beitrāge für Verbindungen
                 vom 20.03.98 bis 31.03.98
03215            89 CityCall-Verbindungen
                 14 RegioCall-Verbindungen
03224              - Normaltarif
03231              - 10plus
                 27 GermanCall-Verbindungen
03226              - Normaltarif
03235              - 10plus
                 11 GlobalCall-Verbindungen
```

SPRACHE & SPRECHEN

3.3 Die Farbe der Stimme

⇒ Kb, S. 45

Die Stimme kann säuseln und donnern, flöten und schmettern, sie kann schneiden wie Metall, klirren wie Glas und streicheln wie eine warme Hand. Die menschliche Stimme ist das vielfältigste und wundersamste Instrument, das die Natur hervorgebracht hat. Sie verrät unsere Gefühle und wirkt wie eine Visitenkarte. Schon nach ein paar Worten wissen wir, ob eine Frau oder ein Mann spricht. Blitzschnell ziehen wir aus ihnen Rückschlüsse auf Alter, soziale Herkunft und Bildung. Wir fühlen die gegenwärtige Stimmung des Sprechenden, wir sind in der Lage, vielfältige Nuancen von Unsicherheit, Ironie, Zärtlichkeit, Verachtung, Resignation oder Spott zu registrieren oder auch zu vermitteln – allein durch Variationen in der Klangfarbe, Artikulation, Intonation, Sprechtempo und Lautstärke unserer Stimme. Und was besonders faszinierend ist: Die meisten Menschen sind im Stande, eine Stimme mit großer Sicherheit wieder zu erkennen, selbst wenn sie sie nur einmal gehört haben.

An einem Tag im Februar 1987 klingelten beim Südwestfunk die Telefone Sturm, und sie standen auch die nächsten Tage nicht still. Eine neue Sprecherin, Susanne Müller, hatte die täglichen Programmtipps für den Abend verlesen. Die 24-Jährige hatte in der gesamten Republik durch ihre dunkle, hauchige, leicht atemlose Stimme kollektive Gefühlsausbrüche ausgelöst. Im ganzen Sendegebiet legten ganze Belegschaften minutenlang die Arbeit nieder, nur um den von Müller gesprochenen Verkehrshinweisen lauschen zu können. Selbst der Wetterbericht klang bei der »erotischsten Stimme Deutschlands«, wie sie in den Medien genannt wurde, wie eine geheimnisvolle Liebesbotschaft. Solche spontanen Reaktionen sind natürlich nicht auf attraktive Frauenstimmen beschränkt: Auch Männerstimmen, insbesondere tiefe, können auf Frauen anziehend wirken.

Problematischer für den Sprecher oder die Sprecherin sind negative Empfindungen, die Stimmen bei den Zuhörern auslösen. Vielleicht kennen Sie den Witz: »Herr Doktor, mein Problem ist, dass mich alle ignorieren.« – »Der Nächste bitte.« Wahrscheinlich hat der Mann kraftlos und leise, monoton und in gleicher Tonhöhe sein Problem artikuliert.

Wie wirken Stimmen auf die Zuhörer? Gibt es charakteristische Stimmenmerkmale, die in einem Kulturkreis oder sogar in allen Kulturen gleiche emotionale Reaktionen auslösen? Prof. Hartwig Eckert von der Universität Flensburg ist diesen Fragen nachgegangen. Tausende menschlicher Lautäußerungen hat er im Laufe der Jahre zusammengetragen – aus Rundfunk, Hörsaal, vom Nebentisch im Café und von Obdachlosen unter Brücken. Eine Auswahl aus dieser Stimmen-Sammlung hat er Versuchspersonen vorgespielt und deren Reaktionen getestet. Die Ergebnisse waren eindeutig:

Tiefe Stimmen vermitteln fast immer den Eindruck von Kompetenz und Autorität. Nicht zufällig ertönt am Ende eines Werbespots eine dunkle Männerstimme. Ist eine Stimme nicht nur tief, sondern auch noch leicht behaucht, wird sie als sinnlich oder erotisch empfunden – egal, ob sie männlich oder weiblich ist. Aber Achtung! Wer versucht, seine Stimme künstlich tiefer zu machen, wird meistens die gegenteilige Wirkung erzielen. Die meisten Zuhörer haben nämlich ein feines Gespür dafür, ob jemand zu hoch oder zu tief, natürlich oder gekünstelt spricht.

FRANK SINATRA
Samt, Swing, Melancholie

TINA TURNER
groß, rauh

MICK JAGGER
cool, obszön, sexy

SPRACHE & SPRECHEN

Große Wirkungen hat die Intonation: Eine deutliche (aber nicht übertriebene) Intonation lässt Sprecher und Sprecherinnen als kompetent, temperamentvoll und selbstbewusst erscheinen. Zwischenmenschliche Beziehungen werden bei Tonhöhenvariation schneller aufgebaut als bei monotoner Sprechweise.

Es gibt aber auch Stimmeigenschaften, die bei vielen Hörern automatisch negative Empfindungen auslösen. Das chronische Zittern zum Beispiel, das die Reden mancher Politikerinnen oder unsicheren und ungeübten Redner begleitet, löst beim Zuhörer Nervosität aus. Unangenehm sind auch schrille Stimmen, etwa wenn man sich mit einer leisen und hohen Normalstimme in einer Diskussion nicht durchsetzen kann. Vor allem Monotonie, das Fehlen von Variationen in Tonhöhe und Lautstärke, empfinden viele Zuhörer nicht nur als unangenehm, sondern regelrecht als unheimlich. Für geschulte Ohren ist es sogar ein Alarmsignal: Völlig monotones Sprechen gehört zu den Symptomen einer schweren Krankheit.

Es ist verblüffend, sagt Prof. Eckert, mit wie viel Überzeugung und Spontaneität wir über Stimmen und damit über deren Sprecher urteilen. Und ein wenig erschreckend ist es auch. Denn die Urteile, die wir ja meist unbewusst fällen, sind alles andere als objektiv, oft sogar regelrecht falsch. Wenn wir Sprecher anderer Nationalitäten hören, interpretieren wir ihre Stimmen oft völlig falsch.

Norweger haben eine Intonation, die wesentlich größere Schwankungen der Tonhöhe aufweist als die deutsche Intonation. Viele Norweger behalten, wenn sie deutsch sprechen, ihre Intonation bei, was die Deutschen dann oft fälschlich für stark emotionale Äußerungen halten, oder aber sie schätzen den Sprecher irrtümlich als extrovertiert ein. Wir wundern uns, dass in türkischen Restaurants so viel gestritten wird – und ahnen nicht, dass Türken gewohnheitsmäßig lauter sprechen als wir. Viele Türken ihrerseits empfinden die gedämpfte Sprechweise der Deutschen als ausgesprochen unhöflich.

3.4 Babylon in der Schweiz ⇒ Kb, S. 47

Sprache

Die Amtssprachen der Schweiz sind Deutsch (65 Prozent der Bevölkerung), Französisch (18 Prozent) und Italienisch (10 Prozent). Seit der Volksabstimmung vom 10. März 1996 ist Rätoromanisch, das von weniger als einem Prozent der Bevölkerung gesprochen wird, vierte Amtssprache.
In der Deutschschweiz wird Schwyzerdütsch (Schweizerdeutsch), ein alemannischer Dialekt des Deutschen, gesprochen, der weitgehend von der Schriftsprache sowie von anderen deutschen Dialekten abweicht.
Tageszeitungen und Zeitschriften erscheinen in Hochdeutsch. In den Kantonen Freiburg (Fribourg), Jura, Waadt (Vaud), Wallis (Valais), Neuenburg (Neuchâtel) und Genf (Genève) ist französisch dominierend. Das Tessin (Ticino) bildet den überwiegenden Teil des italienischen Sprachraumes. Bündnerromanisch wird in erster Linie im Kanton Graubünden (Grisons) gesprochen.

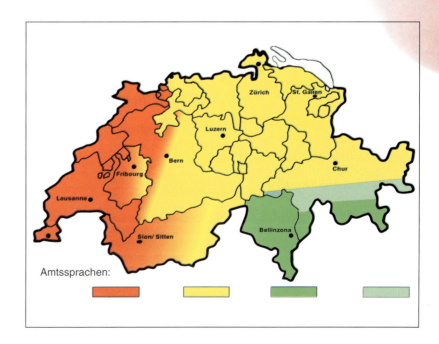

SPRACHE & SPRECHEN

3.5 Frühe Entscheidungen ⇒ Kb, S. 49

Frühe Entscheidungen

Eine New Yorker Forscherin durchleuchtete das Gehirn – und erklärt, warum es so schwer ist, eine fremde Sprache zu erlernen.

Im Jahre 1861 entdeckte der französische Hirnforscher Paul Broca das Sprachzentrum im Gehirn: So groß wie ein Fünfmarkstück, sitzt der Nervenknoten hinter dem linken Ohr bei Rechtshändern und hinter dem rechten bei Linkshändern.

Der New Yorker Forscherin Joy Hirsch ist es nun gelungen, die Broca-Region zu durchleuchten. Mit einer eigenwilligen Methode förderte die Wissenschaftlerin nicht nur einen Grund für die Qualen zu Tage, die viele beim Erlernen fremder Zungen haben – die Einsichten in die grauen Zellen am Ohr ließen auch erkennen, wie Sprache überhaupt entsteht. Hirsch hat die elektrischen Aktivitäten der Gehirne von Versuchspersonen gemessen, die innere Monologe in ihrer Muttersprache und in einer erlernten Fremdsprache führten. Ein Computer verwandelte die elektrischen Ströme in Farbbilder, sodass die Forscherin auf einem Monitor genau beobachten konnte, welche Bereiche des Broca-Zentrums aktiv sind, wenn in einer Muttersprache und in der Fremdsprache gesprochen wurde. »Die Kollegin«, lobt der US-Kognitionsforscher Michael Posner, »hat dem Gehirn beim Fremdsprachensprechen zugeschaut.«

Wie das Gehirn Muttersprache und Fremdsprache verarbeitet

Hirsch machte eine erstaunliche Entdeckung: Wenn eine Person zweisprachig aufgewachsen ist, wird beim Sprechen der Erst- oder Zweitsprache die gleiche Region des Broca-Zentrums aktiviert. Hat jemand aber erst später eine Fremdsprache zur Muttersprache hinzugelernt, schaltet das Gehirn zwischen verschiedenen Bereichen innerhalb des Broca-Zentrums hin und her.

Kaum einen Kirschkern weit voneinander entfernt liegen die beiden Bereiche der Broca-Region, die auf Hirschs Monitoren in verschiedenen (vom Computer erzeugten) Farben aufleuchteten, wenn das Gehirn zwischen der Muttersprache und einer später gelernten Fremdsprache hin- und herschaltet: In diesem Fall ist jede Sprache in eigenen grauen Zellen abgelegt. »Wer hingegen zweisprachig aufgewachsen ist«, so Hirsch, »speichert seine Kindheitssprachen nur in einer einzigen Hirnregion.«

Hirschs Forschungsergebnisse könnten eine neurologische Erklärung für das Phänomen liefern, mit welch unterschiedlichem Erfolg Kleinkinder einerseits und ältere Schüler andererseits eine fremde Grammatik lernen – in der Broca-Region werden, wie Hirnstromaufnahmen zeigen, die Adjektive gesteigert, die Verben konjugiert und die Sätze zusammengebaut. Wer das fremde Regelwerk nicht rechtzeitig lernt, hat in späteren Jahren große Schwierigkeiten. Versuchspersonen, Einwandererkinder aus China, sprachen nur dann vollständig korrektes Englisch, wenn sie mit zwei oder drei Jahren damit angefangen hatten.

Jene hingegen, die später eingetroffen waren, mochten sich zwar einen reichen Wortschatz angeeignet haben; ihre Grammatikfehler aber und ihren fernöstlichen Akzent wurden sie nie mehr ganz los.

Denn in den ersten Lebensmonaten werden im Gehirn die Verbindungen gezogen, die dann ein Leben lang Worte und Sätze verarbeiten. Schon Säuglinge vermögen nach neuen Untersuchungen ihre Muttersprache zu erkennen.

Perfekt nur im ersten Lebensjahr

Während ihres ersten Lebensjahres können Kinder jede Sprache perfekt lernen und sind in der Lage, 140 Sprachlaute auseinander zu halten. Später geht diese Fähigkeit verloren: Schon nach zehn Monaten hört ein kleiner Japaner keinen Unterschied mehr zwischen »r« und »l«, weil dieser in seiner Sprache nicht existiert. Zweisprachig Aufgewachsene dagegen scheinen diese angeborenen und dann zerrinnenden Fähigkeiten mehrfach auszunutzen. Der Hamburger Sprachwissenschaftler Jochen Rehbein: Wer mit mehreren Sprachen aufgewachsen ist, könne sich meist in allen Idiomen besser ausdrücken als Menschen mit einsprachiger Erziehung. »Ausländerkinder sind ihren Schulkameraden oft im Deutschen überlegen.«

Eine mögliche Erklärung: Die Zweisprachigen haben das Grammatikzentrum im Kopf gleich doppelt trainiert und profitieren davon ihr ganzes Leben. »Im Gehirn scheint ein universelles Programm für Sprache bereitzuliegen«, vermutet Forscherin Hirsch. »Es muss nur rechtzeitig abgerufen werden.«

Wörterbuch im Kopf

Sprachenzentren im Gehirn

Beim Sprachenlernen trennt das Gehirn zwischen Grammatik und Wortschatz: Es speichert Sprachregeln in der Broca-Region über dem Ohr, das Vokabular in der Wernicke-Region, die dahinter liegt. Bei zweisprachig Aufgewachsenen sind beide Kindheitssprachen zusammen in der Broca-Region abgelegt. Für später erworbene Fremdsprachen dagegen muss das Gehirn neue Bereiche anlegen – möglicherweise der Grund für die Mühen des Sprachenlernens.

Broca-Region Grammatik, Aussprache
Wernicke-Region Wortschatz

Broca-Region eines zweisprachig aufgewachsenen Menschen
- Türkisch
- Englisch
- gemeinsamer Bereich

bei später erlernter Fremdsprache
- Türkisch
- Englisch

MEDIEN & WIRKLICHKEIT

4.1 Willkommen im Internet! ⇒ Kb, S. 57

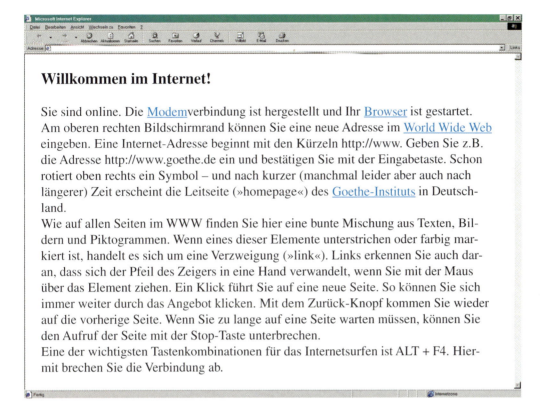

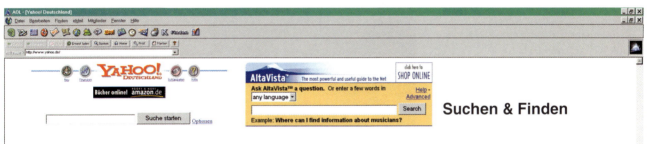

Suchen & Finden

Ohne einen Katalog, der ständig aktualisiert wird, bricht jede Bibliothek zusammen. Doch das World Wide Web, wo es Millionen von Texten und Bildern gibt, hat keinen Bibliothekar. Wer etwas finden will, muss selbst suchen. Zum Glück gibt es spezielle Suchmaschinen, die das Netz ständig durchsuchen und neue Seiten automatisch katalogisieren. Wenn Sie eine Internet-Adresse also nicht genau kennen oder Informationen zu einem bestimmten Thema haben wollen, müssen Sie eine Suchmaschine aufrufen. Deutschsprachige Suchmaschinen sind zum Beispiel Yahoo und Fireball. Yahoo (http://www.yahoo.de) ist ein Internet-Katalog, der nach Themen und Schlagworten sehr übersichtlich geordnet ist. Diese Suchmaschine ist verknüpft mit Alta Vista (http://altavista.digital), wo eine sehr genaue, weltweite Suche möglich ist. Fireball (http://www.fireball.de) findet vor allem deutschsprachige Web-Inhalte.

Wenn Sie im Internet nach Themen suchen, ist es sehr wichtig, exakte Suchkriterien in das Suchfeld einzugeben, sonst bekommen sie Hunderte oder gar Tausende von Seiten als Angebot auf Ihren Bildschirm.
Beispiel 1: Sie suchen Informationen über den Schriftsteller Günter Kunert. Wenn Sie den Namen in das Suchfeld eingeben, bekommen Sie alle Seiten, in denen die Wörter »Günter« und »Kunert« vorkommen. Geben Sie stattdessen [+Günter +Kunert] ein, ist die Suche wesentlich genauer, denn die Suchmaschine findet nur Seiten, in denen Vor- **und** Zuname **zusammen** auftauchen. Die gleichen Suchergebnisse erhalten Sie, wenn Sie eingeben: »Günter Kunert«. Sie können ganze Sätze in Anführungszeichen [» ... «] eingeben. Die Suchmaschine findet nur die Seiten, in denen genau dieser Satz vorkommt.
Beispiel 2: Sie möchten Hamburg – im Internet – kennen lernen. Der Hamburger Hafen interessiert Sie aber nicht. Wenn Sie im Suchfeld eingeben [+Hamburg -Hafen], werden alle Dokumente gesucht, die »Hamburg«, aber nicht »Hafen« enthalten.

Medien & Wirklichkeit

4.2 Ohne Titel → Kb, S. 59

Herr Keuner ging durch ein Tal, als er plötzlich bemerkte, dass seine Füße in _____ (1) gingen. Da erkannte er, dass sein Tal in Wirklichkeit ein Meeresarm war und dass die Zeit der _____ (2) herannahte. Er blieb sofort stehen, um sich nach einem _____ (3) umzusehen, und solange er auf einen _____ (3) hoffte, blieb er stehen. Als aber kein _____ (3) in Sicht kam, gab er diese Hoffnung auf und hoffte, dass das _____ (1) nicht mehr steigen möchte. Erst als ihm das _____ (1) bis ans Kinn ging, gab er auch diese Hoffnung auf und _____ (4). Er hatte erkannt, dass er selber ein _____ (3) war.

Bertolt Brecht

4.3 Meinungen zum Internet → Kb S. 60

1 Da sorgt sich der Rektor der New Yorker Schule darum, wie er alle Klassen ans Internet bringt. Aber für 91 000 Kinder gibt es in dieser Stadt nicht einmal einen Stuhl, sie hocken in den Toiletten. Solange auch nur ein einziger Schüler keinen Platz im Klassenzimmer hat, würde ich nicht fünf Cent für einen Computer oder einen Anschluss ans Internet ausgeben.

2 Mich beunruhigt am Internet die Tatsache, dass es uns von den wirklich wichtigen Problemen ablenkt. Wir haben nicht zu wenig Informationen, Daten, Nachrichten, sondern schon viel zu viel.

3 Das Internet wird zu einer Zweiklassen-Gesellschaft führen. Die eine Klasse kann sich die Informationstechnologien finanziell leisten und hat Zugang zu allen Informationen. Die andere hat nicht die finanziellen Möglichkeiten und das technische Wissen und bleibt von den Informationen ausgeschlossen. Die einen werden immer besser, die anderen immer schlechter informiert.

4 Niemals zuvor war das Wissen der Menschheit für jedermann so einfach zugänglich. Hierin liegen ungeheure Chancen der Demokratisierung von Wissen.

5 Die Kritiker des Internet kommen mir vor wie ein Handwerker, der dem Hammer die Schuld gibt, wenn er sich auf die Finger haut.

Bild 1

6 Radio und Fernsehen gaukeln den Leuten eine Scheinwirklichkeit vor, und mit dieser Scheinwirklichkeit wird dann Politik gemacht. Das Fernsehen beispielsweise ködert den Zuschauer mit spektakulären Bildern von Mord und Totschlag – mit dem Resultat, dass die Öffentlichkeit tatsächlich glaubt, es gebe mehr Verbrechen. Gegen diese Manipulation gibt es nur ein Heilmittel: Die Bürger müssen einen direkten Zugriff auf alle Informationen haben. Und genau diese Möglichkeit bietet das Internet.

Bild 2

Olympia Zwo

Völlig unvermittelt: In dieser Weise und von diesen beiden Worten genau gekennzeichnet geschah es. Wie jeden Abend hatte Wilhelm Zwart den Fernseher eingeschaltet, kurz vor Nachrichtenbeginn und der Gewohnheit folgend, von der nicht einmal seine Hand mehr wusste, die den Einschaltknopf betätigte. Schon vollendete der Sekundenzeiger die letzte Umkreisung des Zifferblattes, schon fuhren Buchstaben von rechts und von links herbei, um Schriftbild zu werden, und wurden selber gleich abgelöst von der Ansagerin, einer blonden, undurchsichtig lächelnden Person, deren Lider eine Spur zu zweideutig gesenkt waren, um zu den ernsten Worten der Meldungen zu passen.

Zwart begrüßte sie, während er sich ein Glas mit Bier füllte und den Hosenbund aufknöpfend vor dem Apparat Platz nahm, mit einem stereotypen: »Guten Abend, du Schöne!« Kaum saß er jedoch im Sessel, öffnete sie die immens roten, scharf umrandeten Lippen und sagte: »Guten Abend, Herr Zwart!« Anschließend las sie die ersten Neuigkeiten vor.

Herr Zwart hockte in den abgeschabten Polstern, die Hand mit dem Glas halb erhoben und rührte sich nicht. Er konnte sich an keinen Moment innerhalb der letzten Jahre erinnern, von dem er ähnlich betroffen gewesen wäre und dem er derart lange nachgegangen und nachgelauscht hätte. Ohne daraus getrunken zu haben, stellte er das Glas neben sich auf den niedrigen Rauchtisch, dessen verschrammte Platte mit zahllosen Ringen in Flaschenbodengröße übersät war: Schlüsselzeichen für eine Archäologie der Einsamkeit.

Nach Fotos von einem Flugzeugabsturz, dem immer wieder gleichen oder gleichartigen, vom gierigen Blick hastig nach Leichen durchmustert, erschien die Ansagerin erneut. Zwart richtete sich auf und fragte mit unsicherer Stimme: »Du hast doch nicht etwa mich gemeint, mein Schatz?« Sie präsentierte ihm ihr außerordentliches Lächeln, sodass Zwart den Zwang zur Erwiderung in den eigenen Mundwinkeln spürte. Ohne Tonwechsel sprach es aus dem Gerät:

»Aber selbstverständlich, Herr Zwart!«
»Dann entschuldigen Sie bitte, dass ich Sie geduzt habe!« Sie nickte ihm einverständig zu und berichtete über die Ergebnisse der Bremer Bürgerschaftswahl.

Herr Zwart begriff nicht, wie sie ihn hatte hören können. Und außerdem noch selber zu ihm sprechen! War das denn überhaupt möglich? Dass seine technischen Kenntnisse dürftig und überholt seien, wurde ihm bedrückend bewusst. Man verstand nicht mehr, was man doch Tag für Tag vor Augen hatte. Schon die Erfindung des Radios damals war ihm rätselhaft erschienen: Dass man über unvorstellbare Entfernungen hinweg zu hören vermochte, wie jemand

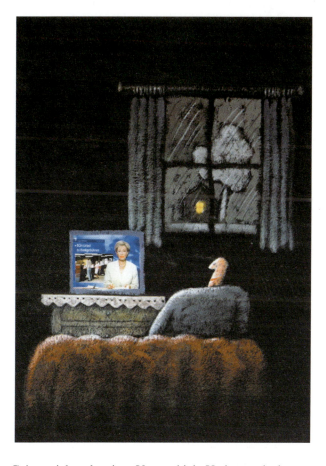

Geige spielte oder einen Vortrag hielt. Und er verdankte es eigentlich nur seinem Desinteresse an Geigenkonzerten und Vorträgen, dass ihn die ungeheuerliche Tatsache nicht beängstigt hatte. Aber dass man jetzt nicht nur in die Ferne sah, sondern auch selber gesehen wurde!

Ein leichter Feuchtigkeitsfilm erschien auf seiner Stirn, denn es wurde ihm schockartig klar, in welch derangiertem Zustand er direkt vor der elektronischen Mona Lisa saß. Unauffällig, wie er jedenfalls hoffte, nestelte er an seinem Hosenbund, um den klaffenden Winkel, durch den sein Leib sich ins Freie wölbte, zu schließen, wusste gleichzeitig aber nur zu gut, wie vergeblich diese Mühe war. Im Sitzen nie zu schaffen! Als die Ansagerin für einige Sekunden dem Präsidenten von Ober-Volta wich, sprang Zwart auf, um »seine Kleider zu ordnen«, wie es früher auf meist lädierten und in Augenhöhe angeschraubten Emailleschildern in Pissoirs erbeten worden war. Beruhigt nahm er erneut Platz. Jetzt konnte er ihr begegnen, ohne sich schämen zu müssen, sobald sie sich wieder zeigen und ihre eindrucksvollen blauen Augen auf ihn richten würde.

Sie kehrte jedoch vor der Wetterkarte und dem Spielfilm nicht mehr zu ihm zurück.

Günter Kunert

MEDIEN & WIRKLICHKEIT

4.5 Computerspiele

⇒ Kb, S. 63

Wenn Werner Glogauer über Computerspiele redet, dann erzählt der Professor für Medienpädagogik gern die Geschichte von einem Neunjährigen aus seiner Bekanntschaft.

Der Junge hatte über Monate hinweg scharenweise Panzer, Kampfflugzeuge und Hubschrauber vernichtet – am Bildschirm seines Computers. Dann, zu Beginn des Jahres 1991, sah der Kleine plötzlich im Fernsehen Bilder, die ihn fatal an das virtuelle Gemetzel in seinem Kinderzimmer erinnerten. Doch diesmal war es kein Spiel: Die Filme aus dem Golfkrieg dokumentierten die Angriffe der USA auf Stellungen des Irak. Wenn aber diese Aufnahmen den Tod von Menschen zeigten, dachte der Kleine, dann hatte auch er selbst mit seinem Finger am Joystick Hunderttausenden den Tod gebracht. Der verwirrte Junge hatte Schuldgefühle, weinte lange Zeit darüber und konnte erst nach und nach von den Unterschieden zwischen Realität und Fiktion überzeugt werden.

Für den Augsburger Pädagogen ist dieser Junge ein Beispiel dafür, »wie wenig vorhersehbar die Wirkungen von Videospielen auf Kinder sein können«. In jedem Fall sind Schießereien auf dem Bildschirm für ihn aber eher gefährlich als harmlos.

Während die meisten Kritiker aus den Anfangstagen des Computers längst eingesehen haben, dass viele Spiele ungefähr so schädlich sind wie eine Partie *Mensch ärgere dich nicht,* wird der Abschuss von Raumschiffen, Panzern oder gar Menschen weiterhin von Experten hart kritisiert. Immer schnellere Rechner, bessere Grafikkarten und der Massenspeicher CD-ROM würden die Darstellung von Gewalt immer realistischer machen. In dem Action-Spiel *Dooms* fühlt sich der Spieler in ein dreidimensionales Labyrinth versetzt. Dort gilt nur eine Regel: auf alles schießen, was sich bewegt. Mit Pistole, Plasma-Kanone oder Kettensäge jagt der Spieler durch Forschungslabors auf dem Mars und erledigt dabei Kolonnen von Furcht erregenden Monstern und feindlichen Soldaten. Damit alles echt wirkt, haben die Programmierer dafür gesorgt, dass das Blut – wenn auch nur digital – in Strömen fließt.
Hier werde das Töten »spielerisch eingeübt und zum sportlichen Vergnügen verniedlicht«, urteilte die Bundesprüfstelle für jugendgefährdende Schriften, die sich auch mit Computerspielen befasst, und verbot das Spiel.

Machen Gewaltspiele aggressiv? Professor Glogauer bejaht die Frage mit dem Hinweis, dass Kinder bei Computerspielen – im Gegensatz zu Filmen – selbst in das Geschehen eingreifen könnten. Dadurch sei die Gefahr viel größer, dass sie die dort vermittelten Verhaltensweisen übernehmen. «Diese heißen leider viel zu oft: Schlägst du mich nicht, schlag ich dich!».

Ganz anderer Meinung ist Dr. Johannes Fromme, Erziehungswissenschaftler an der Universität Bielefeld. Seiner Meinung nach gebe es bislang keinen einzigen seriösen wissenschaftlichen Beweis dafür, dass Gewalt in Computerspielen Aggression auslöst oder Kinder gar kriminell mache. Nachweisen ließe sich lediglich ein gewisser Verstärkereffekt, d.h., Jugendliche, die zu Aggression und Gewalt neigen, könnten durch solche Spiele in ihrer Einstellung noch bestärkt werden.
Einig sind sich die Wissenschaftler aber darin, dass Verbote, die von Eltern verhängt werden, wenig helfen und nur den Reiz für die Jugendlichen erhöhen.

MEDIEN & WIRKLICHKEIT

4.4 Wie wirkt Gewalt im Fernsehen? ⇒ Kb, S. 64

Die Initiative »Medien und Gewalt« lädt ein zu einem Vortrag zum Thema

Gewalt im Fernsehen
Neuere Untersuchungen zur Wirkung von Gewaltdarstellungen in den Massenmedien

Referent: Prof.Dr. Wolfgang Janus
Freitag, 23. April, 19 Uhr, Jacobi-Gemeinde

Gewalt in deutschen Fernsehprogrammen

Sendungen mit Gewaltdarstellungen (in %)

ARD	ZDF	RTL	SAT1	Pro7
6,7	7,2	10,7	7,3	12,7

Katharsistheorie

Imitationstheorie

Vorbilder für Jugendliche

- 32 % Actionhelden
- 18,5% Popstars
- 7% religiöse u. militärische Führer
- 6% Wissenschaftler
- 5% Journalisten
- 3% Politiker

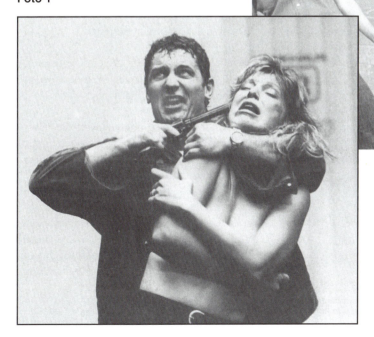

Foto 1

Foto 2

MEDIEN & WIRKLICHKEIT

4.5 Medien in »1.« und »3.« Welt ⇒ Kb, S. 67

Medien in »1.« und »3.« Welt
Journalisten aus über 100 Ländern diskutierten über die neuen Kommunikationsmedien

Die Welt-Informationsordnung war eines der Hauptthemen des diesjährigen Weltkongresses der Internationalen Journalistenföderation (IJF). Zum ersten Mal hatte die IJF in ein Land der »Dritten Welt« gebeten: nach Brasilien. Journalisten aus mehr als hundert Ländern trafen sich in Recife, um über die Zukunft des Journalismus zu debattieren.

15 Prozent aller Journalisten arbeiten in Lateinamerika – doch sie produzieren nur zwei Prozent der Weltnachrichten. »Der Blick der Welt ist auf Europa und die USA gerichtet, Lateinamerika ist immer noch ein gut gehütetes Geheimnis«, erklärt dazu Aidan White, Generalsekretär der Internationalen Journalistenföderation (IJF).

Und auch Internet und die Neuen Medien würden daran nicht viel ändern: »Sie sind nicht die Wunderwaffe, die die Menschheit zusammenführen wird.« Das Internet sei lediglich ein neues Medium, das gefangen sei in alten, kommerziellen Strukturen, betont White.

Internet – gigantisches Business

Wie könne man davon reden, dass das Internet die Welt demokratisieren werde, wenn nur fünf Prozent aller Haushalte in Lateinamerika ein Telefon haben und die Hälfte der Menschheit noch nie im Leben telefoniert hat, fragte Tubal Paez, Journalist aus Cuba, auf dem parallel zum Kongress stattfindenden internationalen Seminar. Paez verdächtigt die USA, dass das Internet für sie nur ein gigantisches Business sei. Es gehe nicht um demokratisierte Information für die ganze Welt – es gehe um Geld.

Silvio Meire, Computerspezialist aus Brasilien, sieht dagegen zumindest die Eliten der Länder zusammenwachsen. »Ich lebe, was Kultur und Information anbelangt, ganz klar in der Ersten Welt«, sagt er provozierend. Er höre Virgin Radio London über das Internet, lese Zeitungen aus Frankreich, England, den USA. »Nur hinsichtlich meines Gehaltes bin ich in der Dritten Welt und werde es auch wohl bleiben.«

Meire befürchtet, dass die Welt sich künftig weiter teilt in die Wissenden und in die Nichtwissenden. »Die Marginalisierten jedes Landes werden doppelt marginalisiert – von der eigenen Elite und vom Rest der Welt. Die Grenzen zwischen Erster und Dritter Welt verlaufen künftig quer durch jedes Land.« Einen Ausweg sieht Meire nur in der Bildung. »Wir müssen die Menschen so weit bekommen, dass sie wissen möchten, wie der Computer funktioniert.«

Soziale Ungerechtigkeit bleibt Hauptproblem

Eine ähnliche Entwicklung befürchtet der Gouverneur der Provinz Brasilia Cristovam Buarque (Arbeiterpartei). Doch er hofft noch, dass sich die Schere zwischen einer internationalen Elite und der großen Masse der Marginalisierten aufhalten lässt – mithilfe des Journalismus. Die Welt integriere sich und teile sich gleichzeitig. Journalisten stünden da genau dazwischen und müssten handeln.

Für gefährlich hält Buarque es allerdings, dass zwar die Information globalisiert, die Macht darüber aber noch nie so monopolisiert gewesen sei. Das Internet könne erst dann demokratisierend wirken, wenn die sozialen Unterschiede in der Welt geringer werden.

Buarque weiter: »Wer nicht das Geld für einen Computer geschweige denn für die nötige Bildung hat, der bleibt auch künftig draußen.«

Zum Kampf gegen soziale Ungerechtigkeit forderte auch der Organisator des Kongresses, der Journalist Rossini Barreira auf: »Wenn es schon so ist, dass wir Journalisten angeblich Präsidenten machen und stürzen, warum schaffen wir es dann nicht, gegen Kinderdiskriminierung, Frauenausbeutung, Armut und Ungleichheit anzukämpfen?«

Ethische Normen für Journalismus

»Rückbesinnung auf alte Werte des Journalismus« nennt das Aidan White. Journalisten müssten wieder kämpfen für eine gerechtere und demokratischere Welt, nach Lösungen suchen und dabei ethische Normen beachten.

Es könne nicht geduldet werden, dass z.B. eine Selbstmordszene vor laufender Kamera als aktuelle *news* gesendet wird, obwohl zu dieser Zeit *prime time* der Kinder war.

Der Schutz der Kinder erschien den Delegierten besonders dringend. Er sei eine der »wichtigsten Fragen unseres Jahrhunderts«, so betonte Americo Antunes, der Präsident der brasilianischen Journalistengewerkschaft. Viviane Senna, Vorsitzende der Ayrton-Senna-Stiftung, formulierte es drastisch: »Wir befinden uns im Krieg, die Opfer sind die Kinder, der Feind ist der fehlende Respekt vor den Rechten der Kinder.« Journalisten, nichtstaatliche Organisationen, Politiker, die Gesellschaft insgesamt müsse strategische Allianzen gegen diesen Trend bilden.

Aussagen des Journalisten | direkte Rede | Zitate (indirekte Rede)

MEDIEN & WIRKLICHKEIT

4 Aufbauprogramm Sprechen und Schreiben ⇒ **Kb, S. 69**

ERREICHBAR.

Bild 3

Bild 4

An jedem Ort.

Zu jeder Zeit.

Bild 5

Bild 6

TOURISMUS & REISEN

5.1 Warum wir reisen? ⇒ Kb, S. 75

Unsere Art

Warum wir reisen?

Aus Leidenschaft, aus Neugierde, aus Wissensdurst,
aus Fernweh, aus Freude an Veränderung.
Aus Sehnsucht nach dem Unbekannten.
Um den eigenen Alltag
mit dem fremder Völker zu vergleichen.
Um neue Perspektiven zu gewinnen.
Um zu schauen, zu staunen – lange.
Bis wir im Stein die Stufe entdecken,
die schon den Fuß einer Göttin spürte,
auch den eines Hirten
oder eines Kindes auf dem Weg nach Hause.
Um Fragen zu stellen.
Was habe ich vom Neuen ...
was hat das Neue von mir?

So viele Gründe zu reisen – auf diese, unsere eigene Art.
Die Brücken schlägt vom Gestern ins Heute,
in andere Räume und Kulturen,
ins Neue, Unbekannte, Unerwartete.
Bis wir uns selbst im Anderen spiegeln.
Uns das Fremde nicht mehr fremd ist.

TOURISMUS & REISEN

5.2 ⇒ Kb, S. 76

Der kleine Prinz und der Fluglotse

»Guten Tag«, sagte der kleine Prinz.
»Guten Tag«, sagte der Fluglotse.
»Was machst du da?«, sagte der kleine Prinz.
»Ich sortiere die Reisenden nach Tausenderpaketen«, sagte der Fluglotse. »Ich schicke die Flugzeuge, die sie fortbringen, bald nach rechts, bald nach links.«
Und ein riesiger Vogel, grollend wie der Donner, nahm Anlauf zum Sprung in den Himmel.
»Sie haben es sehr eilig«, sagte der kleine Prinz. »Wohin wollen sie?«
»Der Pilot weiß es selbst nicht«, sagte der Fluglotse.
Und ein zweite blitzende Maschine donnerte heran und senkte sich auf die lichterfunkelnde Landebahn.
»Sie kommen schon zurück?«, fragte der kleine Prinz.
»Das sind nicht die gleichen«, sagte der Fluglotse. »Das wechselt.«
»Waren sie nicht zufrieden dort, wo sie waren?«
»Man ist nie zufrieden dort, wo man ist«, sagte der Fluglotse.

frei nach: ANTOINE DE SAINT-EXUPÉRY

5.3 ⇒ Kb S. 76

Rückreise von Amerika

Ein Reisebüro, das seine Amerikareisen schon zu völligen Tiefpreisen anbot, kam kürzlich auf die Idee, für alle diejenigen, die sich immer noch keine solche Fahrt leisten konnten, eine neue, noch billigere Kategorie von Amerikareisen zu schaffen. Allerdings waren es keine eigentlichen Reisen nach Amerika, sondern Rückreisen von Amerika. Eine solche Rückreise ging folgendermaßen:

Die Teilnehmer wurden in einem Bus zum Flughafen gebracht, wo man ihnen im Sitzungszimmer des Flughafenrestaurants einen Film über Amerika zeigte und sie kurz über die Geschichte des Landes informierte, ihnen das Datum der Unabhängigkeitserklärung an eine Wandtafel schrieb, einprägte, wie viel Stöcke das Empire State Building hat und dass man nicht in einem Mal hinauffahren kann, sondern im 83. Stock umsteigen muss und dann oben einen herrlichen Rundblick über Manhattan hat, und dass Manhattan die Insel ist, auf der die Stadt New York liegt, und dass das Rassenproblem nicht so einfach ist, wie wir meinen.

Dann hatten alle die Gelegenheit, sich vor einer Fotografie des UNO-Gebäudes fotografieren zu lassen und einige Ansichtskarten zu schreiben, die mit dem nächsten Kursflugzeug nach New York gingen und dort eingeworfen wurden, und dann konnten sie durch das Tor »Internationale Ankünfte« den Flughafen wieder verlassen. Das ganze dauerte einen Nachmittag und kostete pro Person 35 Franken.

Franz Hohler

Flucht in den Urlaub

Die Reisebedürfnisse unserer Tage sind überwiegend von der Gesellschaft erzeugt und vom Alltag geprägt. Mangels befriedigender Lebensverhältnisse zu Hause suchen die Menschen ihr Glück in der Ferne. Sie fahren weg, weil sie sich da nicht mehr wohl fühlen, wo sie sind: weder da, wo sie arbeiten, noch da, wo sie wohnen. Sie benötigen dringend ein zeitweiliges Wegtauchen von den Belastungen der täglichen Arbeits-, Wohn- und Freizeitsituation, um hinterher weitermachen zu können. Infolge der zunehmenden Technisierung und Fremdbestimmung ihrer Arbeit finden sie in ihrem Beruf keine Befriedigung mehr. Schmerzlich fühlen sie die Monotonie im Tagesablauf, die kalte Rationalität der Fabriken, Büros und Wohnhäuser, die Verarmung der zwischenmenschlichen Beziehungen, die Verdrängung von Gefühlen, den Verlust der Natur und der Natürlichkeit. Das sind für viele die großen Defizite im Alltag, in dem das Leben zur bloßen Existenz reduziert scheint. Sie führen zu Stress, zu körperlicher und geistiger Erschöpfung, zu Leere und Langeweile. Um einen Ausgleich für all das zu finden, was wir im Alltag vermissen, fahren wir weg: um abzuschalten und aufzutanken, um Unabhängigkeit zu genießen, um Kontakte zu knüpfen, um zur Ruhe zu kommen, um Freiheit zu empfinden und um Natur zu erleben. Eigentlich fahren wir weg, um zu leben, um zu überleben. So ist denn die Massenflucht unserer Tage eine Folge von Verhältnissen, die uns die Entwicklung unserer Industriegesellschaft gebracht hat.

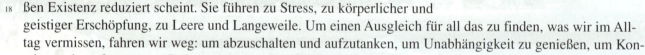

All das führt zu einem Kreislauf: Wir ziehen aus, um die Batterien aufzuladen, um unsere körperlichen und geistigen Kräfte wiederherzustellen. Wir konsumieren auf unserer Reise das Klima, die Natur und die Landschaft, die Kultur und die Menschen in den bereisten Gebieten. Dann kehren wir wieder nach Hause zurück, mehr oder weniger fit, um dem Alltag eine Weile lang – bis zum nächsten Mal – zu trotzen. Der Trick ist gelungen! Aber der Wunsch, bald wieder und möglichst noch öfter zu verreisen, stellt sich schnell ein, denn das Leben lässt sich in ein paar Ferienwochen und an ein paar Wochenenden nicht nachholen. Aufgrund dieser ständigen Wiederholung unerfüllter und unerfüllbarer Wünsche geraten wir in einen Kreislauf, der immer wieder von neuem beginnt. Wir arbeiten unter anderem, um Ferien machen zu können, und wir brauchen Ferien, um wieder arbeiten zu können.

So etwa funktioniert also diese große Wiederherstellungsmaschine. Ein Kreislauf, der sich jahraus, jahrein wiederholt, und in den wir alle mehr oder weniger eingebunden sind, ohne uns dessen bewusst zu sein.

Jost Krippendorf

TOURISMUS & REISEN

5 Wenn ich reise, bin ich jemand Anderes (Hörtext) ⇒ Kb, S. 80

Bild 1

Wenn ich reise,

Bild 2

bin ich jemand

Bild 3

Bild 4

Anderes

Tourismus & Reisen

5.6

⇒ **Kb, S. 82**

Von primitiven und edlen Touristen

Der Ferienmensch, diese unglückselige Kreuzung aus Trottel und Barbar, macht eigentlich alles falsch. Seit fast 200 Jahren schlagen die »besseren« Reisenden auf ihn ein.

Der Tourismusforscher Henning erklärt, warum sich einige Touristen anderen überlegen fühlen.

Alle reisen, doch niemand möchte Tourist sein. Touristen, das sind die anderen. Das massenhafte Reisen unserer Zeit hat keinen guten Ruf. Die Urlauber, so heißt es, lassen sich auf fremde Länder nicht ein, schauen nie richtig hin, bekommen das Wesentliche nicht mit und suchen noch in der Fremde Komfort, deutschen Kaffee und Sicherheit.

Der Ethnologe Hans Fischer hat deutsche Reisende in der Südsee befragt, ob sie sich als Touristen fühlten. Die Antworten waren eindeutig: Der größere Teil der Befragten lehnte für seine Person die Bezeichnung »Tourist« ab. Andere formulierten, sie seien es »leider« in gewissem Sinne. Nur ganz wenige der Interviewten sagten schlicht und einfach »Ja«. Tourist zu sein stellt ein soziales Stigma dar: *»Tourist – das ist so einer, der mit Sonnenbrille und Kamera vor dem Bauch durch die Gegend läuft und alles fotografiert. Und manchmal, wenn wir da so langlaufen, dann sagen wir: Mensch, wir sehen so richtig aus wie Touristen, und ärgern uns darüber.«*

Der Ferienmensch, diese unglückselige Kreuzung aus Trottel und Barbar, macht eigentlich alles falsch. Seit fast 200 Jahren schlagen die »besseren Reisenden« auf ihn ein.

Trottel und Barbaren

Die systematische Touristenschelte begann nach 1815, als mit dem Ende der napoleonischen Kriege neben den Oberschichten erstmals größere Gruppen der Bevölkerung auf Reisen gingen. Die Liste der Vorwürfe hat sich bis heute nur unwesentlich verändert.

Touristen verseuchen die Umgebung. Bereits 1817 schrieb Lord Byron, Rom sei *«verseucht von Engländern – eine Menge glotzender Tölpel«*. Das Motiv zieht sich seither durchs europäische Bewusstsein.

Touristen gehen kein Risiko ein. Auch in der Fremde suchen sie Sicherheit, Komfort und das Vertraute: Würstchen und Sauerkraut noch an der Riviera und womöglich im Dschungel.

Touristen sind passiv. Sie folgen einem festgelegten Programm, zeigen keine Eigeninitiative, verhalten sich wie Schafe, die dem Leithammel (dem Reiseleiter) folgen.

Touristen lassen sich nicht auf das fremde Land ein, sie finden keinen Kontakt zur Bevölkerung, sie leben in der »touristischen Luftblase« –

»Strategien der Abgrenzung sind unerlässlich«

gesichert und geschützt vor jedem Kontakt mit der Realität des Urlaubslandes. Ihre Erlebnisse werden künstlich arrangiert; es sind Inszenierungen, denen jede Authentizität fehlt.

Ich? – Ich bin kein Tourist!

Den dummen Touristen stehen in dieser Vorstellung die *wahren Reisenden* gegenüber. Sie bewegen sich ihrem Selbstverständnis zufolge abseits der ausgetretenen touristischen Pfade und suchen Authentizität und Stille.

Zumeist bewegen sich allerdings auch die edleren Touristen an den gleichen Orten wie das Massenpublikum. Sie rollen über dieselben Autobahnen, warten auf denselben Flughäfen, bestaunen dieselben Sehenswürdigkeiten. Strategien der Abgrenzung sind daher unerlässlich. Sie gehören zum kulturellen Repertoire der bürgerlichen Schichten.

Vielfältig sind die Strategien, kein Tourist zu sein. Ich skizziere einige der wichtigsten.

Die edleren Touristen folgen nicht den touristischen Pfaden. Sie zieht es zu dem unzugänglichen Dorf im abgelegenen Bergland Nordgriechenlands, zu der Indianersiedlung im Regenwald. Je weniger »Normaltouristen« an seinen Reisezielen auftauchen, desto besser. Diese Strategie wird seit langem auch von Reiseveranstaltern kommerziell genutzt. Reiseführer werben mit Titeln wie »anders Reisen« und versprechen »Insidertipps«. Individuelle Besonderheit wird kollektiv organisiert.

Nähe zu Land und Leuten. Kontakt suchen, Kenntnisse erwerben – das sind weitere wichtige Unterscheidungsmerkmale der »besseren Reisenden«. Der Edeltourist besichtigt nicht eine Landschaft, er lebt darin. Vom »oberflächlichen« Urlauber unterscheiden sich solche Reisende im eigenen Selbstverständnis durch das Eintauchen in die Alltagsrealität der besuchten Gebiete.

Authentizität. Aufgeklärte Reisende suchen »echte« Erlebnisse. Sie meiden die arrangierten Touristenspektakel. Statt der organisierten Flamenco-Abende besuchen sie Volksfeste der Einheimischen im Hinterland der Küste. Sie lehnen die standardisierten Speisen der internationalen Hotelküche ab und verzehren in traditionellen Kneipen unverfälschte regionale Gerichte.

Sensibilität. Die »besseren Reisenden« nehmen dem eigenen Selbstverständnis zufolge mehr wahr als die Normaltouristen, vor allem aber qualitativ *anderes*. Die Aristokraten des Gefühls unter den Reisenden berauschen sich an einer alten Fassade stärker als am Petersdom.

Ablehnung der massentouristischen Praktiken. Der bessere Reisende ist Individualreisender. In einer Gruppe zu fahren und wie in einer Herde dem Reiseleiter nachzutrotten ist für ihn undenkbar. Es wäre der Verzicht auf alles, was das wahre Reisen ausmacht: auf Originalität, Individualität, Initiative, spontane Wahrnehmung.

All diese Strategien laufen auf ein Ziel hinaus: auf die Ablehnung der Touristenrolle. Gewiss erfüllen sie daneben häufig auch sinnvollere Zwecke. Der Kontakt zur einheimischen Bevölkerung kann zweifellos befriedigend sein, unabhängig von jedem Prestigegewinn. Oft aber beruhen die Strategien des »anders Reisens« auf bloßen Illusionen. Sie dienen dann nur dazu, sich von der Herde der Normaltouristen abzugrenzen und die eigene Überzeugung zu stärken, man selbst sei ein *wahrer* Reisender, sozial und kulturell den Primitivurlaubern meilenweit überlegen.

Christoph Henning

Urlaub nur noch mit Reisezertifikat? ⇒ Kb, S. 84

Urlaub nur noch mit Reisezertifikat?

Lausanne. Vor dem Schweizer Forum für Internationalen Tourismus in Lausanne forderte der Wiener Künstler André Heller für Reisen außerhalb einer noch zu schaffenden »künstlichen Urlaubswelt« ein Reisezertifikat

Der Massentourismus **gefährde die ökologischen Lebensgrundlagen der Erde** und **zerstöre Kulturen**, führte Heller aus. Da man das Reisen nicht verbieten könne, müsse man irgendwo auf der Welt ein reines Tourismusland schaffen, **eine künstliche Urlaubswelt**, in der **alle Urlaubsbedürfnisse befriedigt** werden könnten. Der Zutritt zu dieser Tourismuswelt sei für jeden möglich.

Reisen in die wirkliche Welt jedoch seien dann nur noch einer kleinen Minderheit gestattet, die ein **Reisezertifikat** erworben habe. Das Reisepatent werde nur nach **umfangreichen Prüfungen** erteilt, in denen die Befähigung zum Reisen nachgewiesen werden müsse.

Tourismus & Reisen

5.8 Zwei Rundreisen auf der Insel Sri Lanka ⇒ Kb, S. 84

Kultur, Natur & Tee (TUI-Reisen)

Tropische Träume (Studiosus-Resien)

1. Tag: Ankunft in der Inselhauptstadt Colombo und Fahrt ins Hotel Holiday Inn. Der restliche Tag steht für eigene Unternehmungen zur freien Verfügung. ...
3. Tag: Frühmorgens **Safari im Bundala Nationalpark**. Anschließend Abfahrt nach **Kataragama**, Ziel vieler Pilger: Buddhisten, Hindus und Moslems. Weiterfahrt nach Thanamalvila zum **Task Safari Camp**. Besuch des **Debara Ara Reservats**, um Elefanten und andere Tiere zu beobachten. Ihre Unterkunft im Task Safari Camp erfolgt in komfortablen Zelten mit 2 oder 4 Betten. Freundliche Service, gute Küche, Lagerfeuer-Romantik am Abend. ...
5. Tag: Fahrt nach **Nuwara Eliya**; Führung durch eine **Teefabrik**. Anschließend Weiterfahrt nach **Kandy**. Abends Besichtigung des berühmten **Zahntempels**.
6. Tag: Besuch des Botanischen Gartens in **Peradeniya**, Stadtrundfahrt in **Kandy** mit Marktbesuch und Besichtigung eines Kunst- und Handwerkzentrums und einer Edelsteinwerkstatt. Abends Vorführung klassischer **Kandy-Tänze**.
7. Tag: Auf Ihrer Rückreise nach Colombo machen Sie Halt am »Elefanten-Waisenhaus« in **Pinnawela**. Nachmittags **Stadtrundfahrt in Colombo** mit den wichtigsten Sehenswürdigkeiten.

1. Tag: Ankunft in **Colombo**. Transfer zum Hotel **Negombo**. Bummel durch den Ort und gemeinsames Abendessen.
4. Tag: Besuch im Elefantenwaisenhaus von **Pinnawela**. Besichtigung der Höhlentempel von **Dambulla**.
8. Tag: Fahrt nach **Kandy**. Gelegenheit zu einem Einkaufsbummel oder Besichtigung des **Zahntempels**. Ausflug nach Kalapura (Handwerkerdorf). Abends Besuch der berühmten **Kandy-Tänze**.
12. Tag: Zu Gast bei »**Woodlands Networks**«, einer Selbsthilfeorganisation. Besichtigung der Gewürzfabrik, Mittagessen in einem Gewürzgarten. Nachmittags Zeit zur freien Verfügung oder Gelegenheit zum Besuch einer ökologischen Farm.
13. Tag: **Buduruvagala** (buddhistische Skulpturen im Dschungel)- Jeep-Safari im **Uda Walaw Nationalpark** (freilebende Elefanten, exotische Vogelwelt).
14. Tag: Fahrt nach **Galle**. Sie entscheiden: 2 Tage im **Meditationszentrum** in Colombo oder 2 Strandtage in **Beruwela**.
16. Tag: Abends Zusammentreffen der beiden Gruppen. Gemeinsame **Abschiedsparty** am Strand.

5.9 Heimatlied ⇒ Kb, S. 86

Heimatlied

Wo auf steilen Bergeshöhen
einsam Gondelbahnen ziehn,
kann man schon von Ferne sehen,
wie Millionen Schlange stehn.
Und die Sennen hört man jodeln
von den Almen froh und hell,
sie sind längst nicht mehr die Dodeln –
jeder hat sein Schihotel.

Irgendwann will auch der Bauer
nichts mehr sehn vom Schweinedreck –
und ist er ein ganz ein Schlauer,
baut er eine Diskothek.
Wo vor kurzem noch vergnüglich
Säue wälzten sich im Mist,
unterhält sich jetzt vorzüglich
jeder zahlende Tourist. (Jodler)

Auch den Knechten in den Ställen
wird es irgendwann zu »bled«.
Warum sollen sie sich quälen,
wenn es doch viel leichter geht.
Denn als Skilaufpädagogen
hat sie einfach mit der Zeit
weitaus stärker angezogen
die geformte Weiblichkeit. (Jodler)

Wo die Pistenraupen tanken,
wo die Schneekanonen sprühn,
wo die kranken Tannen wanken,
riecht's nach Diesel und Benzin.
Wo einst Gams und Murmel pfiffen,
wo man einsam war und frei,
hat man ziemlich rasch begriffen,
fehlt ein Liegestuhlverleih.

Und seit vielen langen Wintern
schleppt man gern zum gleichen Preis
jeden noch so fetten Hintern
bis hinauf ins ew'ge Eis.

Wo die Pistenraupen tanken,
wo die Schneekanonen sprühn,
wo die kranken Tannen wanken,
ja, dort gibt's ein Wiedersehn. (Jodler)

Reinard Fendrich

Männer

Männer nehmen in den Arm
Männer geben Geborgenheit
Männer weinen heimlich
Männer brauchen soviel Zärtlichkeit
Oh Männer sind so verletzlich
Männer sind auf dieser Welt einfach unersetzlich.

Männer kaufen Frau'n
Männer stehen ständig unter Strom
Männer baggern wie blöde
Männer lügen gern am Telefon
Oh Männer sind allzeit bereit
Männer bestechen durch ihr Geld und ihre Lässigkeit.

Refrain:...
Männer haben's schwer, nehmen's leicht
außen hart und innen ganz weich
werden als Kind schon auf Mann geeicht
Aber wann ist ein Mann ein Mann?
Aber wann ist ein Mann ein Mann?

Männer haben Muskeln
Männer sind furchtbar stark
Männer können alles
Männer kriegen 'n Herzinfarkt
Oh Männer sind einsame Streiter
müssen durch jede Wand, müssen immer weiter.

Refrain:...
Männer führen Kriege
Männer sind schon als Baby blau
Männer rauchen Pfeife
Männer sind furchtbar schlau
Männer bauen Raketen
Männer machen alles ganz genau
Aber wann ist ein Mann ein Mann?
Aber wann ist ein Mann ein Mann?

Männer kriegen keine Kinder
Männer kriegen dünnes Haar
Männer sind auch Menschen
Männer sind etwas sonderbar
Oh Männer sind so verletzlich
Männer sind auf dieser Welt einfach unersetzlich.
Refrain:...

Frauen & Männer

6.2 Auch die Männer sind Opfer! ⇒ Kb, S. 92

Auch die Männer sind Opfer!

Der Soziologe Walter Müller über neue Helden und den Kampf der Geschlechter

Interviewerin (Iv): Herr Müller, Sie haben ein neues Buch über den Kampf der Geschlechter geschrieben: Ist zu diesem Thema nicht längst alles gesagt?
Müller: Nein. Es gibt bestimmte Vorurteile über Männer und Frauen, die zwar hartnäckig wiederholt, aber deshalb ja nicht richtiger werden. Eine beliebte Idee heißt: Männer sind die Täter, Frauen sind die Opfer. Mir ist wichtig, die Geschlechterdebatte von ideologisch-polemischen Streitereien zu befreien.
Iv: Und was kommt dabei heraus?
Müller: Meine wichtigste These heißt: Die Zeit der Männer ist vorbei, die Zukunft gehört den Frauen.
Iv: Das klingt reichlich verwegen, wenn man sich etwa die Zahlen auf dem Arbeitsmarkt in den neuen Bundesländern ansieht. Zur Jahresmitte 1993 war jede fünfte Frau arbeitslos, bei den Männern war es jeder Neunte.
Müller: Männer und Frauen sehen das natürlich unterschiedlich. Jahrtausendelang waren Männer in ihren Machtpositionen unangefochten. Jetzt werden sie angegriffen und herausgefordert. Die traditionelle Männlichkeit von Härte, Konkurrenz, Macht, Leistung und Logik ist sozial, ökologisch und moralisch in Verruf geraten. Der Einbruch, den Männer in ihrem subjektiven Empfinden erleben, ist für Frauen schwer nachzuvollziehen.
Iv: Wo sehen Sie denn Männer etwas von ihrer Macht abgeben?

Die Männerherrschaft wackelt, sie hat Risse

Müller: Es ist natürlich immer noch so, dass Männer Frauen gegenüber privilegiert sind und die wichtigsten Positionen in Wirtschaft, Politik, Kultur und Kirche besetzen. Aber wir befinden uns in einem dynamischen Prozess innerhalb der Gesellschaft, und der läuft äußerlich sicher langsamer ab als innerlich. Mit anderen Worten: Viele Männer wissen, dass ihre Zeit als unangefochtene Alleinherrscher vorbei ist.
Iv: Aber die für Männer bedrohliche Entwicklung hin zur Gleichstellung geht doch sehr gemächlich voran. Bis jetzt sind gerade ein Fünftel der Abgeordneten im Bundestag und den Länderparlamenten weiblich.
Müller: Ich behaupte nicht, die Männerherrschaft sei total zusammengebrochen, aber sie wackelt, sie hat Risse. Man sieht es vielleicht in anderen Bereichen deutlicher. Wenn ich mir zum Beispiel das literarische Männerbild der Fünfzigerjahre ansehe, mit dem ich groß geworden bin, die Helden bei Hemingway und Camus oder der Homo faber von Max Frisch, die wären doch heute als Vorbilder undenkbar.
Einige der neuen Identifikationsfiguren des Kinos sind nicht ohne Grund so sensible Typen wie Kevin Costner. Klar, es gibt auch so Machos wie Arnold Schwarzenegger, aber ich glaube, der Glanz »alter« Männlichkeit ist einfach weg. Wer heute die alte Männlichkeit ungebrochen zelebriert, macht sich lächerlich.
Iv: Wie reagieren denn die Männer auf diesen Imagewandel?
Müller: Neue Daten aus den USA zeigen, dass sich dort bei einem großen Teil der Männer ihre Unsicherheit und Irritation in gesundheitlichen Beschwerden ausdrücken. Außerdem ist der Zusammenhang zwischen traditioneller Männlichkeit und Arbeit sehr wichtig. Sämtliche deutschen Untersuchungen der letzten Jahre belegen, dass Männer fest davon überzeugt sind, dass ihr Lebensglück von Leistung und Erfolg abhängig ist. Arbeit ist das wichtigste Mittel, um männliche Identität aufrechtzuerhalten und immer wieder neu zu bestätigen.
Iv: Arbeit ist inzwischen nicht mehr garantiert für alle, Erfolg noch weniger.

Müller: Eben. Männlichkeit ist somit immer gefährdet. Und das männliche Glaubensbekenntnis zu Leistung, Konkurrenz, verbissener Karriere und Macht verlangt vom einzelnen etwas, was er auf Dauer nicht einhalten kann. Wer längere Zeit sehr viel arbeitet, etwa 15, 16 Stunden täglich, dessen Leben verarmt total. Familie, Freundschaften, alles bleibt auf der Strecke.

Iv: Der Mann wird zum emotionalen und sozialen Idioten?

Am Wochenende leer, nutzlos und verloren

Müller: Er wird einsam. Männer, die ihre Männlichkeit stark mit Arbeit und Macht verknüpfen, kippen in ein schwarzes Loch, wenn sie plötzlich krank werden oder in Rente gehen.

Iv: Aber der Leidensdruck der Männer scheint sich doch in Grenzen zu halten.

Müller: Die Dinge sind kompliziert. Eine US-Untersuchung, für die 4126 Direktoren, Manager und leitende Angestellte interviewt wurden, hat ergeben, dass 78 Prozent der Befragten Sklaven ihrer Machtpositionen sind. Sie sind geradezu arbeitssüchtig und fühlen sich nur während ihrer Arbeitszeit wohl und lebendig. Am Wochenende und vor allem in den Ferien erleben sich viele als leer, nutzlos und verloren. Unter der Oberfläche von Erfolg und Macht fanden die Psychologen Unsicherheit, Ziellosigkeit in persönlichen Belangen, latente Depressionen. Diese Männer wissen nicht mehr, wer sie sind, wenn man ihnen ihre Arbeit wegnimmt.

Iv: Es gibt ja offenbar eine Menge Männer, die nach neuen Orientierungen suchen.

Müller: Ja. Ich bin nur einer von vielen, die Männerseminare anbieten. Die finden inzwischen bundesweit statt, über die Rolle des Mannes wird bei Kongressen oder Tagungen debattiert. Es gibt längst eine lebendige Szene, die sich schnell ausweitet, mit einem umfänglichen Veranstaltungskalender.

Iv: Was sind das für Männer, die in Ihre Seminare kommen?

Müller: Vor acht Jahren, in den ersten Anfängen, kamen Pädagogen, Lehrer, Sozialarbeiter. Heute kommen auch Naturwissenschaftler, Techniker und Ingenieure, Facharbeiter, hin und wieder auch Börsenmakler und Banker. Sie sind zwischen 25 und 70 Jahren alt.

Die »neuen Männer« sind anders als die Frauen sich erhofften

Iv: Entsteht also endlich, wie die Frauen immer forderten, eine eigene Männerbewegung?

Müller: Ja, aber anders, als die Frauen sich erhoffen. Gerade in den letzten Jahren haben etliche Frauen sich daran gemacht, Männlichkeit zu definieren, und präsentieren jede Menge Vorschriften und Programme, wie der Mann zu sein habe. Das ärgert mich zunehmend. Was soll dieser permanente Nachhilfeunterricht?

Iv: Welche Art von Helden wollen Frauen?

Müller: Naja, einen modernen Siegertypen eben, der in Gesellschaft ein brillanter Entertainer ist, gutes Geld verdient, der bei anderen beliebt und anerkannt ist. Männer, die sich verändern, das erfahre ich seit Jahren in meinen Gruppen, die nachgiebiger, gesprächsbereiter werden, also genau das, was ihre Frauen immer wollten, die erleben häufig, dass die Frau sich abwendet und sich wieder einen Typ vom klassischen Macho-Zuschnitt sucht. Frauen hören das sicher nicht gern, aber es gibt diese unbewusste Sehnsucht nach der kräftigen Schulter zum Anlehnen.

Iv: Was ist zu tun, wenn sich Männer und Frauen letztlich in ihren alten Rollen bestätigen, mit denen aber unzufrieden sind?

Müller: Es wäre sehr schön, wenn Frauen und Männer sich nicht ständig Defizite um die Ohren hauen würden. Beide müssen lernen, dem jeweiligen anderen eine Eigenwelt zu gönnen, mit Freunden und Hobbys. Das ist nicht nur für Männer harte Arbeit.

FRAUEN & MÄNNER

⇒ Kb, S. 94

Mein Arbeitgeber

In der 2. Etage eines Mietshauses in einer Straße in der Vorstadt liegt mein Arbeitsplatz. Mein Chef ist etwas über vierzig Jahre alt und ungemein sympathisch. Trotzdem gibt es häufig Schwierigkeiten. Streitgespräche klären zwar manchmal meine momentane Situation, aber eine Veränderung tritt nicht ein. Mein Chef ist ausgezeichnet ausgebildet und von seiner Mutter auf seinen Aufgabenbereich vorbereitet worden. Auch ich bekam meine Aufgaben schon als Kind zugeteilt. Bei mir gab es schon damals Schwierigkeiten. Ich wollte nie mit Puppen spielen. Ich zog es vor, »Karl May« zu lesen oder überflüssige Bilder zu malen. Das gab in meinem Elternhaus sehr oft zu Bedenken Anlass, doch man war damals zu sehr mit dem 2. Weltkrieg beschäftigt, als dass man mich ernsthaft daran gehindert hätte, Puppen links liegen zu lassen. Es gab auch kaum noch Puppen. Es wurde kriegswichtiges Material hergestellt. Bei meinem Chef war die Situation schwieriger, noch kurz vor Kriegsende wurde er zu echten Männerspielen eingeladen, der Einladung war unbedingt Folge zu leisten, sonst Tod durch Erschießen. Mein Chef beteiligte sich nun seinerseits an diesen echten Männerspielen, schießen und erschießen. Das sollte aus ihm einen Mann von echtem Schrot und Korn machen. Schon damals stellten sich bei meinem Chef die ersten Zweifel ein, ob diese Männerspiele wirklich einen Mann machen.

Mein Chef ist für gleichberechtigte Partnerschaft, er räumte mir in fast allen Fragen das Mitbestimmungsrecht ein.

Eigentlich müsste ich ganz zufrieden sein mit meinem Arbeitsplatz und mit meinem Chef. Die Arbeit ist vielseitig, ich bin Sekretärin, Haushälterin, Mutter, Geliebte. Es gibt noch viele andere Aufgaben, die ich erledigen darf. Ich brauche die Unterstützung meines Chefs. Aber leider ist er meistens unterwegs, und so muss ich alleine entscheiden.

Nicht immer treffe ich die von ihm gewünschte Entscheidung. Es gibt keine Regelung meiner Arbeitszeit, ich träume nicht etwa von der Vierzigstundenwoche noch von einem geregelten Feierabend. Urlaub steht mir nicht zu. Der Betrieb trägt diesen Urlaub nicht. Ich habe keinen Anspruch auf Krankengeld. Ich habe auch keine Möglichkeit, eine Kur zu machen, ebenso keinen Anspruch auf Altersrente. Ein festes Gehalt habe ich nicht, mein Chef gibt mir jedoch freiwillig ein Taschengeld. Nachdem wir mehrmals Streitgespräche miteinander hatten, bekomme ich auch wöchentlich einen freien Nachmittag, muss allerdings abends wieder im Betrieb sein, es ist nicht Bedingung, aber mein Chef ist erfreut, wenn ich mich danach richte. Manchmal habe ich den sehr extravaganten Wunsch, einmal für einige Tage alleine zu verreisen, meinen Chef und meine Aufgaben im Stich zu lassen. Inzwischen konnte ich seine Zustimmung erreichen. Ich bin in diesem Betrieb schon fast sechzehn Jahre, und so darf ich in jedem Jahr einmal eine alte Freundin besuchen. Außerdem habe ich ein Hobby. Ich schreibe und habe mich dem Werkkreis Literatur der Arbeitswelt angeschlossen. An allen Treffen und Tagungen kann ich nicht teilnehmen. Kollegen fragen mich auch immer wieder, wie ich es mir überhaupt möglich mache, ein solches Hobby zu haben. Manchmal liegt in dieser Frage doch tatsächlich so etwas wie Anerkennung, meistens jedoch mehr ein stiller Vorwurf. Nun, mein Chef ist einverstanden, auch wenn ich ab und zu meine Arbeit dadurch vernachlässige. Trotzdem habe ich ein ständig schlechtes Gewissen. Mein Chef versteht mich, und manchmal würde er gerne meine Aufgaben übernehmen, um mich einmal zu entlasten. Leider zweifeln dann
die Männer allgemein, die Freunde insbesondere, an seiner Männlichkeit, obwohl er diese unter Beweis gestellt hat, denn wir sind ein Produktionsbetrieb, wenn auch nicht im üblichen Sinne.

Maria Binder

Das faule Geschlecht

Nicht nur die deutschen Männer sind arbeitsscheu. Das starke Geschlecht lässt weltweit arbeiten. Die Versorgung von Mann und Kind ist Frauensache – rund um den Globus. Und in Erwerbs- oder Landwirtschaft sind die Frauen meist Familienernährerinnen obendrein.

Frauen, die Hälfte der Weltbevölkerung, erzeugen 80 Prozent der Weltnahrungsmittel, verrichten zwei Drittel der Weltarbeitsstunden, erhalten fünf Prozent des Welteinkommens und besitzen ein Prozent des Weltvermögens.

In Polen helfen nicht einmal die jüngeren Männer im Haushalt, während japanische Männer im Schnitt eine Viertelstunde täglich Wischlappen oder Kochlöffel halten. In den Niederlanden werden 20 Prozent der Hausarbeit von den Männern erledigt. Sobald Kinder vorhanden sind, ist auch in holländischen Familien Schluss mit der Emanzipation. Die durchschnittliche erwachsene Österreicherin arbeitet Woche für Woche 6 Stunden und 20 Minuten länger als der durchschnittliche erwachsene Österreicher in Haushalt und Beruf. Der krasseste Unterschied zwischen den Geschlechtern besteht in Afrika. Dort arbeiten die Frauen im Schnitt 67 Stunden in der Woche, die Männer 53. Im asiatischen und pazifischen Raum begnügt sich der Durchschnittsmann mit 53 Wochenstunden, die Frau ist über 60 Stunden jede Woche tätig.

Am stärksten durch Arbeit belastet sind laut UN die Frauen Osteuropas, die es im Schnitt auf eine 70-Stunden-Woche bringen (Männer 63 Stunden).

Solche Arbeitslast müssen in Deutschland nur die vollerwerbstätigen Mütter kleiner Kinder tragen. Im Vergleich zur übrigen Welt sind in Westeuropa beide Geschlechter relativ wenig mit Arbeit belastet – aber der Abstand zwischen dem, was Männer tun, und dem, was Frauen leisten, lässt sich mit afrikanischen und asiatischen Verhältnissen vergleichen. Dem Westeuropäer reichen 43 Stunden Arbeit in Haushalt und Beruf – dann ist Feierabend; auf 48 Stunden summiert sich der Beitrag der Westeuropäerin.

Nordamerika und Australien sind die einzigen Regionen der Welt, in denen Männer auf eine leicht höhere Wochenstundenzahl an Erwerbs- und Hausarbeit kommen als Frauen. Demnach liegt der Wochendurchschnitt der Männer in den USA, Kanada und Australien bei 50 Stunden Arbeit, der der Frauen bei 49.

Diese offiziellen und globalen Zahlen geben aber nur ein unvollständiges Bild. Die internationale Arbeitsorganisation der UN (ILO) schätzt, dass ein Großteil der von Frauen verrichteten Arbeit statistisch nicht erfasst wird. Zum Beispiel, wenn Frauen als »mithelfende Familienangehörige« in der Landwirtschaft oder in handwerklichen Kleinbetrieben tätig sind.

Frauen tragen die Hauptlast der Selbstversorgungswirtschaft in der »Dritten Welt«, ohne dass sich dies in Zahlen ausdrücken ließe. Bei den Armen in Asien, Afrika und Lateinamerika sichert Frauenarbeit so gut wie möglich das Überleben. In Afrika verrichten Frauen über die Hälfte der Landwirtschaft, in Bangladesh sogar bis zu 90 Prozent. Trotz ständiger Zunahme dieser Selbstversorgungswirtschaft bleibt sie ebenso wie die Hausarbeit in den Industrieländern »Schattenwirtschaft«, das heißt, sie wird von der offiziellen Wirtschaftsstatistik nicht zur Kenntnis genommen. Obwohl sie für Männer, Frauen, Kinder überlebenswichtig ist.

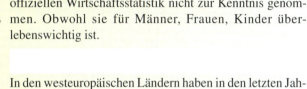

In den westeuropäischen Ländern haben in den letzten Jahren die Gewerkschaften fast überall eine Verkürzung der Arbeitszeit durchgesetzt. Trotz längerer Freizeit denken die Männer aber nicht im Traum daran, mehr im Haushalt zu helfen. Die zusätzliche freie Zeit verbringen sie lieber auf dem Sportplatz und im Hobbykeller als in der Küche. Weniger Berufsarbeit für Männer kann nur dann sinnvoll sein, wenn sie dafür mehr Haus- und Familienarbeit leisten. Wenn das aber nicht geschieht?

Die österreichische Familienministerin schockte die Alpenrepublik mit dem Vorschlag, eine gesetzlich verankerte Hausarbeitspflicht für Männer einzuführen.
Das Gesetz könnte so lauten:
»In Ehen und eheähnlichen Gemeinschaften sind die Männer verpflichtet, sich mindestens zur Hälfte an der Hausarbeit zu beteiligen.«

Viel Geld zu verdienen ist Männern sehr wichtig. Nicht nur wegen der Dinge, die man sich davon kaufen kann: Computer und Videorekorder, Autos und Versicherungspolicen, Stereoanlagen, Frauen, Häuser. Ein dickes Gehalt unterstreicht auch die Bedeutung und Wichtigkeit dessen, der es »verdient«. Hohe Löhne und Gehälter sind für Männer eine Art Potenznachweis. Vor allem für den »Familienernäher«. Offensichtlich ist er nicht nur im Stande, Kinder zu zeugen. Ganz allein unterhält er auch noch die von ihm abhängige Brut. Und die Frau, »die nicht arbeiten muss«, obendrein.

Das ist auch ein Grund, weshalb viele Männer gegen die Berufstätigkeit ihrer Frauen sind. Eine vielleicht sogar noch erfolgreiche, berufstätige Frau gefährdet nicht nur die Bequemlichkeit des Mannes im trauten Heim. Sie relativiert auch seine Bedeutung als Geldbeschaffer und unterhöhlt damit seine Machtposition in Gesellschaft und Familie.

Frauen & Männer

6.5 »Die Männer müssen einfache Kulturtechniken lernen« ⇒ Kb, S. 98

Diagramm 1

Diagramm 2

Zahl der Eheschließungen in Deutschland (in Tausend)

531, 483, 454, 427, 404, 373, 328 — Gesamtdeutschland / alte Bundesländer

Zahl der Ehescheidungen in Deutschland (in Tausend)

46, 108, 32, 127, 136, 176, 153 — Gesamtdeutschland / alte Bundesländer

Diagramm 3

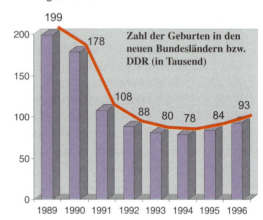

Zahl der Geburten in den neuen Bundesländern bzw. DDR (in Tausend)

199, 178, 108, 88, 80, 78, 84, 93

Diagramm 4

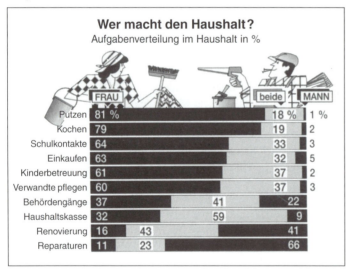

Wer macht den Haushalt?
Aufgabenverteilung im Haushalt in %

	FRAU	beide	MANN
Putzen	81 %	18 %	1 %
Kochen	79	19	2
Schulkontakte	64	33	3
Einkaufen	63	32	5
Kinderbetreuung	61	37	2
Verwandte pflegen	60	37	3
Behördengänge	37	41	22
Haushaltskasse	32	59	9
Renovierung	16	43	41
Reparaturen	11	23	66

Wir wollen keine Kinder, weil ...

Abbildung 1

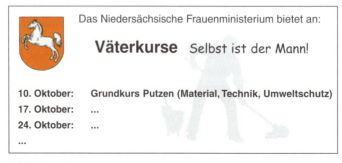

Das Niedersächsische Frauenministerium bietet an:

Väterkurse Selbst ist der Mann!

10. Oktober: Grundkurs Putzen (Material, Technik, Umweltschutz)
17. Oktober: ...
24. Oktober: ...
...

Abbildung 2

FRAUEN & MÄNNER

Mord im Hafen ⇒ Kb, S. 101

Sie saß auf ihrem Stein, doch der Kopf war weg
Die neuen Leiden der Kopenhagener Meerjungfrau

Als der dänische Kameramann Michael Poulsen nachts um halb vier von einem anonymen Anrufer geweckt wurde, der ihm sagte, er möge zum Langelinie-Kai fahren, zur kleinen Meerjungfrau, glaubte er an einen verspäteten Neujahrsscherz und warf den Hörer auf die Gabel. Doch es klingelte gleich wieder, und da stand Poulsen auf und folgte dem Rat. Er fuhr zu der Stelle, an der die kleine, bronzene Nixe sitzt, Kopenhagens beliebtes Wahrzeichen. Da saß sie auf ihrem Stein. Doch ihr Kopf war weg.

Als ob sie nicht schon genug gelitten hätte. Ihr Haar und ihre Stimme musste Hans Christian Andersens Märchenfigur einer Hexe opfern, um Mensch werden zu können und ihrem geliebten Prinzen nahe zu sein. Und dann heiratete der doch eine andere. Seit der Bildhauer Edvard Eriksen 1913 ihr Ebenbild in Bronze goss und sie über den Kopenhagener Hafen blicken ließ, haben Millionen von Touristen das schmächtige Figürchen begafft, betätschelt und sich Arm in Arm mit dem scheuen Nixlein fotografieren lassen. Und beschädigt wurde sie auch schon. Mehrmals haben ihr Vandalen den Arm abgesägt oder sie mit Farbe übergossen, und einmal, 1964, wurde sie schon enthauptet.

Das war damals eine Sache, die weltweit Aufsehen machte. Das Morddezernat ermittelte und musste den Fall als ungeklärt zu den Akten legen, obwohl sich der Kunstmaler Jörgen Nash der Täterschaft brüstete und kürzlich in einem Buch ein volles Geständnis ablegte: Er habe die Jungfrau geköpft und ihr Haupt in einen Tümpel geworfen. Diesmal, sagt Nash, habe er aber ein hieb- und stichfestes Alibi.

Die Ermittlungen der Polizei gelten denn auch eher dem – laut Poulsen – »sehr jungen« anonymen Anrufer und zwei Rollschuhfahrern, die sich mit dem Ruf ‚das war aber höchste Zeit' entfernten, sobald der Kameramann am Tatort ankam. Die Bilder, die dieser von den Flüchtenden schoss, hat er der Polizei gegeben.

Die Täter entfernten den Kopf mit einer Metallsäge. Jetzt suchen ihn Marinetaucher im trüben Hafenwasser. Kriminalkommissar Niels Abildgaard ahnt einen Zusammenhang mit Attentaten auf andere Kopenhagener Denkmäler, die jedoch nicht die gleiche Aufmerksamkeit weckten wie das Attentat auf das nationale Kleinod.

Wird der Kopf nicht bald gefunden, bekommt die kleine Meerjungfrau ein Reservehaupt wie auch schon 1964.

Einen Reservekörper hat sie seit jeher. Eigentlich war sie als Abbild der Balletttänzerin Ellen Price bestellt. Doch weil diese Eriksen nicht nackt Modell sitzen wollte, gab der Bildhauer seiner Statue zwar Prices Antlitz, die Figur aber modellierte er nach seiner eigenen Frau Eline.

Kopfjäger liefern ihre Beute bei der Polizei ab
Täter geben Meerjungfrau das Haupt zurück / Lukrative Aktion für einen Kameramann

Die kleine Meerjungfrau kann sich ihr Bronzeköpfchen wieder aufsetzen lassen. Die Kopfjäger, die Kopenhagens berühmtestes Wahrzeichen in der Nacht auf Dienstag enthauptet hatten, haben ihre Beute am Freitag zurückgegeben. Sie gaben den Kopf auf dem Parkplatz jener lokalen Fernsehstation, die für die Wiederherstellung des nationalen Kleinods eine Belohnung von umgerechnet 6600 Mark ausgesetzt hatte. Ob die Täter das Geld erhalten, zählt jedoch noch zu den vielen Rätseln, die sich weiterhin um das Attentat auf die zierliche Märchenfigur ranken. »TV Danmark« sagt nun, man wolle nur für Zeugen, nicht für Vandalen zahlen, und der Mittelsmann, der in der ganzen Staatsaffäre eine dunkle Rolle spielt, sagt, er wisse von nichts und wolle mit dem Kopfgeld nichts zu tun haben.

Umso mehr interessiert sich die Polizei für den Kameramann Michael Forsmark Poulsen, mit dem sie sich »noch ausgiebig unterhalten« möchte.

Poulsen war es, der in der Nacht des Attentats durch einen anonymen Anruf als erster davon erfuhr. Er war es, der als einziger das abgesägte Haupt zu Gesicht bekam und filmen durfte, und er war es, am Freitag mit seiner Kamera zur Stelle war, als ein vermummter Mann den Bronzekopf auf dem Parkplatz deponierte. Doch wer ihn da in den Aufsehen erregenden Fall verwickelte, ahnt Poulsen, so sagt er, nicht. Nur daß die Täter, »sehr jung, fast Buben noch« seien, will er aus ihren Stimmen herausgehört haben. Ob seine Fotos von dem Kapuzenmann der Polizei helfen können, die weiterhin wegen boshafter Sachbeschädigung ermittelt, ist fraglich.

Schenkt man dem Kameramann Glauben, dann war der Anschlag auf die Meerjungfrau ein Dummejungenstreich. Er selbst hat durch seine Exklusivbilder zumindest kurzfristigen Ruhm und wohl auch ein ganz ordentliches Honorar gewonnen.

Frauen & Männer

6.7 ⇒ Kb, S. 104

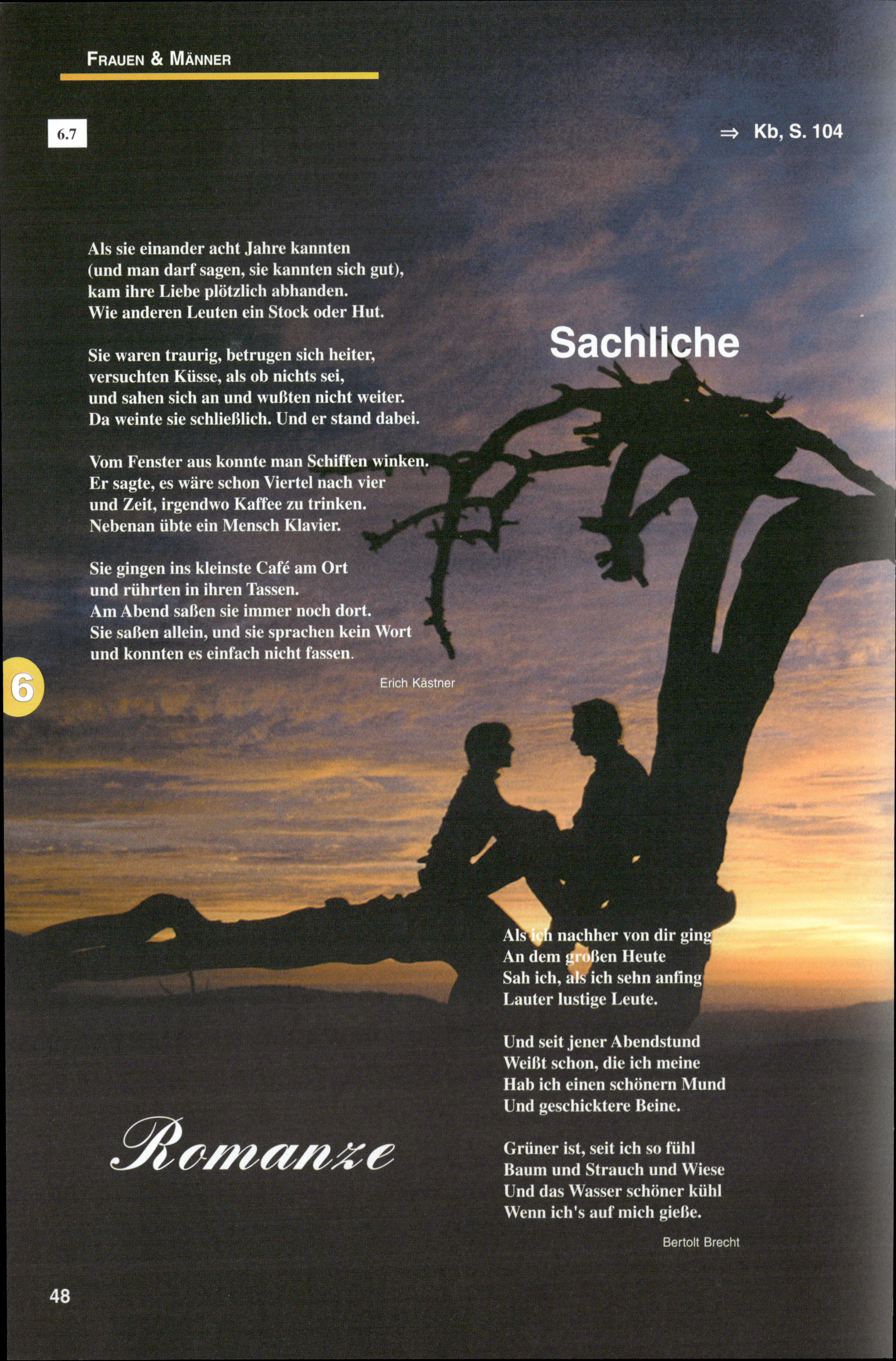

Sachliche

Als sie einander acht Jahre kannten
(und man darf sagen, sie kannten sich gut),
kam ihre Liebe plötzlich abhanden.
Wie anderen Leuten ein Stock oder Hut.

Sie waren traurig, betrugen sich heiter,
versuchten Küsse, als ob nichts sei,
und sahen sich an und wußten nicht weiter.
Da weinte sie schließlich. Und er stand dabei.

Vom Fenster aus konnte man Schiffen winken.
Er sagte, es wäre schon Viertel nach vier
und Zeit, irgendwo Kaffee zu trinken.
Nebenan übte ein Mensch Klavier.

Sie gingen ins kleinste Café am Ort
und rührten in ihren Tassen.
Am Abend saßen sie immer noch dort.
Sie saßen allein, und sie sprachen kein Wort
und konnten es einfach nicht fassen.

Erich Kästner

Romanze

Als ich nachher von dir ging
An dem großen Heute
Sah ich, als ich sehn anfing
Lauter lustige Leute.

Und seit jener Abendstund
Weißt schon, die ich meine
Hab ich einen schönern Mund
Und geschicktere Beine.

Grüner ist, seit ich so fühl
Baum und Strauch und Wiese
Und das Wasser schöner kühl
Wenn ich's auf mich gieße.

Bertolt Brecht

FRAUEN & MÄNNER

⇒ Kb, S. 104

Gute Trennungsgründe

Ich musste allein beginnen, unsere Trennung aufzuarbeiten – Albert war nicht zu Hause. Jedenfalls ging er nicht ans Telefon. Ich wollte nicht weggehen, für den Fall, dass er anrufen würde. Ich wollte ihm eine Chance geben. Warum hatten wir uns getrennt? Weil wir nicht zusammenpassen – das klingt so pauschal, zu wenig bewusst analysiert. Ich machte eine Liste, warum sich andere Leute, die ich kenne, getrennt haben.

① Elke und Heinz haben sich scheiden lassen, weil Heinz ständig besoffen war und Schulden machte. Mit Elke schlafen wollte er nur an Weihnachten und an Elkes Geburtstag. Das hat sie mir selbst erzählt. Heinz sagte, dass es mit Elke einfach nicht ging. Er hat bald darauf wieder geheiratet. Bei ihr hat es Jahre gedauert, bis sie nach der Scheidung einen neuen Freund gefunden hat.

② Ilona und Max haben sich scheiden lassen, weil sich Ilona mit Max gelangweilt hat. Und, wie sie mir ziemlich betrunken gestand, hat sie sich vor Max körperlich geekelt. Nachdem sie ein paar Mal mit anderen geschlafen hatte, wurde ihr Ekel unerträglich. Ilona sagt, dass Max erzählt, er hätte sich von ihr überfordert gefühlt.

③ Martin weiß bis heute nicht, warum ihn Regina verlassen hat. Regina will darüber nicht reden.

④ Friedrich und Monika haben sich scheiden lassen, als Monika herausbekam, dass Friedrich ein Verhältnis in einer anderen Stadt hatte. Mit dieser Frau fuhr er sogar in Urlaub – gegenüber Monika behauptete er, er reise auf Fortbildungsseminare! Friedrich hat wieder geheiratet, aber nicht sein heimliches Verhältnis. Monika trauert noch immer um Friedrich und erpresst ihn mit dem gemeinsamen Kind.

⑤ Winfried und Sibylle haben sich getrennt, weil Sibylle Winfried nur wegen seines Einkommens und seines Sozialprestiges als Arzt geheiratet hätte, sagt Winfried. Sibylle sagt, dass sich Winfried nie um die beiden Kinder gekümmert hätte und sein Geiz immer unerträglicher geworden sei.

⑥ Kurt und Irmtraud haben sich getrennt, weil Irmtraud sich intellektuell weiterentwickeln wollte, außerdem wollte sie Kinder haben. Aber Kurt sei geistig stagniert, und ein Arzt hätte schon vor Jahren festgestellt, dass Kurt steril sei. Kurt sagt, er hätte es nicht ändern können.

⑦ Juliane und Michael haben sich getrennt, weil Juliane Michael, den viel Älteren, als den großen Macher bewundert hatte. Als Michael arbeitslos wurde, brachen Julianes Teenagerträume zusammen, sagt Michael. Juliane sagt, dass sich Michael in den letzten Jahren charakterlich total verändert hätte, er sei immer aggressiver geworden und sei nicht mehr der Mann gewesen, den sie mal geliebt hätte.

⑧ Achim und Tina sind geschieden, weil Achim die Liebe seines Lebens getroffen hat. Als er sie traf, hatte seine Ehefrau gerade das fünfte Kind bekommen. Achim jammert über die Trennung von den fünf Kindern, die natürlich bei der Mutter blieben. Er kann die Kinder nur selten sehen, weil er mit der Liebe seines Lebens weit weggezogen ist. Tina sagt, dass Achim Angst vor dem Älterwerden hätte, er würde sich als großen Lausbub sehen, und an den Kindern hätte er gemerkt, wie er alt werde. Mit seiner neuen, viel jüngeren Frau könne sich Achim besser einbilden, dass er noch jung sei. Mit der Neuen hat Achim keine Kinder.

⑨ Bernd sagt, dass Carola in ihm den großen Beschützer gesehen hätte. Carola sagt, dass sie die bevormundende Art von Bernd nicht mehr hätte ertragen können. Bernds neue Freundin ist achtzehn, er ist über vierzig.

⑩ Sonja und Andreas haben sich getrennt, weil Sonja frigide sei, wie Andreas überall erzählt. Sie hätte es trotz seiner sexuellen Bemühungen nicht geschafft, die verklemmte Sexualmoral ihrer Eltern zu überwinden. Sonja sagt, dass sich Andreas für den großen Sexualklempner halte, in Wirklichkeit sei er ein liebesunfähiges Würstchen. Es war Sonja, die die Beziehung zu Andreas beendete.

Ich überlegte gerade, warum sich Sieglinde und Wolf-Dietrich wohl eines Tages trennen werden, als endlich das Telefon klingelte. Es war Albert. Seine Eltern ließen mich herzlich grüßen. Wie es denn ginge? Ob es nett gewesen sei bei meinen Eltern? Wie es Ilona ginge? Er hätte oft an mich gedacht. Vor allem beim Teppichverlegen, das könne ich doch viel besser als er. Überall rieche es nach Lack in seiner Wohnung. Ob er sich Vorhänge leisten solle? Ob mein Auto noch fahre? Wir quatschten eine Stunde und verabredeten uns für den nächsten Abend.

Ich las meine Liste noch mal durch. Warum trennt man sich? Es gibt dafür so viele Gründe wie Gründe, warum zwei Menschen sich lieben.

Eva Heller

... oder kennen Sie etwa bessere?

ZEIT & GESCHWINDIGKEIT

7.1 Textcollage ⇒ Kb, S. 110

1 Die Anpassung an ein fremdes Tempo kann ebenso viele Schwierigkeiten machen wie das Erlernen einer fremden Sprache. In einer Studie wurden Reisende in fremde Länder nach ihrer Rückkehr gefragt, welche kulturellen Anpassungen ihnen die größten Probleme bereitet hätten. Natürlich wurden bekannte Probleme wie: »das Essen«, »die Sauberkeit der meisten Menschen« und »der allgemeine Lebensstandard« genannt. Doch abgesehen von der Sprache bestanden die größten Schwierigkeiten mit der sozialen Zeit: In der Liste ganz oben standen «das allgemeine Tempo des Lebens» und »... wie (un-)pünktlich die meisten Menschen sind.«

2 Wenn man man mit einem netten Mädchen zwei Stunden zusammen ist, hat man das Gefühl, es seien zwei Minuten; wenn man zwei Minuten auf einem heißen Ofen sitzt, hat man das Gefühl, es seien zwei Stunden. Das ist Relativität.
Albert Einstein

3 Ihr habt die Uhr, wir haben die Zeit.
Afrikanisches Sprichwort, gerichtet an die Europäer

4 Die Armbanduhren sind die Handschellen unserer Zeit.
Sigmund von Radecki

5 Es gibt Situationen, in denen die Zeit ruhig und gleichmäßig dahinfließt, aber auch andere Momente, in denen sie sich rau und zusammenhangslos, hart oder weich, schwer oder leicht anfühlt
Robert Levine

6 Die Zeit entsteht mit der Unlust.
Novalis

7 Die Zeit kriecht, wenn wir wünschen, sie möge schnell vergehen; die Zeit rast, wenn wir sie möglichst lange auskosten wollen.
F.T. Melges

A In einer kleineren Stadt in _____ fand gerade ein Volleyballspiel statt, als ich an einem Freitagnachmittag bei der Hauptpost ankam. Die Öffnungszeit sei bereits vorüber, sagte man mir. Als ich am Montagmorgen wiederkam, war der Postangestellte vor allem daran interessiert, mit mir über seine Verwandten in Deutschland zu reden. Ob ich seinen Onkel in München kennen lernen wolle? Ob ich enttäuscht über die deutsche Fußballmannschaft sei? Fünf Leute, die hinter mir anstanden, warteten geduldig. Statt sich zu beschweren, fingen sie zu meiner Überraschung an, sich für unser Gespräch zu interessieren.

B Die Langsamkeit ist tief in der _____ Kultur verwurzelt. In _____ erwartet man in jedem Fall, dass die Leute zu spät kommen. Wenn eine Konferenz oder eine Versammlung auf 11 Uhr anberaumt ist, dann heißt das, dass sie um 11.15, 11.30 oder sogar um 12 Uhr beginnt, je nach den Umständen. Wenn man um 11 Uhr kommt, muss man nicht nur damit rechnen, allein dazustehen, sondern empfindet auch eine gewisse Verlegenheit darüber, dass man pünktlich gekommen ist. »Bist du zum Putzen gekommen?«, fragt man den Pünktlichen.

Die Last der Hast

⇒ Kb, S. 112

"Die haben ein völlig anderes Zeitgefühl." Diesen Satz hört man mit schöner Regelmäßigkeit von Deutschen, die in einem südlichen Land Urlaub machen. Und wer sich beruflich für längere Zeit zum Beispiel in einem Land Südamerikas aufhält, muss zunächst einmal lernen, sein Lebenstempo zu drosseln. Der Psychologe Robert Levine von der California State University in Fresno hat mit seiner Forschungsgruppe eine Reihe von Zeitstudien in 31 Ländern durchgeführt und bestätigt die Erfahrung von Urlaubern und Auslandsreisenden: andere Länder, andere Zeitsitten.

Levine berichtet beispielsweise von den Kapauku in Papua, bei denen es verboten ist, an zwei aufeinander folgenden Tagen zu arbeiten.

Um das »Lebenstempo« unterschiedlicher Kulturen zu vergleichen, ist Robert Levine um die Welt gereist. In verschiedenen Experimenten maßen er und seine Mitarbeiter in 31 Ländern beispielsweise die Geschwindigkeit, mit der Fußgänger im Bereich der Innenstadt 20 Meter zurücklegen. Oder wie lange Postangestellte brauchen, um eine Standardbriefmarke zu verkaufen. Oder die Genauigkeit öffentlicher Uhren.

Westeuropäer liegen vorn

Bei aller gebotenen Vorsicht lässt sich aus den Untersuchungen folgender Trend herauslesen: Sämtliche westeuropäischen Länder liegen an der Spitze (Deutschland auf Rang drei), dann folgen Hongkong, Singapur, Taiwan und die USA, während die letzten acht Plätze von nichtindustrialisierten Ländern in Afrika, Asien und Lateinamerika belegt werden.

Es dürfte wenig überraschen, dass auch die Wahrscheinlichkeit, einen Herzinfarkt zu erleiden, an »schnellen Orten« deutlich höher liegt. »Unsere Daten zeigen«, schreibt Levine, »dass man anhand des Tempos in der Umgebung eines Menschen eine mindestens ebenso gute Vorhersage darüber treffen kann, ob er an einer Herzattacke stirbt, wie anhand seiner Werte bei einem Persönlichkeitstest.« Dies gilt allerdings nicht für Japan, das auf Rang 4 der Temposkala liegt. Zwar legen die Japaner mit das höchste Arbeitstempo vor, bescheiden sich zudem mit 1,5 Wochen Urlaub im Jahr und sterben mitunter am *karôshi*, dem Tod durch Überarbeiten – dennoch leiden dort auffallend wenig Menschen an stressbedingten Herzkrankheiten. Das hängt einerseits mit der cholesterinarmen japanischen Ernährung zusammen. Zum anderen spielen jedoch auch kulturelle Einstellungen eine große Rolle. Während in Europa oder den USA ein individualistischer Arbeitsstil vorherrscht, arbeiten die Japaner im Kollektiv. Dadurch bleibt ihnen ein Großteil jenes Konkurrenzdruckes erspart, der in amerikanischen oder europäischen Firmen zu Stress und Zeitnot führt.

Maschinen bringen nicht mehr Zeit

Levine und seine Kollegen fanden fünf Faktoren, die entscheiden, wie schnell oder wie langsam das Lebenstempo in den verschiedenen Kulturen ist. Dazu gehört vor allen Dingen Reichtum und Wohlstand eines Landes: »Ein schnelleres Allgemeintempo ist auf jeder Ebene eng mit dem Wohlstand eines Landes verbunden.«

In Zusammenhang damit ist der Grad der Industrialisierung ein weiteres Kriterium für das Lebenstempo. Levine hält es für eine »Ironie der Moderne, dass wir von zeitsparenden Maschinen umgeben sind und dennoch weniger Zeit zur Verfügung haben als frühere Generationen«.

Oft waren gerade die «Zeit sparenden» Erfindungen verantwortlich für das Ansteigen der Arbeitsbelastung. Ein Grund dafür ist, dass fast jeder technische Fortschritt mit einer Steigerung der Erwartungen einhergeht. Die modernen Staubsauger und Reinigungsmittel beispielsweise haben die Sauberkeitsstandards der Völker gesteigert: Seitdem es diese Geräte und Produkte gibt, muss alles blitzblank und staubfrei sein.

Weitere Faktoren, die das Lebenstempo bestimmen, sind die Größe der Städte und das Klima. Menschen in größeren Städten bewegen sich schneller als die in kleineren Orten. Auch das alte Stereotyp über das langsamere Leben in wärmeren Gegenden besitzt eine gewisse Gültigkeit. Die langsamsten Völker der Studie – Mexiko, Brasilien und Indonesien – liegen in den Tropen, in Gebieten also, in denen Menschen aus den schnellsten Ländern – Schweiz, Irland, Deutschland – gern ihren Winterurlaub verbringen.

Zeit ist Geld

Schließlich vermutet Levine, dass in Kulturen, die individualistisch geprägt sind, das Tempo generell höher als in Gesellschaften, in denen es noch intakte Gemeinschaften gibt. »Die Konzentration auf Leistung führt zu einer Zeit-ist-Geld-Einstellung, die wiederum in den Zwang mündet, jeden Augenblick irgendwie zu nutzen«. In Kulturen, in denen soziale Beziehungen Vorrang haben, findet sich eine entspanntere Haltung der Zeit gegenüber. Im ostafrikanischen Burkina Faso gibt es keine »verschwendete Zeit«. Dort wäre es »Verschwendung«, wenn man für seine Mitmenschen nicht ausreichend Zeit hätte.

Ein schnelles und Lebenstempo muss aber nicht weniger Lebensqualität bedeuten: »Jedes Tempo hat Vor- und Nachteile«, meint Levine.

ZEIT & GESCHWINDIGKEIT

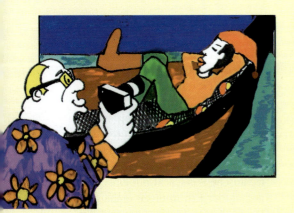
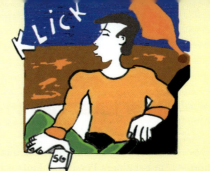

Anekdote zur Senk

In einem Hafen an einer westlichen Küste Europas liegt ein ärmlich gekleideter Mann in seinem Fischerboot und döst. Ein schick angezogener Tourist legt eben einen neuen Farbfilm in seinen Fotoapparat, um das idyllische Bild zu fotografieren: blauer Himmel, grüne See mit friedlichen schneeweißen Wellenkämmen, schwarzes Boot, rote Fischermütze. Klick. Noch einmal: klick, und da aller guten Dinge drei sind und sicher sicher ist, ein drittes Mal: klick.

Das spröde, fast feindselige Geräusch weckt den dösenden Fischer, der sich schläfrig aufrichtet, schläfrig nach seiner Zigarettenschachtel angelt; aber bevor er das Gesuchte gefunden, hat ihm der eifrige Tourist schon eine Schachtel vor die Nase gehalten, ihm die Zigarette nicht gerade in den Mund gesteckt, aber in die Hand gelegt, und ein viertes Klick, das des Feuerzeuges, schließt die eilfertige Höflichkeit ab. Durch jenes kaum messbare, nie nachweisbare Zu viel an flinker Höflichkeit ist eine gereizte Verlegenheit entstanden, die der Tourist – der Landessprache mächtig – durch ein Gespräch zu überbrücken versucht.

»Sie werden heute einen guten Fang machen.« Kopfschütteln des Fischers. – »Aber man hat mir gesagt, dass das Wetter günstig ist.« – Kopfnicken des Fischers. »Sie werden also nicht ausfahren?« Kopfschütteln des Fischers, steigende Nervosität des Touristen. Gewiss liegt ihm das Wohl des ärmlich gekleideten Menschen am Herzen, nagt an ihm die Trauer über die verpasste Gelegenheit. – »Oh, Sie fühlen sich nicht wohl?«

Endlich geht der Fischer von der Zeichensprache zum wahrhaft gesprochenen Wort über. »Ich fühle mich großartig«, sagt er. »Ich habe mich nie besser gefühlt.« Er steht auf, reckt sich, als wolle er demonstrieren, wie athletisch er gebaut ist. »Ich fühle mich fantastisch.« Der Gesichtsausdruck des Touristen wird immer unglücklicher, er kann die Frage nicht mehr unterdrücken, die ihm sozusagen das Herz zu sprengen droht: »Aber warum fahren Sie dann nicht aus?« Die Antwort kommt prompt und knapp.

»Weil ich heute Morgen schon ausgefahren bin.« – »War der Fang gut?« – »Er war so gut, dass ich nicht noch einmal auszufahren brauche, ich habe 4 Hummer in meinen Körben gehabt, fast zwei Dutzend Makrelen gefangen ...«

Der Fischer, endlich erwacht, taut jetzt auf und klopft dem Touristen beruhigend auf die Schultern. Dessen besorgter Gesichtsausdruck erscheint ihm als ein Ausdruck zwar unangebrachter, doch rührender Kümmernis. »Ich habe sogar für morgen und übermorgen genug«, sagt er, um des Fremden Seele zu erleichtern. »Rauchen Sie eine von meinen?« – »Ja, danke.« Zigaretten werden in Münder gesteckt, ein fünftes Klick, der Fremde setzt sich kopfschüttelnd auf den Bootsrand, legt die Kamera aus der Hand, denn er braucht jetzt beide Hände, um seiner Rede Nachdruck zu verleihen.

»Ich will mich ja nicht in Ihre persönlichen Angelegenheiten mischen«, sagt er, »aber stellen Sie sich mal vor, Sie führen heute ein zweites, ein drittes, vielleicht sogar ein viertes Mal aus und Sie würden drei, vier, fünf, vielleicht gar zehn Dutzend Makrelen fangen ... stellen Sie sich das mal vor.« Der Fischer nickt. »Sie würden«, fährt der Tourist fort, ...

Nicht weiterlesen!

ZEIT & GESCHWINDIGKEIT

⇒ Kb, S. 116

g der Arbeitsmoral

... »nicht nur heute, sondern morgen, übermorgen, ja, an jedem günstigen Tag zwei-, dreimal, vielleicht viermal ausfahren - wissen Sie, was geschehen würde?« – Der Fischer schüttelt den Kopf. – »Sie würden sich in spätestens einem Jahr einen Motor kaufen können, in zwei Jahren ein zweites Boot, in drei oder vier Jahren könnten Sie vielleicht einen kleinen Kutter haben, mit zwei Booten oder dem Kutter würden Sie natürlich viel mehr fangen – eines Tages würden Sie zwei Kutter haben, Sie würden ...«, die Begeisterung verschlägt ihm für ein paar Augenblicke die Stimme. »Sie würden ein kleines Kühlhaus bauen, vielleicht eine Räucherei, später eine Marinadenfabrik, mit einem eigenen Hubschrauber rundfliegen, die Fischschwärme ausmachen und Ihren Kuttern per Funk Anweisung geben. Sie könnten die Lachsrechte erwerben, ein Fischrestaurant eröffnen, den Hummer ohne Zwischenhändler direkt nach Paris exportieren – und dann ...«, wieder verschlägt die Begeisterung dem Fremden die Sprache.

Kopfschüttelnd, im tiefsten Herzen betrübt, seiner Urlaubsfreude schon fast verlustig, blickt er auf die friedlich hereinrollende Flut, in der die ungefangenen Fische munter springen.
»Und dann«, sagt er, aber wieder verschlägt ihm die Erregung die Sprache.
Der Fischer klopft ihm auf den Rücken, wie einem Kind, das sich verschluckt hat. »Was dann?«, fragt er leise. »Dann«, sagt der Fremde mit stiller Begeisterung, »dann könnten Sie beruhigt hier im Hafen sitzen, in der Sonne dösen – und auf das herrliche Meer blicken.« – »Aber das tu ich ja schon jetzt«, sagt der Fischer, »ich sitze beruhigt am Hafen und döse, nur Ihr Klicken hat mich dabei gestört.«
Tatsächlich zog der solcherlei belehrte Tourist nachdenklich von dannen, denn früher hatte er auch einmal geglaubt, er arbeite, um eines Tages einmal nicht mehr arbeiten zu müssen, und es blieb keine Spur von Mitleid mit dem ärmlich gekleideten Fischer in ihm zurück, nur ein wenig Neid.

Heinrich Böll

Zeit

Man könnte vermuten, dass ein langsameres Lebenstempo auch dafür sorgt, dass die Menschen glücklicher sind. Bei dieser Vorstellung erscheinen vor unserem inneren Auge traumähnliche Bilder von glücklichen Fischern – vermutlich von angespannten, aber wesentlich wohlhabenderen Touristen fotografiert – in verschlafenen Dörfern an zeitlosen, exotischen Stränden. Tatsächlich aber kommt Levine zu dem Schluss, dass das »prächtige Klischee« vom »hektischen Übereifrigen, der sich zu Tode schuftet«, und vom »tanzenden Alexis Sorbas, der fröhlich jeden Augenblick seines Lebens genießt«, überholt sei. Im Gegenteil: »Bei all unseren Untersuchungen zum Lebenstempo bestand bei Menschen an schnelleren Orten eine höhere Wahrscheinlichkeit, dass sie mit ihrem Leben zufrieden sind.«

und

Das klingt zunächst paradox. Doch eine produktive Wirtschaft führt im Allgemeinen eben sowohl zu mehr Stress und ungesunden Gewohnheiten wie auch zu materiellem Wohlstand und höherem Lebensstandard. Dies zeigt sich auch in anderen Bereichen: Der Psychologe Edward Diener hat festgestellt, dass in industrialisierten Ländern sowohl die Scheidungs- als auch die Selbstmordrate höher ist – zugleich aber auch das eheliche Glück (in den funktionierenden Ehen) und das seelische Wohlbefinden. Die »Früchte von Individualismus und harter Arbeit«, so meint Robert Levine, schufen »das Potenzial für Wohl und Wehe gleichermaßen«.

Ähnliches gilt für das Empfinden von Zeitdruck: Noch schlimmer als keine Zeit zu haben wird das Gefühl empfunden, zu viel davon zu haben. Arbeitslosigkeit wird als Übel empfunden, und die unglücklichsten Menschen sind oft diejenigen, die überhaupt keinem Zeitdruck ausgesetzt sind. So gleicht die Suche nach dem richtigen Tempo der Quadratur des Kreises. Während die einen über ihr mit Terminen und Verpflichtungen gefülltes Leben in der Großstadt klagen, schimpfen jugendliche Dorfbewohner über die in ihrem Dorf herrschende Langeweile.

Man müsse auf seinen eigenen »Trommelschlag« hören, fordert Robert Levine, und versuchen, sein individuelles Tempo mit dem seiner Umgebung in Einklang zu bringen. Für europäische Leser einigermaßen überraschend, liegt für Levine das »Dolce Vita« ausgerechnet in Europa: Dort lebten die Menschen zwar schneller, hätten aber auch wesentlich mehr Urlaub als zum Beispiel in den Vereinigten Staaten, wo man im Schnitt mit zwei Wochen auskommen müsse.

GLÜCK

LÜGE & WAHRHEIT

8.1 Vorsicht, Lügendetektor! ⇒ Kb, S. 125

Partner B Bitte nicht lesen!! Sie finden Ihre Anweisungen im Kursbuch S. 125

Partner A

A Sie stellen Ihrem Partner Fragen und sollen entscheiden, ob er/sie die Wahrheit sagt oder nicht. Achten Sie bei den Antworten Ihres Partners / Ihrer Partnerin genau auf die Augen, und zwar auf die **Blickrichtung**.
Untersuchungen haben gezeigt, dass die Blickrichtungen wechseln, wenn jemand etwas tatsächlich erinnert und wenn er etwas erfindet.

Bei den ersten beiden Testfragen sollen Sie herausfinden, in welche Richtung Ihr Partner / Ihre Partnerin guckt, wenn er/sie sich an **etwas Reales** (»Wahrheit«) erinnert, und in welche Richung der Blick geht, wenn er /sie **etwas konstruiert** (»Lüge«).
Sie haben dann ein Schema, nach dem Sie die Aufrichtigkeit Ihres Partners / Ihrer Partnerin bei den nächsten Fragen beurteilen können.

Blickrichtung links / Blickrichtung rechts

Beispiel: Ihr Partner schaut bei der ersten Frage nach **links**: → Ihr Partner schaut nach links, wenn er die **Wahrheit** sagt.

Ihr Partner schaut bei der zweiten Frage nach **rechts**: → Ihr Partner schaut nach rechts, wenn er **nicht die Wahrheit** sagt.

Tragen Sie die Ergebnisse des Experiments in die Tabellen ein.

Erster Teil: Testfragen

1. Stell dir bitte genau das Gesicht deiner Mutter vor.
2. Stell dir jetzt deine Mutter vor, als sie 18 Jahre alt war.

	erinnert sich an Reales	konstruiert etwas
Blickrichtung		

Zweiter Teil: Fragen

	Augen nach rechts	Augen nach links	Lüge?
Antwort 1			
Antwort 2			
Antwort 3			
Antwort 4			
Antwort 5			

Frage 1: Wie alt bist du?
Frage 2: Bist du eitel?
Frage 3: Möchtest du lieber mit einer anderen Person diese Partnerübung machen?
Frage 4: Hast du deine Eltern belogen?
Frage 5: Gibt es im Kurs Männer/Frauen, die dich besonders interessieren?

Dritter Teil: Vergleich, Auswertung

Sagen Sie Ihrem Partner/Ihrer Partnerin, bei welcher Frage er /sie gelogen hat. Verraten Sie ihm/ihr nicht Ihre Methode.

8.2 Der Lüge auf der Spur ⇒ Kb, S. 125

Das Lügen-Experiment

Um Körpersignale beim Lügen systematisch zu erforschen, hat der amerikanische Lügenforscher Paul Ekmann ein Experiment durchgeführt: Krankenschwestern, die sich in der Berufsausbildung befanden, wurden zwei Filme präsentiert. Der erste zeigte eine angenehm zu betrachtende Küstenlandschaft. Die Versuchspersonen sollten nun diese Landschaft einer Person beschreiben, die das Gesicht der Erzählerin, nicht aber den Film sehen konnte.
Der zweite Film zeigte Menschen mit Verbrennungen und schweren Verstümmelungen – alles Bilder, die sehr grausam waren. Nun sollten die Versuchspersonen jemanden davon überzeugen, dass sie ebenfalls einen wunderschönen Film gesehen hätten. Sie wurden zum Beispiel bei dem zweiten Film gefragt: »Würden Sie diesen Film für Kinder empfehlen?« Die Krankenschwestern antworteten: »Natürlich! Sofort!« Dabei wurden ihre Handlungen und ihr Gesichtsausdruck von versteckten Kameras aufgezeichnet. Der Hinweis, dass sie als Krankenschwestern in der Lage sein müssten, negative Gefühle vor Patienten überzeugend zu verbergen, motivierte sie, sich beim Lügen sehr zu bemühen.
Es wurden versteckte Kameras installiert, damit die Forscher typische Körpersignale beim Lügen analysieren konnten.

Der Lüge auf der Spur

Wie uns unser Körper beim Lügen verrät

Bei vielen Gelegenheiten möchten wir gern unsere wahren Gefühle vor anderen verbergen, aber es will uns irgendwie nicht recht gelingen. Meistens können wir unsere Worte und unseren Gesichtsausdruck unter Kontrolle halten. Aber können wir das auch mit unserem Körper?

Lügen mit dem ganzen Körper

Das »Lügen mit dem ganzen Körper« ist für die meisten von uns schwierig, weil wir darin wenig Übung haben. Im täglichen Leben kommt es nicht allzu häufig vor, dass ein bewusstes Täuschungsmanöver mit allen Konsequenzen durchgespielt werden muss. Wenn wir eine bewusste Lüge oder Täuschung versuchen, tun wir das häufig sehr ungeschickt, und nur das mangelnde Beobachtungsvermögen unserer Mitmenschen schützt uns vor Entlarvung. Häufig leiden sie aber auch weniger an mangelndem Beobachtungsvermögen, als wir meinen: Sie erkennen unser Täuschungsmanöver, lassen uns das aber nicht merken. Man erkennt zwar unsere Lügen, aber man widerspricht uns nicht.

Amateur- und Profitäuscher

Dass wir so ungern den Lügen anderer öffentlich widersprechen, führt dazu, dass die Qualität der gewöhnlichen gesellschaftlichen Lüge nicht gerade hoch ist. Wir haben darin weder genügend Übung noch werden wir ernsthaft genug getestet. Daher kann man die meisten von uns in die Kategorie der »Amateurtäuscher« einstufen; wir könnten eine ganze Menge von der abgebrühten Minderheit der »Profitäuscher« lernen.
Professionelle Täuscher sind all diejenigen, deren Beruf wiederholte und anhaltende Täuschungsmanöver verlangt. Sie müssen im richtigen Augenblick und mit ihrem ganzen Körper lügen können. Dazu gehört jahrelanges Training, in dessen Verlauf man die bewusste Täuschung zu einer Art »Kunst« entwickeln kann. Ich denke hier nicht nur an die großen Schauspieler und Schauspielerinnen, sondern auch an andere Super-Täuscher wie Berufsdiplomaten und Politiker, Rechtsanwälte, Gebrauchtwagenhändler und Immobilienmakler.

Weniger Gesten ...

Wie könnte man nun derartige Profilügner durchschauen? Bei dem »Krankenschwester-Experiment« zeigte sich, dass selbst die besten Lügnerinnen keine perfekten Lügnerinnen waren. Die versteckte Kamera zeigte einen Reihe von Unterschieden beim Erzählen der Wahrheit und beim Lügen. Es handelt sich um Folgende:
Beim Lügen nahm die Häufigkeit der Gesten mit der Hand ab. Die Handbewegungen, mit denen sie normalerweise ihre verbalen Aussagen unterstrichen, waren erheblich reduziert. Der Grund dafür ist, dass die Handgesten, die gesprochene Worte »illustrierend« begleiten, von uns nicht identifiziert werden. Wir wissen zwar, dass wir beim Sprechen mit unseren Händen »in der Luft herumfuchteln«, aber wir wissen nicht exakt, was sie tun. Unbewusst haben wir das Gefühl, wir könnten uns durch sie verraten, und daher unterdrücken wir Handbewegungen.

... mehr Selbstkontakte

Beim Lügen nahmen bei den Schwestern die Selbstkontakte mit der Hand im Gesicht zu. Während wir uns unterhalten, berühren wir alle gelegentlich unser Gesicht mit der Hand, aber während eines Täuschungsmanövers nimmt die Häufigkeit die-

Ungewollte nichtverbale Informationen bedeuten ein Versagen unserer sozialen Maske. In der Öffentlichkeit setzen wir oft eine fröhliche Miene auf, während wir in Wirklichkeit nervös, angespannt oder ängstlich sind. Aber kleine Gesten können die Wahrheit verraten.

Lüge & Wahrheit

»Ich gebe Ihnen mein Ehrenwort«, sagte der damalige Ministerpräsident von Schleswig-Holstein, Uwe Barschel, – und log. Das stellte sich erst später heraus. Wäre die Videoaufnahme von der Pressekonferenz von einem Experten untersucht worden, hätte man die Lüge viel früher entlarven können.

ser Handlungen rapide zu. Einige Gesten sind dabei beliebter als andere. Bei Täuschungsmanövern sind am häufigsten: das Kinnstreicheln, das Lippenzusammendrücken, das Mundbedecken, die Nasenberührung, das Wangenreiben, das Kratzen an den Augenbrauen, das Ziehen am Ohrläppchen und das Haarstreichen. Besonders häufig waren Nasenberührungen und Mundbedeckungen.

Das Bedecken des Mundes ist leicht zu verstehen. Aus dem Mund kommen lügenhafte Worte; das schlechte Gewissen übermittelt eine Botschaft an die Hand, diesen Vorgang gewissermaßen zu vertuschen. Unbewusst hebt sich die Hand des Lügenden zum Mund, als wolle sie die Worte zurückhalten.

Achtung! Nasenberührungen

Sehr häufig beim Lügen waren Nasenberührungen. Zwei Erklärungen für dieses Phänomen sind möglich: Die Hand, die gehoben wird, um die aus dem Mund kommende Lüge zurückzuhalten, muss irgendwie abgelenkt werden, weil das Mundbedecken zu verräterisch ist. Da bietet sich die nahe liegende Nase an.

Aber es gibt noch einen zweiten Grund: Im Augenblick einer bewussten Lüge erhöht sich selbst bei den erfahrensten Lügnern die nervöse Spannung. Das führt wiederum zu geringfügigen physiologischen Veränderungen u.a. in der Nase, die ihrerseits ein Nasenkitzeln hervorrufen.

Fast unter Kontrolle: Das Gesicht

Beim Lügen war im Gesichtsausdruck der Schwesternschülerinnen kaum ein Unterschied gegenüber dem Ausdruck beim Sagen der Wahrheit zu bemerken – kaum, aber doch etwas! Denn auch in den selbstbewusstesten Gesichtern waren winzige Ausdrucksänderungen zu erkennen, die die Wahrheit verrieten. Diese Veränderungen waren so kurz und vollzogen sich derart rasch, dass sie von dafür nicht besonders ausgebildeten Beobachtern gar nicht bemerkt werden konnten. Die geringfügigen Veränderungen werden durch die blitzartige Fähigkeit des Gesichts verursacht, innere Gefühle zu spiegeln. Wenn eine Stimmungsänderung eintritt, wird sie im Bruchteil einer Sekunde durch die Gesichtsmuskeln registriert. Die vom Gehirn übermittelte Gegenbotschaft, sich diese Veränderung nicht anmerken zu lassen, kommt häufig um Sekundenbruchteile zu spät. Der Gesichtsausdruck beginnt sich zu verändern, aber innerhalb von Sekundenbruchteilen wird diese Veränderung jäh abgebrochen.

»Schau mir in die Augen ...«

Den meisten fällt es schwer, eine Lüge auszusprechen, während sie dem anderen direkt in die Augen sehen. Sie sehen nach unten, oder sehen uns nur kurz an. Ein unbeständiger Blick gilt als unzuverlässig und als Zeichen für Täuschung und Verwirrung. Gute Lügner schauen ihrem Opfer direkt in die Augen, aber auch sie können nicht die unmerklichen Signale der Pupille verbergen, die man nicht steuern kann. Da sie sich bei Freude ausdehnt und bei Missfallen zusammenzieht, kann man im Allgemeinen beurteilen, ob sich jemand wirklich über etwas freut oder es nur vorgibt. Schwer zu steuern ist auch die Frequenz des Lidschlags, die sich in Erregungs- und Spannungssituationen erhöht. Der Ausdruck »Er lügt, ohne mit der Wimper zu zucken« weist aber darauf hin, dass geübte Lügner auch das kontrollieren können.

Grenzen des Experiments

Es gibt allerdings einen ernst zu nehmenden kritischen Einwand. Man erfährt zwar durch die Untersuchung, was geschieht, wenn Menschen lügen, und auch, dass auf Grund einer bestimmten Mimik und Gestik ein geschicktes Täuschungsmanöver entlarvt werden kann. Aber ...

David Nyberg

LÜGE & WAHRHEIT

8.3 Mein erster japanischer Hamburger ⇒ Kb, S. 128

Als Teenager habe ich einmal die Sommerferien in Japan verbracht und dort in einer Familie gelebt, in der die Mutter sehr schüchtern war und fast kein Englisch sprach.
Weil ich meinerseits fast kein Japanisch konnte, mussten wir auf Grund gegenseitiger Sympathie rein gefühlsmäßig herausfinden, wie wir miteinander zurechtkamen. Wir hatten viel Spaß miteinander, als wir uns unsere jeweilige Sprache, unsere Sitten, besonderen Vergnügungen und anderes mehr beizubringen versuchten. Eines Tages zeigte sie fragend auf den Inhalt eines Briefes, den ich gerade erhalten hatte. Als Antwort auf meine Beschreibung der exotischen japanischen Küche, mit der ich mich nur schwer anfreunden konnte, hatte mir ein Freund eine ganzseitige farbige Zeitungsanzeige geschickt, in der für den »Big Mac« geworben wurde. Mama-san wollte wissen, was das sei, und so erklärte ich, so gut ich konnte, dass das Hamburger und Pommes frites seien, und fügte hinzu, dass meine Freunde und ich so etwas sehr gerne äßen. Sie schien zufrieden zu sein und sprach nicht weiter darüber.
Zwei Tage später saßen die Familie und ich am Mittagstisch zusammen, und Mama-san strahlte vor nervöser Vorfreude. Sie hatte mir etwas ganz Besonderes gekocht.
Da lag sie nun vor mir auf dem Tisch, ihre »Übersetzung« von Hamburger und Pommes frites ins Japanische. Zwischen zwei dicken Scheiben geschmacklosen Weißbrots war eine schmierige Mixtur aus Kartoffelbrei und ein paar Brocken gekochten Rindfleischs enthalten. Das Ganze war ein riesiges, trockenes, klebriges Kartoffelbrei-Sandwich, das sie mit viel Liebe extra für mich zubereitet hatte. Ich wusste, dass sie sich enorme Mühe gegeben hatte, selbst diese unpassenden Zutaten irgendwie zusammenzubringen. Ihr ältester Sohn hatte schon unhöflich bemerkt, sie solle das Zeug doch lieber an die Hunde verfüttern, aber sie ließ ihre Augen nicht von mir ...

David Nyberg

8.4 ⇒ Kb, S. 128

Die Nachfahren des Baron Münchhausen

Lügen, Beschönigen und Übertreiben sind offenbar sinnvolle Formen der sozialen Kommunikation.

Manche Menschen sammeln Briefmarken, andere sammeln Lügen. Bella DePaulo und ihre Kollegen trugen binnen zwei Wochen 1500 Lügen zusammen. Die Sozialpsychologen von der US-Universität Virginia hatten 150 Normalverbraucher 14 Tage lang über ihre kleinen und großen Unaufrichtigkeiten Protokoll führen lassen. Die Versuchspersonen legten ein persönliches Lügenbuch an, in das sie gewissenhaft die Begegnungen und Gespräche des Tages eintrugen – mit den Schwindeleien, die sie sich dabei leisteten. Sie notierten nicht nur Zeitpunkt und Gesprächsdauer, sondern auch die Namen ihrer Partner und den Inhalt des Gesprächs. Sogar die Bewertung ihrer Verstöße gegen das 5. Gebot fehlte nicht: Von »harmlos« (1 Punkt) bis »schwerwiegend« (5 Punkte) klassifizierten die Selbstbeobachter ihre Lügen.
Das Resultat: In jedem vierten mindestens zehnminütigen Beisammensein wurde gelogen. Hochgerechnet macht das pro Durchschnittsflunkerer die stattliche Ausbeute von ein bis zwei Lügen pro Tag. Münchhausen kann stolz sein auf seine Nachfahren, zumal 70 Prozent der Versuchslügner nicht einmal das schlechte Gewissen plagte. Gaben sie doch zu Protokoll, dass sie in ähnlichen Situationen auch künftig nicht vor kleinen Unwahrheiten zurückschrecken würden.

Schlechte Noten für Politiker

Die Alltagslügner waren keineswegs überrascht von der eigenen Unaufrichtigkeit. Uns allen ist durchaus bewusst, dass wir bisweilen die Wahrheit zurechtbiegen. Warum auch nicht, denn andere, so glauben wir zu wissen, sind schließlich noch größere Lügner.
Das schlechteste Image in dieser Hinsicht hat die Boulevardpresse, wie der britische Lügenforscher Peter Robinson ermittelte. Es folgen Werbung, Politiker und Regierungen. Wissenschaftlern und Pfarrern trauten die Befragten noch am ehesten über den Weg.
Vor allem aber, so Robinson, vertrauen wir unseren Angehörigen und Freunden. 77 Prozent der Interviewten waren überzeugt, dass ihr »bester Freund« sie nie und nimmer anlügen würde, 69 Prozent glaubten dies auch von »guten Freunden« – und immerhin noch 60 Prozent empfanden

den Kreis der Familie als lügenfreie Zone.

Ist also unser engstes Umfeld eine Insel der Aufrichtigkeit im Ozean der Täuschung, der uns umgibt? Wohl kaum. Es stellte sich nämlich heraus, dass auch in der Familie und unter Freunden geflunkert wird und hässliche Wahrheiten unter der Decke gehalten werden.

Die Lügenforscher stehen also vor einem Paradox: Einerseits wissen Menschen recht genau, wie häufig sie selbst sogar nahe stehende Menschen belügen – andererseits glauben sie, dass sie ihrerseits von guten Freunden nicht belogen werden. Jeannette Schmid, Psychologin an der Universität Heidelberg, hat sich mit diesem Widerspruch beschäftigt. Ihre Erklärung: Wir neigen dazu, zwischenmenschliche Nähe und Ehrlichkeit in einen Topf zu werfen. Wie man aus Experimenten weiß, sind wir eher bereit, einem Menschen Glauben zu schenken, wenn dieser uns etwas sehr Privates und Intimes anvertraut. »Dieser Mensch vertraut mir, denn er teilt mir etwas mit, was ihn verletzlich macht. Also muss ich ihm auch etwas Vertrauen entgegenbringen.« Ein Trugschluss, so die Expertin für Sozial- und Gerichtspsychologie, denn »tatsächlich hat die Intimität einer Botschaft rein gar nichts mit ihrem Wahrheitsgehalt zu tun«.

Gibt man aber zu erkennen, dass man den intimen Erzählungen unserer Freunde misstraut, fühlen sie sich schwer gekränkt.

Die meisten Lügen sind harmlos

Solch ein Affront kann die gesamte Beziehung in Frage stellen. Besser also, man lässt Misstrauen gar nicht erst aufkommen. Offenbar fahren wir ganz gut mit der Strategie, unseren Lieben um der guten Sache willen vorbehaltlos zu glauben – auch wenn wir es besser wissen müssten. Großen Schaden haben wir jedenfalls kaum zu befürchten. Die Forscher aus Virginia ermittelten, dass Lügen mit dem erklärten Ziel, dem Gesprächspartner zu schaden, extrem selten vorkommen. Die meisten alltäglichen Unaufrichtigkeiten sind harmlos und dienen dazu, sich selbst und seine Leistungen besser zu machen als sie sind.

Manchmal zeigten sich die protokollführenden Alltagslügnerinnen und Lügner aber auch ganz uneigennützig und hatten nur das Wohl ihres Gesprächspartners im Auge. Sie schmeichelten ihm und versuchten, mit ein paar freundlichen Übertreibungen seine Stimmung zu verbessern. »Meist handelt es sich dabei um übertrieben positive Gefühle«, meint Jeannette Schmid. Beispielsweise werde »starke Bewunderung für eine Eigenschaft oder Tat geäußert, die man in Wirklichkeit eher belanglos oder gar unnütz findet«.

Strategie der Konfliktvermeidung

Wieder andere Lügen unter einander nahestehenden Menschen haben den Zweck, Konflikten aus dem Wege zu gehen, indem man Meinungsverschiedenheiten zudeckt. Oft muss man nicht gleich zu groben Lügen greifen, um eine Situation zu retten. Einige ausgewählte Halbwahrheiten

reichen auch. Eine Forschergruppe um Janet Beavin Bavelas aus dem kanadischen Viktoria analysierte, zu welchen Ausflüchten Menschen in peinlichen sozialen Zwangslagen greifen.

Was um Himmels willen sagt man zum Beispiel einer vom Stolz geblendeten Mutter, die einen freudestrahlend auffordert, ihr ausnehmend hässliches Baby zu bewundern? Hier kann der galante Schwindler von Welt sein ganzes Können unter Beweis stellen. Das Repertoire reicht von der unverblümten Notlüge (»Ein wirklich hübsches Kerlchen!«) über gewagte Doppeldeutigkeiten (»Ganz die Mama!«) bis hin zu filigranen Ablenkungen (»Kleine Kinder sind schon etwas Erstaunliches«).

Skrupelhafte Heuchler machen sich in solchen Situationen die Doppeldeutigkeiten der Sprache zu Nutze, weiß Jeannette Schmid: »Lautet die Frage ‚Hast du noch Kontakt zu Philipp?' und die Antwort wahrheitsgemäß ‚Den habe ich schon seit Monaten nicht mehr gesehen', so kann sich dahinter die Tatsache verbergen, dass der Angesprochene noch am Vorabend mit Philipp telefoniert hat.«

Lügner: Ein guter Kommunikator

Manche Forscher und vielleicht auch die Gesellschaft insgesamt sehen die Lüge heute nicht mehr ganz so moralisch wie noch vor wenigen Jahrzehnten. Die Heidelberger Psychologin stellt fest, das Bild des Lügners habe sich »vom bösartigen, kranken oder wenigstens fehlentwickelten Manipulator zu dem vom Kommunikator gewandelt, der versucht, seine Mittel optimal einzusetzen, um einen falschen Eindruck beim Gegenüber zu erzielen – ohne dabei dem anderen unbedingt Schaden zufügen zu wollen«. Abgesehen von wirklich üblen Lügenvarianten wie Verrat und Denunziation seien »Täuschen, Schwindeln, Beschönigen, Übertreiben ganz normale und alltägliche Formen der Kommunikation«.

LÜGE & WAHRHEIT

8.6 Ohne Titel ⇒ Kb, S. 134

Lasset die Lüge und redet die Wahrheit«. In allen U-Bahn-Stationen gibt es den Spruch auf einem Plakat zu lesen. Ich kann es mir nicht vorstellen, dass ihn jemand ernst nimmt, dass irgendein Ehemann zum Beispiel daraufhin beschließt, seiner Frau zu sagen, dass er sich mit ihr langweilt und seine freie Zeit lieber mit seinen Arbeitskollegen beim Kegeln verbringt. Dennoch, irgendjemand muss die Idee mit dem Poster gehabt, sich von der Aktion etwas versprochen haben. Was nur?

Befolgten die Menschen die Aufforderung, die Lüge sein zu lassen und die Wahrheit zu reden, wären die Folgen entsetzlich. Das ganze soziale Gefüge bräche zusammen, die Menschen sagten sich nicht nur gnadenlos ins Gesicht, was sie dächten, sondern auch, was sie voneinander hielten. Dies wäre das Ende aller Beziehungen, der privaten, der beruflichen und der öffentlichen. Trotzdem steht die Wahrheit hoch im Kurs, und die Lüge hat ein schlechtes Image.

Meine eigenen Erfahrungen mit der Wahrheit sind von widersprüchlicher Art. Es kam vor, dass ich mit der reinen Wahrheit auf die Nase fiel und mit einer krummen Lüge glatt durchkam. Und manchmal erwies sich die Wahrheit als eine Art Wunderwaffe. Es muss etwa ein Jahr vor dem Abitur gewesen sein. Ich hatte längst aufgehört, Hausaufgaben zu machen oder mich auf irgendetwas in der Schule vorzubereiten. Eines Tages fiel das auch dem Mathematik-Lehrer auf. Statt ihn, wie allgemein üblich und von ihm erwartet, anzulügen, ich sei krank gewesen, sagte ich: »Ich hatte keine Lust.« Es war die schlichte Wahrheit, und ihre Wirkung war verheerend. Hätte ich dem armen Studienrat gesagt, ich hätte ein Verhältnis mit seiner Frau, er wäre kaum geschockter gewesen. Wortlos wandte er sich ab und vergaß sogar, die an sich fällige Strafe zu verhängen. Das war ein echtes Aha-Erlebnis. So einfach war es also, einen Sieg nach Punkten davonzutragen, man musste nur die Wahrheit sagen.

> **Meine eigenen Erfahrungen mit der Wahrheit sind von widersprüchlicher Art.**

Mit der Zeit begriff ich, dass es nicht immer so einfach funktionierte. Neulich fand ich mich bei einem Abendessen an der Seite einer Milliardenerbin. Ihre Firma setzt rund zwei Milliarden Mark im Jahr um, sie selbst vertreibt sich die Zeit mit dem An- und Verkauf von Antiquitäten. Sie hatte irgendeinen Artikel von mir gelesen, mit dem sie nicht einverstanden war, er sei unverantwortlich. Artikel dieser Art seien gefährlich, ob ich denn nicht sehen könnte, was für Schaden ich anrichten würde, das sei doch total verantwortungslos, was ich denn mit Artikeln dieser Art erreichen wollte?

Angesichts einer Lammkeule vor mir, die im Begriffe war, kalt zu werden, hielt ich es erst mal für verantwortungslos, mich vom Essen abhalten zu lassen. Um die Diskussion über meine Motive zu beenden, noch bevor sie in Fahrt gekommen war, antwortete ich wahrheitsgemäß, es käme mir nur auf zweierlei an: »Ich möchte reich und berühmt werden.« Der Milliardenerbin neben mir fiel die Gabel aus der Hand. So viel Materialismus war noch empörender als der Inhalt meiner Artikel. »Wenn ihr Bankkonto alles ist, worauf es Ihnen ankommt«, murmelte sie und schüttelte den Kopf. Ihre Ohrringe, die so viel wert waren, wie ich in einem Jahr verdiene, schüttelten sich mit. Ich schaute in die Runde und wusste: Der Punkt war nicht an mich gegangen. Die Wunderwaffe Wahrheit hatte nicht funktioniert. Auch die anderen Gäste fanden meinen blanken Materialismus unpassend. Ich war in ihre Domäne eingebrochen, einer wie ich hatte ein Idealist zu sein, nicht materielle Ziele wie Geld und Ruhm zu verfolgen. Hätte ich auf die Frage nach meinen Motiven geantwortet, es käme mir darauf an, die Versöhnung zwischen Deutschen und Juden voranzutreiben, es wären alle maßlos beeindruckt gewesen. Es wäre eine kommode Lüge gewesen.

> **Die Wunderwaffe Wahrheit hatte nicht funktioniert**

Kluge Autoren nehmen auf solche Bedürfnisse ihres Publikums Rücksicht.

Lüge & Wahrheit

Als Rock Hudsons tödliche Krankheit bekannt wurde, konnte ich ein gewisses Gefühl der Genugtuung nicht unterdrücken. Nicht über den Schauspieler, sondern über seine Verehrergemeinde. Da waren Millionen von Frauen, die allein schon die Nennung seines Namens an den Rand der Bewusstlosigkeit trieb, und da war dieser Frauenliebling, der nichts zu tun brauchte, der einfach dastand, die Hände in den Hosentaschen, den Kopf leicht zur Seite geneigt, und die Mädels zum Schmelzen brachte. Sie hätten wer weiß was geopfert, nur um eine Stunde mit ihm ganz allein zu sein. Man könnte sagen, Rock Hudson hat Millionen von Frauen glücklich gemacht, man könnte aber auch sagen, er hat sie alle betrogen. Er wusste, was ihm Frauen bedeuten, sie konnten es nicht mal ahnen. Wie hätten seine Verehrerinnen reagiert, hätte er sich mal mit seinem Freund Händchen haltend in der Öffentlichkeit gezeigt?

Dennoch sind Sprüche wie »Ehrlich währt am längsten« und »Lügen haben kurze Beine« nicht auszurotten. Mag die Erfahrung uns auch das Gegenteil lehren – Mythen haben ein zähes Leben. Wir klammern uns an die Lüge von der Kraft der Wahrheit und wollen die Wahrheit von der Macht der Lüge nicht einsehen. Es wird Zeit, mit diesen falschen Idealen aufzuräumen, endlich die Lüge als einen gesellschaftlichen Faktor von hohem moralischen Wert und praktischem Nutzen anzuerkennen. Dann stellt sich die neue Ehrlichkeit ganz von allein ein.

Ob ich denn immer die Wahrheit sagen würde, bin ich neulich gefragt worden. »Nein«, antwortete ich wahrheitsgemäß. »Das glaub' ich Ihnen nicht«, sagte mein Gesprächspartner. Da konnte ich ihm auch nicht helfen.

Hendrik M. Broder

> **Man könnte sagen, Rock Hudson hat Millionen von Frauen glücklich gemacht. Man könnte aber auch sagen, er hat sie alle betrogen.**

⇒ Kb S. 137

Das letzte Lügengedicht

Finster war's, der Mond schien helle,
Schnee lag auf der grünen Flur,
Als ein Wagen blitzesschnelle
Langsam um die Ecke fuhr.
Darin saßen stehend Damen,
Schweigend ins Gespräch vertieft,
Als ein totgeschossner Hase
Auf der Sandbank Schlittschuh lief.
Und auf einer roten Bank,
Die grün angestrichen war,
Saß ein blondgelockter Jüngling
Mit kohlrabenschwarzen Haar.
Neben ihm die alte Schachtel,
Die noch keine sechzehn Jahr;
Sie aß eine Buttersemmel,
Die mit Schmalz bestrichen war.

LÜGE & WAHRHEIT

8.8 Wenn Lila wüste ... (Mein Name sei Gantenbein) ⇒ Kb, S. 137

Wenn Lila wüsste ...

Ein Meisterwerk ungewöhnlicher Romankunst: Ein Mann wird vorgestellt, der vor der Welt und seiner Frau den Blinden spielt, um zum Beispiel das nicht sehen zu müssen, was die Liebe zerstören würde, etwa die Huldigungen anderer Männer, die seine Frau lächelnd entgegennimmt.
Das Spiel mit den gedachten Möglichkeiten des Menschen besticht durch seinen Witz und seinen Tiefsinn. Der Roman fasziniert durch seine Sprache und durch die unerschöpfliche Fantasie des Dichters.

... dass ich sehe, sie würde zweifeln an meiner Liebe, und es wäre die Hölle, ein Mann und ein Weib, aber kein Paar; erst das Geheimnis, das ein Mann und ein Weib voreinander hüten, macht sie zum Paar.

Ich bin glücklich wie noch nie mit einer anderen Frau.

Wenn Lila, plötzlich wie aufgescheucht und gehetzt, weil offenbar verspätet, im Hinausgehen sagt, heute müsse sie zum Coiffeur gehen, sie habe Haare wie eine Hexe, und wenn Lila dann vom Coiffeur kommt, der dafür bekannt ist, dass er warten läßt, und dabei sehe ich auf den ersten Blick, dass ihr Haar nicht beim Coiffeur gewesen ist, und wenn Lila, ohne gerade zu betonen, dass sie es unter der Dauerwellenhaube gehört habe, von einem Stadtgespräch berichtet, wie es etwa beim Coiffeur zu hören ist, sage ich nie: Lilalein, warum lügst du? Und wenn ich's noch so liebevoll sagen würde, sozusagen humorvoll, sie wäre gekränkt; sie würde Gantenbein fragen, woher er die unerhörte Behauptung nehme, sie sei nicht beim Coiffeur gewesen, Gantenbein, der ihr Haar ja nicht sehen kann. Ich sehe es, finde aber nicht, dass Lila wie eine Hexe aussieht. Also ich sage nichts, auch nichts Humorvolles. Muss ich denn wissen, wo Lila seit vier Uhr nachmittags gewesen ist? Höchstens sage ich, ohne ihr geliebtes Haar zu berühren, versteht sich, im Vorbeigehen: Herrlich siehst du aus! und sie fragt dann nicht, wieso Gantenbein das behaupten könne; es beglückt sie, wer immer es sagt. Und ich meine es ja auch ehrlich; Lila sieht herrlich aus, gerade wenn sie nicht beim Coiffeur gewesen ist.

Auch Lila ist glücklich wie noch nie.

Von Blumen, die plötzlich in unsrer Wohnung stehen, spreche ich nur, wenn ich weiß, wer sie geschickt hat; wenn ich es durch Lila weiß. Dann kann ich ohne weiteres sagen: Diese Orchideen von deiner Direktion, glaube ich, kann man jetzt in den Eimer werfen. Und Lila ist einverstanden. Dann und wann gibt es aber auch Blumen, die ich besser nicht erwähne, Rosen, die Lila selbst nicht erwähnt, dreißig langstielige Rosen, und obschon ihr Duft unweigerlich die Wohnung füllt, sage ich nichts. Wenn ein Gast hereinplatzt: Herrlich, diese Rosen! höre ich nichts, und es wäre nicht nötig, dass Lila jetzt sagt, wer sie geschickt habe. Wenn ich höre, wer sie geschickt hat, verstehe ich nicht, warum sie die Rosen, die ich seit drei Tagen sehe, bisher verschwiegen hat. Ein harmloser Verehrer ihrer Kunst. Lila ist dann um Namen nicht verlegen; es gibt viele Verehrer ihrer Kunst, die nicht nur Gantenbein bedauern, weil er, wie sie wissen, ihre Kunst nicht sieht, sondern sie bedauern auch Lila; sie bewundern diese Frau nicht nur um ihrer Kunst willen, sondern ebensosehr auch menschlich, da sie einen Gatten liebt, der ihre Kunst nicht sieht. Drum die Rosen. Oder was immer es sei. Ich frage nie, wer ihr das lustige Armband geschenkt habe. Was ich sehe und was ich nicht sehe, ist eine Frage des Takts. Vielleicht ist die Ehe überhaupt nur eine Frage des Takts.

Max Frisch

GESTERN & HEUTE

Salvadore Dalí ⇒ Kb, S. 143

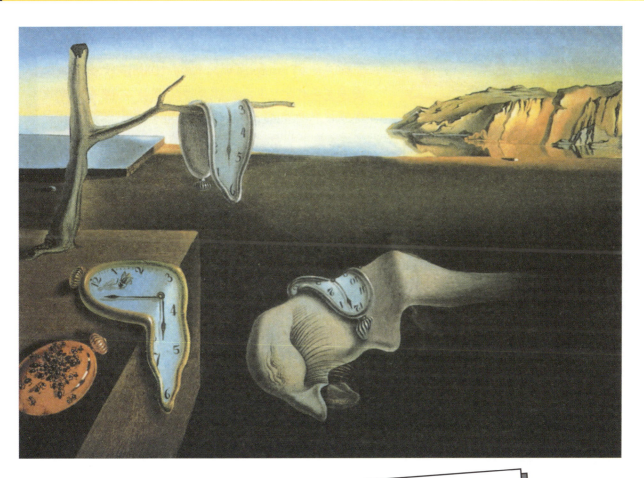

bewältigen; *bewältigte, hat bewältigt;* <u>vt</u> **1** *etw. b.* e-e schwierige Aufgabe mit Erfolg ausführen ~ meistern <e-e Arbeit, e-e Schwierigkeit mit Mühe, kaum, spielend b.>: *Der Läufer bewältigte die Marathonstrecke in zweieinhalb Stunden* **2** *etw. b.* ein Problem geistig verarbeiten u. oft darüber nachdenken, bis es einem keinen Kummer mehr macht ~ überwinden, mit etw. fertig werden: *ein furchtbares Erlebnis, die Vergangenheit, seine harte Jugend b.* ; *hierzu* **Bewältigung** *die; mst Sg; K:* **Vergangenheitsbewältigung**

verhältniswörter ⇒ Kb, S. 147

ich lebe

entgegen jeder erwartung
anstelle eines anderen
auf zwei schultern tragend
ohne gelben stern
mit eigenheim und auto
kraft meiner tüchtigkeit
über meine verhältnisse
ungeachtet
ungeachtet des zweiten krieges
infolge nichtbenutzung des gedächtnisses
zwecks wiederholung des gehabten
diesseits der mauer
gegenüber hiroshima

nicht schlecht

Rudolf Otto Wiemer

GESTERN & HEUTE

9.4 »Es ist der Papa ...!« ⇒ Kb, S. 148

»Vernichtungskrieg. Verbrechen der Wehrmacht 1941 bis 1944«

1945, kaum dass Nazi-Deutschland besiegt war, begannen die ehemaligen Generäle mit der Fabrikation einer Legende – der Legende von der »sauberen Wehrmacht«. Die Truppe, so hieß es, habe Distanz zu Hitler und dem NS-Regime gehalten, habe mit Anstand und Würde ihre soldatische Pflicht erfüllt und sei über die Gräueltaten von Himmlers Einsatztruppen allenfalls nachträglich informiert worden. Diese Behauptung, die Millionen ehemaliger deutscher und österreichischer Soldaten freispricht, bestimmt bis heute die öffentliche Meinung. 1995, fünfzig Jahre später, ist es an der Zeit, sich von dieser Lüge endgültig zu verabschieden und die Realität eines großen Verbrechens zu akzeptieren:

Die Wehrmacht führte 1941 bis 1944 auf dem Balkan und in der Sowjetunion keinen »normalen Krieg«, sondern einen Vernichtungskrieg gegen Juden, Kriegsgefangene und Zivilbevölkerung, dem Millionen zum Opfer fielen. Die deutsche Militärgeschichtsschreibung hat zwar viel zur Aufklärung dieses Tatbestandes beigetragen, sie weigert sich aber einzugestehen, dass die Wehrmacht an allen diesen Verbrechen aktiv und als Gesamtorganisation beteiligt war.

Die Ausstellung will genau diesen Beweis führen. Die Ausstellung will kein verspätetes und pauschales Urteil über eine ganze Generation ehemaliger Soldaten fällen.

Sie will eine Debatte eröffnen über das – neben Auschwitz – barbarischste Kapitel der deutschen und österreichischen Geschichte, den Vernichtungskrieg der Wehrmacht von 1941 bis 1944.

Ausstellungskatalog

»Es ist der Papa«, der tatenlos unterhalb des Galgens steht
In der Wehrmachtsausstellung entdeckt Annegrit Eichhorn ein Foto von ihrem Vater

Einer der Besten war »von uns gegangen«. Aus jeder Zeile des Briefs Nummer 27088-A vom 16. April 1943 lässt sich die aufrichtige Trauer über den »Heldentod fürs Vaterland« herauslesen: »Die Soldaten seiner Kompanie hingen an ihm wie an einem Vater und gingen für ihn begeistert durchs Feuer.« Posthum wurde der am 5. März 1943 im weißrussischen Wjasma von einer MG-Garbe am Kopf getroffene Oberleutnant der Reserve, Karl Scheidemann, zum Hauptmann der Reserve befördert. Annegrit Eichhorn, die ihren Vater im Alter von sieben Jahren verlor, hat noch ein paar Bilder von ihm.

Kürzlich hat sie eines entdeckt, das sie bisher noch nicht kannte – es hängt in der Ausstellung »Vernichtungskrieg. Verbrechen der Wehrmacht 1941 bis 1944«. Das Foto zeigt den Vater von Annegrit Eichhorn als Teilnehmer einer öffentlichen Erhängung von »Partisanen« in Minsk im Oktober 1941.

Rechts unten ist der Kompaniechef im Bild und steht dabei, als einer jungen Frau der Strick um den Hals gelegt wird.»Tatenlos«, sagt Annegrit Eichhorn.

Als Annegrit Eichhorn am Abend, bevor die Ausstellung in München eröffnet wurde, das Foto im Vorbericht einer Zeitung entdeckte, überlief es sie eiskalt. Sie kramte ihre alten Bilder zum Vergleich heraus, holte eine Lupe, rief zuerst ihre Tochter, dann eine Freundin an – beide bestätigten später ihren Verdacht: »Es ist Papa.« Ihr Vaterbild war eingestürzt wie ein Kartenhaus. Ein Vaterbild, das nicht passte zu den Erzählungen ihrer Mutter, zu den eigenen Bildern, die sie

64

GESTERN & HEUTE

noch im Kopf hatte, als der Vater in den ersten Kriegsjahren von der Front für zwei Wochen im Jahr auf Heimaturlaub kam. Liebevoll war er da. Umsichtig. Geduldig. »Der Fels in der Brandung.« Noch bis vor kurzem hat sie, die engagierte Journalistin, mit ihrem Vater, in Vorkriegszeiten ebenfalls Journalist, »Zwiesprache« gehalten. Wie man das so tut.

Es waren, so sieht sie es nun, Dialoge mit einem Kriegsverbrecher. Ursprünglich, sagt sie, »hatte ich ihn als Mitläufer eingereiht«. Der Stolz auf ihren Vater hat mehr als nur einen Kratzer bekommen. »Stolzer«, sagt Annegrit Eichhorn, »wäre ich, wenn er in Plötzensee hingerichtet worden wäre.« Noch am selben Abend macht sie sich daran, Hinweise auf die Wehrmachtszeit ihres Vaters zu suchen. Die von der Mutter vererbten Tagebücher des Vaters kann sie nicht lesen, sie sind in Sütterlin. Doch in der Feldpost findet sie einen Brief des Feldwebels Kurt Daniel an ihre Mutter, in dem die Umstände des Todes ihres Vaters sehr genau beschrieben werden. »Gegen Mittag befand sich ihr Mann bei einem Geschütz, das in das Dorf hineinschoss, und die Häuser fingen an zu brennen. Die Russen flohen aus den brennenden Häusern. Mit ihrem Mann beobachteten noch verschiedene Kameraden die Wirkung der Geschosse. Auf dem Gefechtsfeld war Ruhe eingetreten. Da zischte eine MG-Garbe über die am Geschütz Stehenden.«

Annegrit Eichhorn ist sensibler geworden. Hätte das die Mutter nicht erzählen müssen? Vom Vater, der – seelenruhig? – beobachtet, wie Menschen aus brennenden Häusern fliehen? Hätten die Konturen des Vaterbildes dann nicht andere Züge bekommen? Mit ihrer Mutter hat Annegrit Eichhorn oft über den Krieg gesprochen. »Als ich meine Mutter fragte, was Konzentrationslager seien, wurde sie unsicher.« Da kamen Leute hin, die widerborstig sind, die politisch geschult werden müssen, habe sie geantwortet.

Heute weiß Annegrit Eichhorn, dass ihre Mutter im Spagat zwischen Wahrheit und Selbstschutz lebte. Einerseits hatte sie nie verheimlicht, wie sehr sie das Gerede vom Heldentod hasste. Auf der anderen Seite leugnete sie stets, von den Lagern gewusst zu haben. »Und selbst wenn«, so fragte sie die Tochter, »was hätten wir denn machen sollen?«

Und plötzlich kommen der Journalistin wieder Szenen ihrer Kindheit in Erinnerung. Vage hat sie das Bild vor Augen, als Kriegsgefangene durch die kleine Stadt Uslar geführt wurden. Einer aus dem Zug der Gefangenen bückte sich, vielleicht nach einem Zigarettenstummel, und wurde geschlagen. Der Mann, der das tat, sagt Eichhorn, war der Ehemann unserer Waschfrau, eigentlich ein liebenswerter Mensch. Die Mutter, die das zusammen mit ihrer Tochter beobachtete, schwieg.

Schweigen. Annegrit Eichhorn hat darüber nachgedacht, was für sie die Alternative ist. Natürlich, sagt sie, wäre es ihr lieber, das Foto wäre nie gemacht worden. Natürlich, sagt sie, empfinde sie Scham, wenn sie im Pulk vor der Schauwand stehe und sehe, dass sich Ausstellungsbesucher das kleine Foto in der zweiten Reihe von oben genauer ansähen.

Annegrit Eichhorn ist mit ihrer Geschichte an die Öffentlichkeit gegangen. »Nestbeschmutzung.« Das Wort fällt häufig an diesem Nachmittag mit Annegrit Eichhorn, und sie hat die Stimmen derer schon im Ohr, die sagen: So etwas tut man nicht. »Nestbeschmutzung.« Sie selbst hat sich oft gefragt, ob das, was sie tut, unter diesen Begriff fällt. Sie fragt sich noch.

Schweigen war nicht die Alternative. Am ersten Ausstellungstag hat sie sich mit einer älteren Frau über Sinn und Unsinn des Russlandfeldzuges in die Haare gekriegt. Lautstark.

Bin ich als Sohn eines Soldaten ein Verbrecher? Mein Vater war bei der 6. Armee in Russland vor Stalingrad. Er ist tot. Er war laut Ausstellung ein Verbrecher. Ich bin also der Sohn eines Verbrechers. Zwei Jahre früher auf die Welt gekommen, hätte man mich zum Volkssturm eingezogen, der unterstand der Wehrmacht, also auch ein Verbrecher. Ich bin schockiert. Welche Zeitgenossen haben eine solche Ausstellung inszeniert? Die Soldaten, die dabei waren, sind zum größten Teil gestorben. Oder sie sind alt, behindert, verwundet an Körper und Seele nach vielleicht zehn Jahren und mehr Gefangenschaft in Sibirien. Sie können sich nicht wehren. Warum tut man so was? Gedankenlosigkeit, Vermessenheit? Ich weiß es nicht. War es nicht genug, dass das Ausland uns über Jahre als Mörder, Nazischweine, Militaristen und charakterlose Vollstrecker bezeichnet hat? Nun beschmutzen sich die Deutschen selbst. Welche Schande!

G.W. (Badische Neueste Nachrichten, 25. 1. 1997)

Ich bin 1940 zur Wehrmacht eingezogen worden und habe den ganzen Russlandfeldzug vom ersten Tag bis zur Kapitulation erlebt. Dort haben sich ja die meisten Verbrechen abgespielt, und wenn heute jemand das Recht hätte, gegen diese Ausstellung zu protestieren, dann doch wohl in erster Linie wir, die noch lebenden Angehörigen der Wehrmacht. Dies käme mir aber nie in den Sinn, denn ich gehöre nicht zu den Verdrängern, da ich sehr wohl weiß, welche Schuld seinerzeit viele Offiziere und Soldaten bei der Verfolgung und Ausrottung von Partisanen, Juden und der Zivilbevölkerung auf sich geladen haben.

D. P. (Frankfurter Rundschau, 14. 3. 97)

GESTERN & HEUTE

9.5

Der Schrecken

»Ich glaube mittlerweile beides: dass sie alles gewusst hat, und dass sie nichts gewusst hat ...« Der Schriftsteller Peter Wagner, Sohn eines 1948 aus der russischen Kriegsgefangenschaft heimgekehrten ehemaligen Frontsoldaten, über den Versuch, seine Mutter zu einem gemeinsamen Besuch der Grazer Wehrmachtsausstellung zu bewegen.

A

Im Herbst 1981 waren zwei Neonazis in das Haus im Südburgenland eingedrungen, in dem meine Lebensgefährtin und ich damals wohnten. Es war zwei Uhr morgens, sie standen plötzlich im Zimmer, in dem unser wenige Monate alter Sohn an der Brust seiner Mutter lag. Sie drehten um, offenbar überrascht von diesem Anblick, und ließen im Vorraum und im Hof zwei Kanonenschläge, das sind etwa zehn Zentimeter lange, rollenförmige Knallkörper mit einer Lunte, detonieren. Auch in ein anderes Zimmer, in dem sie offenbar meine Person vermuteten, warfen sie einen Kanonenschlag. Sie sprangen wieder in das Auto, das mit laufendem Motor vor dem Haus stand. In ihm befanden sich noch andere Personen.

Eine Nachbarin, die kurz zuvor von der Diskothek nach Hause gekommen war, hatte den Vorfall durch die Rollos beobachtet (auf dem Land beobachtet man prinzipiell das meiste durch die heruntergelassenen Rollos) und das Auto als einen hellblauen VW-Käfer identifiziert. Ich selbst kam etwa eine Viertelstunde nach dem Vorfall von einer Veranstaltung in Großpetersdorf nach Hause.

Der hellblaue VW war weder meiner Lebensgefährtin noch mir fremd. Wir kannten seinen Besitzer als einen einigermaßen aggressiven Mann mit ausgeprägtem neonazistischen Gedankengut. Noch bevor ich die Anzeige bei der Gendarmerie Großpetersdorf erstattete, wollte ich mit dem Mann persönlich reden. In seiner Wohnung wurde ich, meinen Sohn auf dem Arm, von seiner Schwester empfangen. Der Herr selbst ließ sich verleugnen.

»Spiel nicht mit den Nazis!«

Das war die erste Reaktion meiner Mutter auf den Vorfall. Der Schrecken kauerte in ihrem Gesicht. Es war kein Augenblick, in dem sie um Worte rang, sie quollen völlig unzensiert aus ihr heraus. »Wir alle haben gewusst, was mit denen passiert, die abtransportiert wurden. Gleich am Tag nach dem Anschluss kamen die ersten fort. Die Nazis kennen keinen Pardon«. (Bei den ersten Abtransportierten handelte es sich um burgenländische Roma.)

B

Diese Einschätzung war ein Fehler. Ich hatte viele Bücher über diesen Krieg gelesen, ich wusste tatsächlich einiges. Aber ich ahnte das wenigste. Ich bin noch immer der Meinung, dass die Ahnung das stärkere Wissen ist. Heute bedaure ich es, dass ich nach der Warnung meiner Mutter nicht erst recht auf allen meinen persönlichen Fragen an sie als Mitglied der Hitlerfamilie beharrt hatte. Wir hätten noch sehr viel mehr voneinander erahnen können, hätten wir uns den wesentlichen Blick in unsere Abgründe zuletzt nicht doch wieder erspart – wofür leider ich selbst die Hauptverantwortung trage.

Gestern versuchte ich noch einmal, meine Mutter davon zu überzeugen, dass mit der so genannten Wehrmachtsausstellung keine Pauschalverurteilung der Kriegsgeneration gemeint sei. Ich stand von vornherein auf verlorenem Posten.

Oder vielleicht auch nicht.

»Es war so schrecklich, der ganze Krieg, wir wollten nichts mehr davon wissen«, sagte sie, während ich die Suppe löffelte, die sie gekocht hatte. Ich glaube ihr mittlerweile beides: dass sie alles gewusst hat, und dass sie nichts gewusst hat. Das mag sich vordergründig ausschließen. In diesem Fall bedingt es sich.

Auch das war das Verbrechen des Krieges: Er hat seine Mitläufer verschreckt und einsam zurückgelassen. Und niemand hat sich darum bemüht, ihnen im Laufe der Jahrzehnte den Schrecken und die Einsamkeit zu nehmen. Sie versuchten, sich beides selbst zu nehmen, indem sie sich mit maushafter Wendigkeit ein Wirtschaftswunder zur Ablenkung schufen. In diesem hatten die Fragen der Töchter und Söhne keinen Platz. Möglicherweise haben diese auch nur die falschen Fragen gestellt. Oder aber die richtigen Fragen in falscher Weise.

GESTERN & HEUTE

der Erinnerung

⇒ Kb, S. 150

C

Ich hatte meine Mutter eingeladen, am kommenden Sonntag die so genannte Wehrmachtsausstellung in Graz mit mir zu besuchen. Mein Sohn wäre ebenfalls dabei, er würde sich freuen, mit Oma durch die Ausstellung zu gehen.

Meine Mutter ist solchen Gemeinschaftsfahrten selten abgeneigt. Diesmal zögerte sie mit der Zusage. Sie rümpfte die Nase: die lange Anreise – man braucht von Oberwart bis Graz eine knappe Stunde –, die möglicherweise großen Wegstrecken zu Fuß, das alles sei ihr zu beschwerlich. Außerdem könne sie meinen Vater nicht den ganzen Tag alleine lassen. Meinen Vater, den ehemaligen Wehrmachtssoldaten, 1948 heimgekehrt aus der russischen Kriegsgefangenschaft.

Einige Tage später brach es dann mit ungezügelter Wucht aus ihr heraus.

»Jetzt zieht ihr uns also auch vor unseren Enkelkindern in den Schmutz. Das waren doch unsere Leute, und die sollen Verbrecher gewesen sein?«

Unsere Leute. Und also auch mein Vater? Und also womöglich auch sie selbst, wenn schon nicht als ausführendes Organ, so doch als Komplizin an der Heimatfront, als hinterländische Göttin des Verderbens?

Das Codewort für ihre Betroffenheit heißt »Verbrechen«: »Wer von uns hätte denn etwas wissen können von dem, was mit den Juden wirklich passiert? Wir haben das alles nachher erst erfahren, weil die ja auch alle nicht heimgekommen sind. Wo sollen die schließlich auch geblieben sein? Aber viele glauben es heute noch nicht.«

Das hatte schon einmal anders geklungen.

E

Mein Sohn ist mittlerweile fast siebzehn. Ich werde am Sonntag mit ihm die Ausstellung besuchen. Zum ersten Mal, obwohl ich reichlich Gelegenheit gehabt hätte, sie schon bei früherer Gelegenheit zu sehen. Ich kann allerdings nicht behaupten, dass ich mich sonderlich auf dieses Ereignis freue. Das macht es für mich Nachgeborenen so wichtig.

Meine Mutter hat mir mittlerweile definitiv abgesagt.

F

Ich gehöre zu jenen Hunderttausenden Töchtern und Söhnen in Österreich, die auf ihre Fragen nach der Hitlerzeit kaum, jedenfalls ungenügende Antwort von ihren Eltern erhalten hatten. Plötzlich hatte ich eine Antwort! Noch dazu von jener Person, von der ich sie seit Jahrzehnten am nachdrücklichsten, weil stets vergeblich eingefordert hatte: Erst die konkrete Bedrohung ihres Sohnes durch einige, wahrscheinlich besoffene Neonazis hatte sie möglich gemacht. Selten war meine Bestürzung über den Mechanismus der Verdrängung größer: Wie ungezügelt wucherte doch die Nichterinnerung, wie genau wusste sie im Grunde über das Verbrechen Bescheid!

D

Seit dem Vorfall sind sechzehn Jahre vergangen. Ich habe meine Mutter nie wieder nach der Hitlerzeit gefragt. Mein Hass auf das ursprünglich gereizte Beschweigen der Vergangenheit hatte sich nach ihrem überraschenden Geständnis in ein mitleidiges Verstehenwollen verkehrt. Ich ging davon aus, dass ich das Wesentliche wusste. Makabererweise hatten mir zwei Neonazis dabei geholfen. Und auch meiner Mutter – wie ich meinte.

GESTERN & HEUTE

9.6 Wegweiser in die Vergangenheit ⇒ Kb, S. 154

Wegweiser in die Vergangenheit

Ein 24-jähriger Student hat durch die Wehrmachts-Ausstellung geführt und berichtet über seine Erfahrungen

Ich habe nichts Spektakuläres zu berichten. Mal wurde eine Schülerin wegen der schlechten Luft während der Führung ohnmächtig. Meistens froren die Leute draußen vor der Türe bei Kälte und Schneetreiben, denn sie standen teilweise ein bis zwei Stunden an. Viele kamen, um einen Skandal zu sehen und waren dann enttäuscht. Ein Schüler meinte, da habe er »nachts sogar im ZDF schon brutalere Sachen gesehen«. Jeder hatte viel darüber gelesen, gesehen, gehört, geredet; und – das vor allem – jeder hatte eine fertige Meinung zu der Ausstellung mitgebracht ...

Bei nahezu jeder Führung schlossen sich ältere Leute an. Waren es »Dabeigewesene«? Warum nickten sie, warum schüttelten sie den Kopf? Manchmal dann Fragen. Da platze es aus ihnen heraus: »War der Bombenangriff auf Dresden etwa kein Verbrechen?« Dieses Aufrechnen der (unbestrittenen) Kriegsverbrechen der »Anderen«, der Hinweis auf Widerstand in der Wehrmacht begegnete mir noch sehr oft. »Einseitig« sei die Ausstellung. Leute, die so etwas sagen, haben nicht begriffen, worum es hier ging – vor allem: worum es nicht ging. Offensichtlich erwarteten einige hier eine Ausstellung über den Zweiten Weltkrieg, zumindest eine über die Geschichte der Wehrmacht. Viele aber erzählten, sie hätten genau das erlebt, was auf den Bildern dargestellt ist. Manches hätten sie wie Fotografien im Gedächtnis behalten. Und mancher schilderte dann mit unsicherer Stimme unvorstellbare, unbeschreibbare Dinge. Die Erzählung endete meist abrupt, mitten im Satz. Das Bild war zu mächtig geworden. Andere hingegen hatten »von nichts gewusst«, in »ihrer Kompanie« habe es »so etwas« nicht gegeben.

»So etwas!« Ich habe oft solche Umschreibungen des Grauens gehört. »Diese Sachen«, »das da«, »das«. Kaum jemand sagte: »Diese Erschießungen ...«, »dieser Mord ...«, »diese Barbarei ...« Stattdessen: »Solche Sachen.« Vielleicht sind die Bilder zu hart, als dass man das Dargestellte beim Namen nennen könnte. Vielleicht verrät diese sprachliche Hilflosigkeit aber auch den Wunsch, die Wahrheit immer noch zu verdrängen.

Jemand erinnerte sich, dass in seinen Bataillon freiwillige Teilnehmer an Judenerschießungen Schnaps und Zigaretten bekamen. Er selbst habe nie an »Aktionen« teilnehmen müssen, es hätten sich immer genügend Freiwillige gefunden.

Für alles hörte ich Beispiele – auch für Fälle, in denen sich Soldaten verbrecherischen Befehlen entzogen hatten: Ein älterer Herr berichtet, wie er als Unteroffizier mit seiner Einheit in Serbien ein Dorf, wie man es nannte »judenfrei« machen sollte. Er ging mit seinen Leuten immer erst in der Dämmerung los und gab ihnen zu verstehen, dass es »ja eh zu dunkel« sei, um Juden zu selektieren. Daraufhin marschierten sie wieder in ihre Stellung zurück. Ein anderer erzählte mir, er habe einmal das Radio seines Unteroffiziers repariert und sei deswegen von einer Judenerschießung freigestellt worden. Für ihn »das Glück seines Lebens« – mit der Konsequenz, dass ein anderer abkommandiert wurde. Ich lernte, dass jeder der ehemaligen Soldaten eine sehr individuelle Wahrnehmung seiner Kriegssituation hatte.

Ein sehr aufgeregter Mann fragte gleich am Eingang: »Wo ist hier eine Diskussion, ich will was sagen.« Er wollte eigentlich, das stellte sich heraus, nur loswerden, dass sein Vater nicht freiwillig Soldat gewesen sei. Das war wichtig für ihn, natürlich.

Berufs- und Abendschüler, Gymnasiasten, Realschüler, Polizisten, Soldaten, Ärzte und ein Botschafter haben sich meine Ausführungen angehört und sich wohl ihren Teil dabei gedacht. Viele haben mir ihre Gedanken und Gefühle geschildert, viele haben geschwiegen, einige haben sich dem Gästebuch anvertraut. Letztlich hat sich jeder auf seine Art damit beschäftigt – und das ist zu respektieren. Nach meiner letzten Führung musste ich an einen Eintrag in diesem Gästebuch denken: »Erinnern ist Arbeit.« Unter einer Uhr im Rathaus steht: »Nur gute Stunden möcht ich zeigen, die bösen aber wohl verschweigen.« Sehr »böse Stunden« waren hier zu sehen, zu denen wohl fast jeder Deutsche irgendeinen Bezug hat: direkt, über Opa, Bruder, Sohn, Vater. Diese Ausstellung kam vielleicht zum letztmöglichen Zeitpunkt. In 20 oder 30 Jahren ist der Zweite Weltkrieg wirklich Vergangenheit. Wir werden dann nur sagen können: »Ich habe noch mit Menschen gesprochen, die den Krieg erlebten.«

Schmeckt das Rattengift?
Eine Momentaufnahme aus dem wiedervereinigten Deutschland

I »Meine Leiter ist weg, die hat so gut unter den Baum gepasst, jetzt ist sie weg. Gestohlen, wo denn sonst«, sagt die alte Frau, »die stehlen doch alles, seit die hier sind, kann man nichts mehr haben.« Sie meint die Asylsuchenden. Diese Art zu schimpfen ist im Dorf so selbstverständlich geworden, dass man das Wort »Asylanten« oder »Ausländer« nicht aussprechen muss. Die Frau wartet auf Zustimmung.

Der sechzigjährige Mann, der mich begleitet an den Dorfrand, in die Hügel mit Obstbäumen, der wie sie unten im Dorf wohnt, nickt stumm, als sie ihn ansieht. Sie kennt ihn und seine Meinung zu diesem Thema aus vorausgegangenen Gesprächen. Er quält sich, weil er seine Meinung jetzt nicht sagen kann. Denn ich stehe da neben ihm und er weiß, ich würde zornig widersprechen.

Um einer Einheimischen nicht zu zeigen, dass er Bekannte hat, die anderer Meinung sind, schweigt er. Aber auch, um zu verbergen, dass neben ihm jemand steht, die Ausländerin ist.

Wochen davor wollte er mir erklären, dass ich mich als Rumäniendeutsche von den Ausländern unterscheide. Er weiß seit diesem Versuch, dass ich seine Unterscheidung, seine hinterhältige Güte, die auf andere zielt, nicht annehme.

Er bückt sich nach Äpfeln, und die Frau geht unzufrieden weiter. Nachdem sie gegangen ist, sagt er kein Wort zu dem, was gerade geschehen ist. Er tut so, als wäre die Frau gar nicht da gewesen.

II Eine Stunde später gehe ich neben ihm auf dem »Heimweg« durchs Dorf, das wie tausend andere Dörfer in Westdeutschland aussieht: so haargenau gepflegt, als käme aus dem Himmel da oben nie ein Wind, nie ein Regen, nie ein Frost, nie eine Hitze, die Farben zerfrisst. Als treffe die Zeit hier, an den Häusern vorbei, nur die Gesichter der Menschen. Aber auch sie altern später und anders als die Menschen aus den Ländern der Armut. Und ich denke mir, wer in diesen Straßen mit Fachwerk, Ziergestrüpp und spätem Septemberkraut wohnt, kann das Wort Armut nicht hören. Die alten Leute wissen, dass sie nach dem Krieg arm und nur noch die Hälfte von sich selber waren. Denn sie wussten, dass Hitler den Krieg begonnen hatte. Sie waren Verlierer im Krieg, und Verlierer an Haus und Hof, auch ihre Volkslieder und Bräuche hatten sie in den Dienst des Krieges gestellt. Sie hatten deshalb kein Recht, sich zu beklagen. Und in der Welt draußen, die Hitler in ihrem Namen zertrampelt hatte, galten sie als Ungeheuer. Und sie schufteten, um das, was von ihnen übrig war, nicht zu sehen. Und um zu vergessen, zu verdrängen.

III Und die jungen Leute wissen, dass ihre Selbstverständlichkeiten in armen Ländern für viele Wunschdenken bleiben wird und für ganz wenige Luxus sind. Schon wenn die Armut der Armen dieses Dorf streift, haben seine Bewohner Angst. Die alten und die jungen. Übertriebene, weil eingebildete Angst, die umschlägt in Hass. Sie halten Armut für unwürdig, gerade fremde

»Sie halten Armut für unwürdig, gerade fremde Armut für unzumutbar.«

Armut für unzumutbar. Sie stehen darüber. Und Armut, das sind die Fremden. Schon für den Blick auf fremde Armut sind sie sich zu gut. Das ist Herrenmenschendenken. Dadurch, dass sie durch Hass ihr Dorf vor der Armut schützen, spüren sie, dass sie zu Hause sind.

Wer in den Straßen dieser Dörfer das Wort »Ausländer« sagt, paart es mit Hass. Und hat mit jedem Passanten ein

GESTERN & HEUTE

Gespräch gefunden. Eines, das sich immer auf die gleiche Weise wie von selber führt. Die Versatzstücke mit den Vorurteilen über die Fremden reichen, um lange zu reden, um unverdächtig private Unzufriedenheit aus ganz anderen Gründen (die man nie zugeben oder aussprechen würde) loszuwerden. [...]

IV Die alte Frau, die sich unterm Apfelbaum in Zorn redet, meint nicht einen Asylanten, sie meint alle. Wie sollte sie einen meinen, sie hat den Dieb nicht gesehen. Dass ein Asylsuchender kein Haus, kein Dach, keinen Baum hat, weiß sie. Und dass er ihre alte Holzleiter zu nichts gebrauchen könnte. Doch das stellt ihre Vorurteile nicht in Frage.

> »Das gemeinsame Feindbild muss nie korrigiert werden.«

Die Einheimische beschuldigt pauschal, verleumdet und weiß, sie wird, was sie sagt, nie an einem Einzelnen beweisen müssen. Sie ist eine von vielen, sie tut, was gängig ist in dieser Gegend, verleumdet täglich, wo immer sich eine Gelegenheit ergibt. Sie wechselt die Gesprächspartner, und das Thema bleibt immer das Gleiche. Das macht sie und ihr kleines Dorf lebendig. Diese Lebendigkeit schürt Hass. Er wird zur Selbstverständlichkeit. Das gemeinsame Feindbild muss nie korrigiert werden, weil seine Züge erfunden sind. Die Gesprächspartner erfahren durch das gemeinsame Feindbild Bestätigung ohne Verantwortung. Das macht süchtig. Der Ausländerhass wird zur öffentlichen Meinung. Er erzeugt das Gefühl der Zusammengehörigkeit, das so nötig ist, weil in allen anderen Bereichen Neid, Intrige, Konkurrenz die Beziehungen bestimmen. Wer sich aus dieser Gemeinsamkeit heraushält, ist verdächtig und wird von der Gemeinschaft unter Rechtfertigungsdruck gestellt.

V Die Steinwerfer und Brandstifter, die Menschenjäger aus Hoyerswerda und Rostock sind nicht Randgruppen. Sie bewegen sich in der Mitte. Sie können sich nicht nur auf den Applaus am Straßenrand, sondern auch auf die Zustimmung derer verlassen, die äußerlich nicht als Skinheads zu erkennen sind. Brave Bürger, die sich die Köpfe nicht kahl scheren, sondern unauffällig und still an der persönlichen und öffentlichen Meinung stricken, die die Menschenjagd gesellschaftsfähig macht. Die Neonazis mit den harten Fäusten sind seit mindestens zwei Jahren die Vollstrecker einer öffentlichen Meinung. Deshalb flüchten sie nicht. Sie agieren vor den Kameras der Reporter, und toben eine Nacht nach der anderen sogar am gleichen Ort. Sie haben keinen Grund, sich zu vermummen oder in den Untergrund zu gehen. Denn sie fühlen sich beauftragt von der Gemeinschaft. Was die Älteren wegen körperlicher Mürbheit nicht mehr anpacken, sie tun es für sie. Sie finden Anerkennung und werden zu Helden.

VI Auf dem Wochenmarkt in Hamburg bettelte eine Frau mit einem Zettel in der Hand. Die Leute, ob Alt oder Jung, machten, als sie ihnen den Zettel hinhielt, angewiderte Gesichter. Manche stießen sie weg. Ein Gemüseverkäufer rief einem Schinkenverkäufer zu: »Gib ihr was zu beißen, gib ihr doch gleich einen ganzen Schinken«. Die beiden Männer lachten, und die Käufer vor den beiden Ständen lachten mit.

Vor der Gedächtniskirche in Berlin zog mich ein junger Mann am Ärmel und sagte: »Schmeckt das Rattengift?« Ich aß gehend einen Kebab. Ich sagte: »Das Rattengift ist nicht in meinem Mund, es sitzt in deinem Schädel.« Er streckte die Zunge heraus und machte mit verzerrtem Gesicht einen Würgelaut.

Herta Müller

Worterklärungen	
Z. 48:	*Ziergestrüpp, das:* Pflanzen an Häusern
Z. 49:	*Septemberkraut, das:* Pflanze
Z. 53:	*Verlierer an Haus und Hof:* Sie haben alles verloren.
Z. 58:	*schuften:* hart arbeiten
Z. 71:	*sie stehen darüber:* sie fühlen sich überlegen
Z. 73:	*Herrenmensch, der:* jmd., der sich anderen total überlegen fühlt
Z. 77:	*paaren mit:* verbinden mit
Z. 96:	*gängig:* üblich
Z. 101:	*Feindbild, das:* negative Vorstellungen, die man von einer Person oder Gruppe hat
Z. 102:	*weil seine Züge erfunden sind:* weil seine typischen Merkmale nur in der Fantasie existieren
Z. 117:	*an der öffentlichen Meinung stricken*: dafür sorgen, dass eine öffentliche Meinung entsteht
Z. 121:	*Vollstrecker, der*: jmd., der etwas Beschlossenes ausführt
Z. 124:	*vermummen:* das Gesicht (durch eine Maske) verstecken
Z. 127:	*Mürbheit, die:* körperliche Schwäche
Z. 139:	*Kebab, der*: türkisches Fleischgericht

Der Traum vom Wassertheater

Mir träumte, ich gehe ins Theater, doch da es ein Wassertheater war, fuhr ich in einer Gondel dahin. — Nachtblauer Himmel, schwarzblaue Flut. — Ich sah niemand, doch um mich ein stilles Gleiten der Gondeln der andern Theaterbesucher; kein Laut, nur dunkles Rauschen von Dasein, das stumm wie das schlafende Wasser war. — So kam ich an; die Gondel verhielt. — Auf dem Wasser eine Bühne, schwarz, mit unsichtbaren Kulissen, Kulissen aus Wind oder Horizont. — Die Szene war voll von Unsichtbaren, die schattenhaft ineinander vergingen; ich saß und sah ihren Spielen zu, in inniger, gelöster Ruhe, und die Nacht brach langsam herein.
Plötzlich ein Leuchten auf der Bühne, ein Flaum von Blau, sein Leuchten schwoll an, und nun wusste ich, wie das Stück hieß: der Homunculusakt aus Goethes Faust. — »Was gibt es denn?« — »Es wird ein Mensch gemacht!« — »Schwester, ach ... » — »Pssst!« — Im Flaum Umrisse einer Phiole; ich sah sie ertönen und ahnte plötzlich, dass ihr Leuchten aus meiner Gondel herkam, und die Phiole zersprang, und da wusste ich es. — Das Leuchten ergoss sich in die Flut. — Neben mir hatte jemand Platz genommen, ich sah ihn nicht und spürte ihn nicht und fühlte ihn doch bei mir sitzen, und die Gondeln rings trieben schweigend hinaus, das Spiel war zu Ende, der Vorhang gefallen, der Himmel sank auf das Wasser nieder, und da stieß auch meine Gondel ab, lautlos, einsam, nur ich und der Andre, glitt hinaus ins nachtblaue Schweigen, und von einem Glück ohnegleichen durchströmt, in stillster, in sich geschwellter Verzückung, begriff ich, dass der Tod mich fuhr.

Franz Fühmann

Geister in der Stadt

oder: Finden Sie es normal, auf einen Friedhof spazieren zu gehen, um zu entspannen?

Helle, ruhige Räume mit herrlichem Blick, zentrale Lage mit guten Verkehrsverbindungen, viel Grün, günstige Miete, exzellente Verwaltung etc.

Nein, das ist keine Anzeige für eine Traumwohnung, sondern eine sachliche Beschreibung deutscher Friedhöfe aus asiatischer Sicht. Absoluter Luxus für das Jenseits – in Asien ein Ding der Unmöglichkeit. Ob in Tokio, Taipeh, Bangkok oder Djakarta, wo Platz Mangelware ist, haben die Toten in der Stadt nichts zu suchen. In Asien gehören den Toten die abgelegensten Hügel. Weil die letzten Ruhestätten so schwer zugänglich sind, werden sie oft vernachlässigt. Das vermehrt noch die Furcht, die Asiaten vor Friedhöfen empfinden. In Asien versucht man, den Gräbern auszuweichen. Friedhöfe verbinden die asiatischen Kulturen mit gespenstischen Assoziationen absurdester Art.

Meinen größten Kulturschock erlebte ich vor sieben Jahren kurz nach meiner Ankunft in Berlin. Ich war noch nie in Europa gewesen. Mein lieber Freund, ein großer Stadtwanderer, zeigte mir sein ganz persönliches Berlin. Hinterhöfe im Prenzlauer Berg, polierte Fassaden mit uralter Gewerbebeschriftung, Schleichwege über Brachen und Gerümpelplätze. Seltsam, das Hässliche erschien ihm schön. Er führte und schwadronierte, ich lauschte und lachte. Der 24-stündige Flug hatte sich gelohnt. Dann standen wir vor einem schmiedeeisernen Tor. Dahinter stieg ein breiter Kiesweg einen Hang empor, beschattet von mächtigen Bäumen. Ein Park, dachte ich. Das stimmte nur fast. Mein Freund zog mich durch den Eingang und erklärte, dies sei sein »Lieblingsfriedhof«. Er komme oft hierher, der Friedhof liege ja auch nur zwei Ecken entfernt von unserer künftigen gemeinsamen Wohnung. Um Buddhas willen! Jetzt seh ich's: Ringsum nichts als Gräber. Mir brach der Schweiß aus. Ich musste sofort weg. Fürs erste raus, vor das Eisentor. Zweitens: möglichst schnell zurück nach Taiwan. Entweder war mein Freund pervers oder – auch nicht beruhigender – die deutsche Normalität entsprach der von Edgar Allan Poe.

Am Märchenbrunnen im Volkspark Friedrichshain habe ich mich dann wieder etwas beruhigt und meinem Freund das Problem erklärt. Er hatte zwar Theologie studiert, aber vom Verhältnis der Asiaten zu ihren Toten wusste er nichts. Buddhisten glauben an die Wiedergeburt. Wer keines natürlichen Todes gestorben ist, kann auch nicht wiedergeboren werden. Die rastlosen Seelen bevölkern die Lüfte auf der Suche nach Vergeltung und Gerechtigkeit. Sie versuchen anderer Seelen habhaft zu werden, die dann an ihrer Stelle durch die Welt geistern müssen. Geistergeschichte von Rache und Magie treffen einen empfindlichen Nerv der asiatischen Phantasie. Mein Freund sprach mit mir sehr vernünftig. Er bemerkte bald, dass seine Kategorien von Glaube und Erfahrung hier nicht halfen. Er war Vikar und hatte Beerdigungen durchgeführt.

Aus Liebe nimmt man manches in Kauf. Unsere Wohnung lag nun einmal, wo sie lag, und eine andere hätte einen anderen Friedhof zur Nachbarschaft gehabt. Ich redete mir schließlich ein, dass mich deutsche Geister nie besuchen würden. Auf Deutsch verstand ich ja vorerst nur Bahnhof, was auch für Geister sicherlich frustrierend wäre. Ich bettelte meinen Freund an, mir zuliebe seinen Friedhof aufzugeben. »Er oder ich!« rief ich aus. Er wählte mich. Aber ich glaube, sie trafen sich heimlich.

Inzwischen sind wir sechs Jahre verheiratet. Es gab viele Reisen. Friedhofsbesuche bleiben für meinen Mann ein unentbehrlicher Bestandteil seiner Urlaubsexkursionen. Ich gebe ihm dann frei, und er unterlässt es, mich in diesem Punkt zur Gemeinsamkeit zu bekehren. Immerhin macht mir die Nähe zu einem Friedhof keine Angst mehr – sofern ich ihn nicht betreten muss.

Jetzt landete auf meinem Schreibtisch das neue Programm der Berliner Volkshochschulen. Zum ersten Mal werden Führungen über die berühmtesten Friedhöfe der Stadt angeboten. Vielleicht fasse ich mir ein Herz. Mein Deutsch würde allerdings keinen Geist mehr abschrecken.

Mei-Wei Chen

LEBEN & TOD

0.3 **Leichenrede** ⇒ Kb, S. 162

Leichenrede

welch eine wohltat
einmal auch sagen zu dürfen
nein er war nicht tüchtig
und wechselte oft die stelle
nein er war nicht fleißig
und arbeitete nur
sofern es nicht anders ging

sonst aber
las er lieber SPORT und PLAYBOY
setzte sich nachmittags schon ins kino
(EDDI CONSTANTINE war sein liebling)
schlürfte cognac in den straßencafés
meditierte die anmut der frauen
oder die tauben am turm
im frühling fuhr er
durch zart- und frechgrünes land
den sommer verlag er
gut geölt und behaglich im schwimmbad
später im herbst dann streifte er
manchen stillen waldrand entlang
ehe er für den winter
eine beschäftigung suchte
und eine freundin
weil er die festferientage
nicht allein zu verbringen liebte

welch eine wohltat
in einer welt
die vor tüchtigkeiten
aus den fugen gerät:
ein mann der sich gute tage
zu machen wusste
ehe nach einigen bösen
jetzt
der letzte tag für ihn kam.

Kurt Marti

0.4 ⇒ Kb, S. 163

Der Tod und das Mädchen

Das Mädchen:
Vorüber! Ach, vorüber!
Geh, wilder Knochenmann!
Ich bin noch jung, geh Lieber!
Und rühre mich nicht an.

Der Tod:
Gib deine Hand, du schön und zart Gebild!
Bin Freund, und komme nicht, zu strafen.
Sei guten Muts! Ich bin nicht wild,
Sollst sanft in meinen Armen schlafen!

Mathias Claudius

Der Tod wird verboten

Während des langen Zeitraums vom Hochmittelalter bis zur Mitte des 19. Jahrhunderts hat sich die Einstellung zum Tode zwar verändert, aber derart langsam, dass die Zeitgenossen diese Veränderung nicht wahrgenommen haben. Seit mehr als dreißig Jahren werden wir jedoch Zeugen einer brutalen Revolution der traditionellen Gefühle und Vorstellungen. Der früher so öffentliche und vertraute Tod wird aus der Gesellschaft verbannt, sodass er nunmehr schamhaft verschwiegen und zum verbotenen Objekt wird.

Diese Veränderung ist die Folge eines bedeutsamen materiellen Phänomens: Der Ort des Todes verschiebt sich. Man stirbt nicht mehr zu Hause, im Kreise der seinen. Man stirbt im Krankenhaus, allein. Man stirbt im Krankenhaus, weil man hier die Betreuung erhält, die zu Hause nicht mehr gewährleistet ist. Das Krankenhaus war früher das Asyl der Notleidenden, der Pilger; es wurde danach zum medizinischen Zentrum, in dem man heilte und gegen den Tod kämpfte. Man ist im Krankenhaus gestorben, weil die Ärzte beim Versuch der Heilung erfolglos waren. Heute aber gehen immer mehr Menschen ins Krankenhaus nicht um gesund zu werden, sondern um zu sterben, weil es ungebührlich geworden ist, zu Hause zu sterben.

Der Tod im Krankenhaus ist nicht mehr Anlass für eine rituelle Zeremonie im Kreise der versammelten Angehörigen und Freunde. Er wird zu einem technischen Phänomen, das sich aus dem Abbruch der Betreuung ergibt, d.h. aus einer mit mehr oder weniger Deutlichkeit ausgesprochenen Entscheidung des Arztes und des Krankenhauspersonals. In der Mehrzahl der Fälle hat der Kranke überdies schon lange das Bewusstsein verloren. Der Tod ist in eine Serie von kleineren Teilphasen aufgelöst, zerstückelt, von denen man nicht mit Sicherheit weiß, welche den wirklichen Tod bedeutet. Ist man tot, wenn man das Bewusstsein verloren hat? Oder die Ärzte den »Hirntod« diagnostiziert haben? Oder wenn man nicht mehr atmet? Alle diese kleinen stillen Tode haben den großen dramatischen Vorgang des Todes ersetzt und unkenntlich gemacht. Der Tod wird zu einer wissenschaftlich-technischen Frage. Infolgedessen werden Ärzte und Krankenhauspersonal zu Herren und Meister über den Tod, seinen Zeitpunkt und die Umstände, unter denen er eintritt.

Das also ist aus der großen Szene des Todes geworden, die sich jahrhundertelang, wenn nicht jahrtausendelang so geringfügig verändert hatte. Auch die Bestattungsriten sind so verändert worden, dass vom Todesfall möglichst wenig bekannt wird. Offenkundige Äußerungen von Trauer sind verpönt und verflüchtigen sich. Sichtbarer Schmerz erweckt Widerwillen: er ist ein Zeichen von geistiger Verwirrung oder von schlechter Erziehung. Das Recht zu weinen hat man nur, wenn einen niemand hört oder sieht. Das führt dazu, dass die einsame und verschämte Trauer zur gesellschaftlichen Norm wird.

Hat man sich des Toten erst einmal entledigt, besucht man nur noch selten oder überhaupt nicht das Grab. In den Ländern, in denen die Revolutionierung des Todes und des Totenkultes besonders weit fortgeschritten ist, etwa in England, wird die Einäscherung zur vorherrschenden Bestattungsweise. Die Einäscherung ist das radikalste Mittel, die sterblichen Überreste verschwinden und vergessen zu machen, sie restlos zu tilgen.

Man könnte vermuten, dass eine Gleichgültigkeit gegenüber den Toten zu dieser Flucht vor dem Tod führt. In Wirklichkeit ist das Gegenteil richtig. In der alten Gesellschaft verschleierten die maßlosen Ausbrüche von Trauer nur mit Mühe eine jähe Resignation: Ungezählte Witwer verheirateten sich nur wenige Monate nach dem Tode ihrer Frau erneut. Umgekehrt hat man heute, wo sich die Trauer verbietet, festgestellt, dass sich die Sterblichkeitsrate von Witwern oder Witwen ein Jahr nach dem Tod des Ehegatten erhöht. Daraus könnte man schließen, dass die Verdrängung des Schmerzes, das Verbot seiner öffentlichen Äußerung und der Zwang, allein und im Verborgenen zu leiden, den Verlust eines geliebten Menschen noch schwerer erträglich machen.

Philippe Ariès

Aus: Philippe Ariès, Studien zur Geschichte des Todes im Abendland, Carl Hanser Verlag, München 1976

Ruhe sanft

Die Wahl der letzten Ruhestätte sollte sorgfältig überlegt sein, schließlich kann der Tod eine ganze Ewigkeit dauern. Ist man einmal tot, dann ist es bekanntlich für Proteste gegen die Art und den Ort der eigenen Beerdigung entschieden zu spät. Deshalb ist es sinnvoll, sich schon frühzeitig darum zu kümmern, wo und wie man seine sterblichen Überreste zurücklassen will.

Auf folgende Kriterien kann man bei der Auswahl seiner letzten Ruhestätte achten:

Aussicht: Will ich einen schönen Ausblick haben, oder bin ich eher der Typ fürs Grüne? Stört mich der ermüdende Anblick von Bahngleisen oder erregt er in mir Reisephantasien?

Ruhe: Lege ich Wert auf einen Ort tödlicher Stille, oder muss es ein Plätzchen sein, wo der Lärm mit den Wehklagen der in der Hölle Schmorenden locker mithalten könnte?

Beschaffenheit des Bodens (Grundwasserspiegel, mineralogische Zusammensetzung, Durchlüftung): Will ich in einen übel riechenden Zustand der Fäulnis übergehen, bevorzuge ich die etwas trockenere Variante des Verwesen, oder strebe ich sogar die Möglichkeit der Mumifizierung an? Mit anderen Worten, will ich noch einmal eine ordentliche Jause für mikroskopische Organismen abgeben, oder will ich die Chance bewahren, die Ewigkeit halbwegs mumifiziert zu überdauern?

Grabanordnung: Wie hab ich's lieber: Einfache, rechtwinkelige Strukturen wie das Straßennetz einer amerikanischen Großstadt, Reihe für Reihe, Glied für Glied, Grabstein für Grabstein? Oder kreative, komplexe Anordnungen wie das Straßenbild einer europäischen Altstadt.

Gesellschaftliches Umfeld: Will ich mich unter die Großen und Wichtigen reihen, oder bevorzuge ich doch lieber die Ruhe und Ungestörtheit der anonymen Masse?

Lage: Was darf's denn sein, Nobelbezirk oder Arbeiterviertel, urban oder ländlich, am A der Welt oder lieben mittendrin im Geschehen?

Erreichbarkeit: Wähle ich lieber ein Plätzchen, der für meine Hinterbliebenen leicht zu erreichen ist, oder suche ich einen Ort, der mich von ihnen so weit wie nur möglich trennt und sie durch eine komplizierte Anreise ärgert?

Touristen und notorische Friedhofswanderer: Friedhöfe haben für manche Menschen eine magische Anziehungskraft. Ich muss mich fragen: Will ich mich von Touristen begaffen, ja vielleicht sogar fotografisch verewigen lassen?

Dies ist nur eine kleine Auswahl möglicher Kriterien für die letzte Ruhestätte. Denken Sie daran, dass Sie sich an diesem Ort wahrscheinlich länger aufhalten werden, als an allen anderen Orten zuvor. Niemand will den Teufel an die Wand malen, aber beginnen Sie frühzeitig mit Ihren Planungen – es könnte sonst zu spät sein.

Sie haben in unserer Stadt folgende Angebote zur Auswahl:

- **Zentralfriedhof:** Größter Friedhof der Stadt, riesige Eichen, parkähnlich, großzügige Rasenflächen, letzte Ruhestätte für fast alle Bürgermeister der Stadt, Schnellstraße tangiert Westseite, großer Parkplatz, nicht weit zum Supermarkt.
- **Friedhof Hainberg:** Malerische Aussicht durch leichte Hanglage, kleiner Bach in der Nähe, prächtige Kapelle, Gräber berühmter Wissenschaftler und Künstler, herrlich angelegte Grabstätten und imposante Mausoleen, beliebtes Touristenziel.
- **Friedhof Süd:** Klein und einfach, Kastanienbäume spenden Schatten, einfache und überschaubare Anlage der Gräber, keine Prominenz, keine Touristen, Totenstille.
- **Friedhof Kehr:** Mitten im Wald, beliebtes Ziel für Spaziergänger, dadurch kaum Langeweile, es finden häufig Pferdesport-Veranstaltungen statt, Parcours von bestimmten Gräbern gut einsehbar.
- **Friedhof Nordwest:** In der Nähe des Flughafens, dadurch auch gut erreichbar für entfernt lebende Verwandten, faszinierender Anblick der startenden und landenden Maschine in alle Welt und aus aller Welt, keine Touristen.

nach einer Idee von Klaus Ebenhöh und Pepi Hopf (Wien)

GÄSTE & GASTGEBER

11.1 Für Gäste das Beste? ⇒ Kb, S. 172

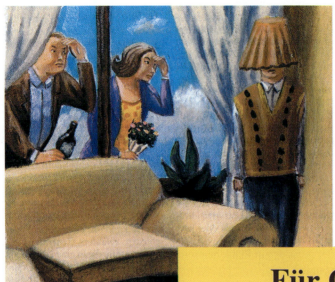

Für Gäste das Beste?

Wir haben ganz spezifische Regeln, wann wir wen zu uns nach Hause einladen. Darin unterscheiden wir uns deutlich von anderen Kulturen, wie Bernd Müller Jacquier, Professor für interkulturelle Kommunikation, feststellt.

Psychologie Heute: Gibt es typische Merkmale deutscher Gastfreundschaft?

Bernd Müller-Jacquier: Sicherlich. »Gast« und vor allem »Freundschaft« sind Kulturspezifika. Was allgemein auffällt, ist, dass Gastsituationen in Deutschland als potenzielle Überleitungen zu freundschaftlichen Beziehungen angesehen werden. Gastfreundschaft ist einerseits ein Ritual, also beispielsweise, dass ein Angestellter seinen Chef einmal pro Jahr einladen muss. Aber wenn man Gäste zu Hause hat oder wenn man selber irgendwo hingeht als Gast, dann ist das meistens mit der Möglichkeit verbunden, die Beziehung zu vertiefen. Und das ist schon eine typisch deutsche Sichtweise.

PH: Gilt das nur, wenn man zu jemand nach Hause geht, oder auch, wenn man jemanden zum Essen ins Restaurant einlädt und dann dort Gastgeber ist?

Gemeinsames Kochen ist am intimsten

Müller-Jacquier: Ich habe eine Rangliste erstellt, eine Art Abstufung der Gastfreundschaftsbeziehungen. Ausländer beispielsweise werden gerne zum Kaffeetrinken eingeladen. Das sonntägliche Kaffeetrinken ist die Eröffnungsinstitution für einen Fremden, der in die Familie kommt. Das ist die unverbindlichste Situation. Nach einem Kaffeetrinken lädt man jemanden möglicherweise auf ein Glas Wein ein, dann zum Grillabend auf der Terrasse oder, auch das ist dann schon ein bisschen freundschaftlich-gastlicher, zum Dia-Abend. Zum Brunch einzuladen ist schon sehr intim, vielleicht noch mehr als das Abendessen. Noch intimer ist das gemeinsame Kochen.

PH: Muss man also jemanden, der einen zum Grillabend eingeladen hat, auch wieder zu einem Grillabend einladen? Oder reicht eine Einladung zum Kaffeetrinken?

Müller-Jacquier: Man kann diese Institutionen der Gastlichkeit auch danach klassifizieren, bei welchen Einladungen der Eingeladene hier in Deutschland eine Verpflichtung zur Gegeneinladung eingeht. Da sind wir bei einem grundlegenden Angelpunkt von Gastfreundschaft: Geben und Nehmen.

PH: Eine Einladung zum Kaffeetrinken muss also nicht erwidert werden?

Müller-Jacquier: Nicht unbedingt. Wenn man feststellt, dass man nicht viel miteinander anfangen kann, ist man ohne Gesichtsverlust in der Lage, das nicht zu wiederholen. Beim Grillabend kommt es darauf an, ob man zu zweit oder zu zwanzig ist. Wenn man so im intimen Kreis ist, dann muss man überlegen, ob man sich revanchiert.

PH: Warum lädt man überhaupt Gäste ein?

Müller-Jacquier: Ganz allgemein gilt die Gastsituation als potenzielle Vertiefung zu einer freundschaftlichen Beziehung. Umgekehrt bedeutet das: Wenn ich kein Interesse an einer potenziellen freundschaftlichen Beziehung habe, dann reagiere ich nicht auf Leute, die einen Gaststatus haben. Beispielsweise beklagen sich ausländische Praktikanten, die ein halbes Jahr in einer deutschen Firma arbeiten, darüber, dass sie von den Deutschen nicht eingeladen werden. Die Praktikanten haben einen Gaststatus, doch weil die Kollegen kein Interesse an einer potenziellen freundschaftlichen Beziehung haben, werden sie nicht eingeladen.

PH: Das bedeutet, dass Fremde nicht mal zum Kaffee eingeladen werden?

Müller-Jacquier: Ja, das erklärt auch die paradoxe Situation, dass Leute, die für ein halbes Jahr hier sind, eine Woche bevor sie wieder weggehen, eingeladen werden, und plötzlich entdeckt man eine ganz tolle Person. Und sagt: »Wenn wir das vorher gewusst hätten, hätten wir Sie viel früher eingeladen. Es ist so schade, dass Sie jetzt wegfahren. Und kommen Sie doch mal wieder.«

PH: Vielleicht steckt dahinter, dass man sich nur dann traut, jemanden einzuladen, wenn man weiß, dass er kurz darauf sowieso wieder weg ist?

Kein Interesse an Freundschaft – keine Einladung

Müller-Jacquier: Die Freundschaftsverpflichtung ist aufgehoben. Ich würde das aber positiver sagen. Es ist auf der einen Seite dieses Misstrauen. Auf der anderen Seite ist es aber auch die Unsicherheit. Man sagt, ich bin glücklich mit meinen Freunden, die ich habe, und brauche keine weiteren, deshalb lade ich die Leute nicht ein.

PH: Wie werden Gäste bei uns typischerweise aufgenommen?

Müller-Jacquier: Aus der Fremdperspektive sehe ich verschiedene Aspekte der Gastfreundschaft. Wertschätzung ist einer davon: Wenn ein Gast kommt, gebe ich ihm dann das Beste oder das Bestmögliche? Mit der Orientierung am Wert kann man Unterschiede in den verschiedenen Kulturen erklären. Überrascht stellen wir im Ausland fest, dass die Gastgeber von den zwei Ziegen, die sie haben, eine schlachten und anbieten, obwohl sie wissen, dass wir in zwei Tagen weiterziehen. Sie stellen mir das Elternschlafzimmer allein zur Verfügung und schlafen selbst auf dem Boden. Sie geben mir das Beste, das sie haben. Ich vermute, dass in Deutschland die Tendenz besteht, den Gästen das Bestmögliche, im Sinne von dem, was man gerade so möglich machen kann, zu geben. Von Indonesiern habe ich gehört, dass sie sich gewundert haben, dass sie im Wohnzimmer schlafen mussten. In ihren Augen hatten die Gastgeber das Beste, das eigene Bett, für sich behalten.

Was mich in meiner Forschung interessiert, ist aber nicht nur der Unterschied, sondern auch die Wirkung von Unterschieden. Der indonesische Student, der im Wohnzimmer auf der Couch übernachten musste, hat erzählt: »Die mögen mich nicht, ich musste auf der Couch schlafen.« Genauso ist das umgekehrt für uns: Wenn uns jemand das Beste geben würde, wären wir verunsichert und fühlten uns schlecht, weil wir eine andere Regel befolgen. Wir würden nie das Beste geben, und wir finden es mit unserer langfristigen Orientierung auch unökonomisch, etwas spontan zu geben, was einem dann lange Zeit fehlt.

PH: Wo spielt sich Gastfreundschaft bevorzugt ab? Lädt man in die eigenen vier Wände oder ins Restaurant ein?

Müller-Jacquier: Deutsche Gastgeber bevorzugen das private Heim und nicht so sehr die Öffentlichkeit. In Spanien jedoch ist es meist anders: Deutsche sind meist ganz perplex, wenn Spanier eine Einladung aussprechen und dann mit ihnen ins Restaurant gehen. Die Deutschen haben mit dem Ess- und Wohnzimmer einen repräsentativen Raum für Gäste, den sie persönlich ausgestaltet. Wir möchten unsere Freunde, unsere Gäste in unsere private Umgebung einladen und nicht in die Öffentlichkeit, das ist eine typisch deutsche Trennung.

Ein Abend voll engagierter Diskussionen

PH: Was macht man mit Gästen zusammen?

Müller-Jacquier: Ein Abend mit Gästen kann in Deutschland verschieden ablaufen. Zentral ist die Konversation, die in eine Diskussion übergeht. Es gibt Leute, die gern spielen, zum Beispiel Scrabble. Für Ausländer ist eine solche Wettbewerbssituation allerdings genauso rätselhaft wie eine Diskussion.

In vielen Ländern ist es üblich, mit den Gästen Konversation zu machen. Aber man diskutiert nicht, sondern man redet übers Wetter, ohne dass man sich genau festlegt oder gar überzeugen will. In Deutschland ist es oft so, dass sich unter intellektuellen Männern so ein Platzhirsch-Ritual entwickelt. Wenn es einem gelingt, Freud mit Marx zu widerlegen und in einem Nebensatz die Lösung für den Jugoslawien-Konflikt mit einzuflechten, dann ist er leicht der große Star, auch wenn sich die anderen nicht überzeugen lassen. Engagierte Diskussionen mit deutlichen Dissenz-Phasen empfinden viele ausländische Gäste dagegen als peinlich und unangemessen.

GÄSTE & GASTGEBER

11.2 Bilder, Sprüche, Regeln ⇒ Kb, S. 175

> Gäste und Fische stinken nach drei Tagen.

> Und ist der Gast auch noch so schlecht, er kommt zuerst, das ist sein Recht.

> Esst und trinkt, liebe Gäste!
> Wer nicht isst, ist der Beste.

GÄSTE & GASTGEBER

REDEN

Regel 1

Man spricht bei Tisch nicht über Krankheit, Geld und Politik. Ein wenig Weisheit steckt in der alten Regel, denn über Politik kann man in Streit geraten; Geld kann in Angeberei ausarten und diejenigen beleidigen, die nicht so reich damit gesegnet sind; und Krankheitsberichte: Es gibt immer wieder Menschen, denen bei der lebhaften Beschreibung eines schönen Magengeschwürs ganz einfach übel wird.

Auf jeden Fall sollte man zu Beginn keine personlichen Fragen stellen, sollte nicht nur von sich selber reden und sollte nicht nur Monologe halten, sondern auf seinen Tischnachbarn achten und hinhören, was er oder sie sagt. Mit geduldigem Zuhören und gelegentlichen Fragen ist man oft der beste Gesprächspartner.

Im Gegensatz zu diesem angenehmen kommunikativen Verhalten steht das »Stichwortfangen«. Erzählt der Gesprächspartner etwas, so wartet der »Stichwortfänger« nur auf ein Stichwort, das ihm Gelegenheit bietet, selbst etwas zu dem Thema zu erzählen. Die Ausführungen des Gesprächspartners interessieren ihn überhaupt nicht.

> *Gäste machen doppelt Freude: Wenn sie kommen und wenn sie wieder gehen.*

DAUER

Regel 2

Ein Besuch sollte normalerweise nicht länger als eine halbe, höchstens eine Stunde dauern. Nur wer ausdrücklich zum Bleiben aufgefordert wird, darf länger bleiben.

Respektieren Sie den Wunsch des Gastgebers, den Besuch beenden zu wollen. In den meisten Fällen wird Ihnen signalisiert, wann es Zeit ist, sich zu verabschieden.

Gähnt der Gastgeber hinter vorgehaltener Hand oder blickt er zur Uhr, heißt es Abschied nehmen.

Auch wenn der Gastgeber über seine Arbeit am nächsten Morgen spricht, ist dies meistens kein neues Gesprächsthema, sondern eine Aufforderung zum Gehen. Öffnet der Gastgeber gar die Fenster, möchte er wahrscheinlich nicht dafür sorgen, dass Sie für die kommenden drei Stunden frische Luft haben.

> *Hast du einen Gast,
> so gib' ihm, was du hast.
> Ist er ein Mann von Ehr',
> so verlangt er nicht mehr.*

ANMELDUNG

Regel 3

Eine deutsche Familien plant normalerweise ihren Tagesablauf sehr genau. Wenn man jemanden besuchen will, sollte man sich also vorher ankündigen. Seitdem jeder Haushalt über ein Telefon verfügt, ist dies kein besonderes Problem mehr. Schließlich lässt sich niemand gern am verdienten Feierabend oder am Wochenende stören.

Im Falle eines unangemeldeten Besuchs sollten Sie sehr genau auf die Reaktionen des Gastgebers bei der Begrüßung achten: Ist er freudig oder unangenehm überrascht?

GÄSTE & GASTGEBER

11.3 Wisst ihr, was mir neulich passiert ist? ⇒ Kb, S. 175

Ein Mann:	Wisst ihr, was mir neulich passiert ist? Mitten in der Nacht, es war so gegen halb zwei, hat mich meine Frau geweckt. »Du«, flüsterte sie, »da war was, im Garten! Ich hab' da was gehört. Kanst du nicht mal nachschaun?« Ich, schlaftrunken wie ich war, gehe zum Balkonfenster und schaue in die Finsternis.
Erster Zuhörer:	Und? Was war da? Ein Einbrecher?
Ein Mann:	Moment! Ihr müsst wissen, hmm, es ist mir ja peinlich, aber ich war … äh …. nackt, aber so schlafe ich nun mal.
Erste Zuhörerin:	Ou! Wie aufregend!
Ein Mann:	Na ja, als ich da zum Fenster ging, und, ihr könnt euch ja vorstellen, wie mir das Herz klopfte, habe ich nicht bemerkt, dass unser Hund auch aufgewacht ist und lautlos ankommt, um auch zu sehen, was da los ist. Plötzlich berührt etwas Kaltes, Feuchtes, Glitschiges mein Hinterteil …
Zweiter Zuhörer:	Der Hund, die Hundeschnauze natürlich!
Ein Mann:	Ja, richtig. Aber das konnte ich ja nicht wissen. Jedenfalls jagt mir dieser Köter so'n Schrecken ein, dass ich schreie, die Arme hochreiße und dabei die Fensterscheibe zerschlage.
Zweite Zuhörerin:	Das ist ja'n Ding. Hast du dich verletzt?
Ein Mann:	Ja, sicher. Beide Hände. Meine Frau hat das natürlich mitgekriegt und kommt angelaufen. Sie verbindet mir die Schnittwunden an der Hand. Ordentlich, wie sie nun mal ist, reinigt sie noch die Blutflecken mit Benzin aus dem Teppich …
Dritter Zuhörer:	Typisch Eva!
Ein Mann:	… und wirft den Wattebausch in die Toilette. – Ihr werdet nicht glauben, was dann passiert ist … [Pause]
Erste Zuhörerin:	Nun erzähl schon! Was ist denn dann passiert?
Ein Mann:	Nun ja, ich hatte so einen Schock, dass ich erst mal aufs Klo musste, und, wie ich da sitze, habe ich mir eine Zigarette angezündet, um mich zu beruhigen.
Zweiter Zuhörer:	Das hätte ich auch gemacht.
Ein Mann:	Aber was ich hätte nicht machen sollen: ich warf das brennende Streichholz in das Toilettenbecken und – wummm!
Dritte Zuhörerin:	Mit Feuerzeug wär das nicht passiert!
Zweite Zuhörerin:	Unglaublich!
Erster Zuhörer:	Warum musst du denn auch noch auf der Toilette rauchen!
Ein Mann:	Die Explosion war so stark, dass ich aus dem Badezimmer fliege. Meine Frau telefoniert nach dem Krankenwagen. Der kam dann auch bald, und die Sanitäter legen mich auf eine Trage. Beim Runtergehn erzähle ich denen, was passiert ist, worauf einer plötzlich wie verrückt zu lachen anfängt.
Dritte Zuhörerin:	Na ja, ist ja auch schon witzig.
Ein Mann:	Der Typ lacht aber so doll, dass er einen Tragegriff loslässt und ich runterfalle, auf die Treppe …
Erste Zuhörerin:	Ach du meine Güte!
Ein Mann:	… und mir den Arm breche.
Zweiter Zuhörer:	Wer zuletzt lacht, lacht am besten!
Erste Zuhörerin:	Da hast du ja Glück im Unglück gehabt.
Zweite Zuhörerin:	Ein Unglück kommt selten allein.
Dritter Zuhörer:	Wer den Schaden hat, braucht für den Spott nicht zu sorgen.
Dritte Zuhörerin:	Ende gut, alles gut.

Der ungebetene Gast

Stellt noch einen Stuhl an den Tisch.

Es ist ein Gast gekommen
(Aus der Gegend um Warschau dort)
Und hat am Tisch Platz genommen
Und sagte kein einziges Wort.

Füllet ihm ein Glas.

Die Füße mit Lappen umwunden,
Und die Augen haben gefehlt.
An der Kehle klaffende Wunden
Haben stumm seine Geschichte erzählt.

Was steht dem Gast zu Diensten?

Er schwieg gleich der dunklen Tiefe
Im allertiefsten Meer.
Dann hob er den Kopf, als riefe
Seinen Namen, irgendwer.

Öffnet ihm die Tür.

Günter Kunert

GÄSTE & GASTGEBER

11.6 Rede eines deutschen Schriftstellers ⇒ Kb, S. 178

Grass: Politik gegenüber Flüchtlingen »demokratisch abgesicherte Barbarei«

Der Schriftsteller Günter Grass hat anlässlich der Verleihung des Friedenspreises des Deutschen Buchhandels an den türkischen Schriftsteller Yasar Kemal die Politik der Bundesregierung scharf angegriffen. In seiner Laudatio, in der er das literarische Werk seines türkischen Dichterkollegen würdigte, nannte er die Abschiebepraxis gegenüber abgelehnten Asylbewerbern eine »demokratisch abgesicherte Barbarei«. Gleichzeitig warf er der Bundesregierung vor, sie unterstütze durch Waffenlieferungen an die Türkei den Krieg, den die türkische Regierung gegen die Kurden führe. Er, Grass, schäme sich seines »zum bloßen Wirtschaftsstandort verkommenen Landes«, dessen Regierung todbringenden Handel zulasse und zudem den verfolgten Kurden das Recht auf Asyl verweigere.

In einer ersten Reaktion verurteilte der Generalsekretär der CDU/CSU Peter Hintze die Äußerungen von Grass scharf. Hintze nannte Grass' Rede »skandalös« und warf ihm einen »völligen Realitätsverlust« vor. Grass habe sich, so Hintze, »endgültig aus dem Kreis ernst zu nehmender Literaten verabschiedet«. Hintze warf die Frage auf, ob der deutsche Buch-

Göttinger Tageblatt, 20.10.97

Der Dichter und die Wahrheit

... Grass hat ein Deutschlandbild gezeichnet, das abstoßend ist. So abstoßend, daß man sich wundert, daß die Deutschen dieses Land nicht in Scharen verlassen, um irgendwo anders Asyl zu finden. Der Dichter hört »Polizisten faschistisch daherreden«, er bescheinigt uns pauschal »Fremdenhass« stellt die Bundesregierung in eine Reihe mit Schlägerkolonnen, erklärt uns zu Zeugen oder Mittätern einer »demokratisch abgesicherten Barbarei«, und er schämt »sich seines zum bloßen Wirtschaftsstandort verkommenen« Landes. Das ist nicht die Wahrheit, es ist Dichtung. Sie tut so, als hätten wir unsere politische Kultur, unsere Rechtsstaatlichkeit verloren. Sie verletzt die Menschen, die Bürgerkriegsflüchtlinge aufnehmen, die spenden und helfen, sie demütigt ein Land, das eine aktive Friedenspolitik betreibt.

Göttinger Tageblatt, 25.10.97

Das war überfällig!

Günter Grass hat uns mit seiner Kritik an der deutschen Abschiebepraxis und an Waffenlieferungen in die Türkei aus der Seele gesprochen.

Liste der Unterzeichner der Erklärung zu Günter Grass — Paulskirche

Alexander, Barbara, Journalistin, Köln; Ambruster, Jörg, Journalist, Stuttgart; Anger, Sabine, Ärztin, Köln; Antes, Klaus, Journalist, Köln; Ampunant-Disque, Steuerfachgehilfin, Köln; Baumgarten, Sabine, Lehrerin, Hamfelde; Baumhauer, Friedrich, Rechtsanwalt, Berlin; Beck, Volker, MdB, Bonn; Bollmann, Angelika, Sozialarbeiterin, Trittau; Just, Volkher, Journalist, Köln; Just, Vera, Suchttherapeutin, Köln; Kähler, Harro Dietrich, Soziologe, Köln; Köberlin, Gerhard, Pfarrer, Würzburg; Krahmer, Utz, Jurist, Düsseldorf; Krause, Heike, Rechtsanwältin, Köln; Kreft, Anne, Sozialarbeiterin, Bergisch Gladbach; Kristopeit, Erika, Kauffrau, Bad Neuenahr; Kaus, Gerhard, Journalist, Potsdam; Riekenbrauk, Klaus, Jurist, Köln; Rittig, Gabriele, Rechtsanwältin, Fr...; Sarkar, Sara, Publizist, Köln; Schlegel, Lothar, Rechtsanwalt, Köln; Schleich, Barbara, Journalistin, Bre...; Schnelle, Josef, Filmkritiker, Köln; Schuld, Gabriele, Lehrerin, Köln; Spohn, Cornelia, Pädagogin, Frankl...; Stahl, Matthias, Volkswirt, Köln...

Frankfurter Rundschau 30.10.97

Bundesregierung weist Grass' Angriffe zurück

Bonn, 22. Oktober. Regierungssprecher Hauser hat am Mittwoch auf einer Pressekonferenz die Angriffe des Schriftstellers Günter Grass auf die Asylpolitik und die Waffenlieferungen in die Türkei scharf zurückgewiesen. Die Bundesregierung, so Hauser, verbitte

Süddeutsche Zeitung, 23.10.97

Bonner Opposition nennt Kritik an Günter Grass »erbärmlich«

BONN, 20. Oktober. SPD und Bündnisgrüne haben Günter Grass, der mit seiner Laudatio auf den türkischen Autor Yasar Kemal am Wochenende Ärger bei Konservativen erregt hatte, gegen Beschimpfungen aus der CDU/CSU in Schutz genommen. CDU-Generalsekretär Peter Hintze aber bekräftigte seine Kritik und warf Grass »völligen Realitätsverlust« vor.

Auch der Parlamentarische Staatssekretär im Bundesinnenministerium Eduard Lintner (CSU) setzte am Montag die Grass-Schelte fort. Was der Literat in seiner Laudatio auf den Friedenspreisträger des Deutschen Buchhandels zur Bonner Ausländer- und Waffenexportpolitik gesagt habe, sei »eine unentschuldbare Entgleisung«.

Grass hatte in der Frankfurter Paulskirche die deutsche Militärhilfe an die Türkei, die sich seit Mitte der 60er-Jahre auf etwa sieben Milliarden Mark beläuft, als «schmutziges Geschäft» gebrandmarkt. Die Politik der Bundesregierung gegenüber in Deutschland lebenden Flüchtlingen bezeichnete er als »demokratisch abgesicherte Barbarei».

Lintner nannte diese Äußerungen «ein starkes Stück». Er widersprach auch Grass' Einschätzung vom «latenten Fremdenhass» der Bundesregierung. Grass habe im Grunde genommen die deutsche Bevölkerung insgesamt beleidigt. Damit folgte Lintner CDU-Generalsekretär Hintze. Dieser hatte Grass «intellektuellen Tiefstand» vorgeworfen; der Schriftsteller habe sich »endgültig aus dem Kreis ernst zu nehmender Literaten verabschiedet«.

SPD-Chef Oskar Lafontaine betonte, es sei »gut, wenn sich ein Autor vom Range Grass' einmischt«. Er werde die Rede zum Anlass nehmen, die deutsche Abschiebepraxis zu überprüfen.

In seiner Laudatio habe Grass «einen wunden Punkt dieser Regierung getroffen», kommentierte Jürgen Trittin, Vorstandssprecher der Bündnisgrünen. »Seine ehrlichen Worte verdienen unsere Hochachtung. Deutschland braucht Menschen wie ihn, die den Mut haben, die Dinge beim Namen zu nennen und gegen den Strom zu schwimmen.« Die Kritik an der Rede sei »erbärmlich«. Kerstin Müller, Sprecherin der Bündnisgrünen im Bundestag, äußerte sich ähnlich: Grass habe »die schmerzhafte Wahrheit ausgesprochen«, dass Deutschland mitschuldig am Krieg der türkischen Regierung gegen die kurdische Bevölkerung sei.

Frankfurter Rundschau, 21.10.97

Auszüge aus der Rede von Günter Grass

Grass zitiert aus dem Roman von Yasar Kemal »Zorn des Meeres«. In dem Zitat unterhalten sich drei Polizisten in einem Kaffeehaus über »minderwertige Rassen« in der Türkei und wie diese vernichtet werden könnten. Grass fährt dann fort:

Mit diesem Zitat kommt der Rassenwahn, der am polizeilichen Stammtisch verkündete Völkermord zu Wort. Zwar ist von reinrassigen Türken und minderwertigen Kurden, Lasen, Juden, Tscherkessen die Rede, doch kommt es dem Leser vor, als spreche sich ein international besetzter, also auch deutschsprachiger Stammtisch so hemmungslos aus. Nicht nur Polizisten reden derart faschistisch freiweg; war es nicht ein deutscher Politiker von Rang, der vor einiger Zeit vor der »Durchrassung des deutschen Volkes« gewarnt hat?

Spricht nicht der in Deutschland latente Fremdenhass, bürokratisch verklausuliert, aus der Abschiebepraxis des gegenwärtigen Innenministers, dessen Härte bei rechtsradikalen Schlägerkolonnen ihr Echo findet? Über viertausend Flüchtlinge, aus der Türkei, Algerien, Nigeria, denen nichts Kriminelles nachgewiesen werden kann, sitzen in Abschiebelagern hinter Schloss und Riegel, Schüblinge werden sie auf Neudeutsch genannt. – Es ist wohl so, dass wir alle untätige Zeugen einer abermaligen, diesmal demokratisch abgesicherten Barbarei sind.

Nun, nach langer Lesereise zurück, liegt es an uns, dem Autor zu danken, das heißt, die Zwänge der ab- und ausgrenzenden Politik zu überwinden, ohne herbeigeredete Ängste mit unseren türkischen Nachbarn zu leben, mehr noch, eine Politik zu fordern, die den Millionen Türken und Kurden in unserem Land endlich staatsbürgerliche Rechte gewährt.

Ob jahrzehntelang in Berlin oder neuerdings in Lübeck, wo immer ich lebte und also schrieb, gehörten Türken zum Straßenbild, waren und sind türkische Kinder Mitschüler meiner Kinder und Enkelkinder. Und immer war mir gewiss, dass diese täglichen Berührungen mit einer anderen Lebensart nur fruchtbar sein können, denn keine Kultur kann auf Dauer von eigener Substanz leben.

Als im siebzehnten und achtzehnten Jahrhundert in großer Zahl französische Flüchtlinge, die von der katholischen Kirche und dem absolut herrschenden Staat verfolgten Hugenotten nach Deutschland und mit Vorzug in Brandenburg einwanderten, belebten diese Emigranten zusehends die Wirtschaft, den Handel und nicht zuletzt die deutschsprachige Literatur; wie dürftig wäre uns das neunzehnte Jahrhundert überliefert, gäbe es nicht Theodor Fontanes Romane.

Ähnliches lässt sich schon heute vom bereichernden Einfluss der über sechs Millionen Ausländer sagen, wenngleich ihnen, im Gegensatz zu den Hugenotten, denen ein Toleranzedikt bürgerliche Rechte zusprach, nach wie vor ausgrenzende, in der Tendenz fremdenfeindliche Politik hinderlich bleibt; der Ruf »Ausländer raus!« steht nicht nur auf Wände geschmiert.

In einem vor wenigen Jahren im *Spiegel* veröffentlichten Artikel hat er [Yasar Kemal] die Verfolgung der Kurden in seinem Land beklagt und zugleich die westlichen Demokratien an ihre Mitverantwortung erinnert. Er schrieb: »An der Schwelle zum 21. Jahrhundert kann man keinem Volk, keiner ethnischen Volksgruppe die Menschenrechte verwehren. Dazu fehlt jedem Staat die Macht. Schließlich war es die Kraft der Menschen, welche die Amerikaner aus Vietnam, die Sowjets aus Afghanistan verjagte und das Wunder von Südafrika vollbrachte. Die Türkische Republik darf durch die Fortsetzung dieses Kriegs nicht als fluchbeladenes Land ins 21. Jahrhundert eintreten. Das Gewissen der Menschheit wird den Völkern der Türkei helfen, diesen unmenschlichen Krieg zu beenden. Besonders die Völker der Länder, die dem türkischen Staat Waffen verkaufen, müssen dazu beitragen.«

Dieser Appell, meine Damen und Herren, ist auch und aus besonderem Grund an die deutsche Adresse gerichtet. Wer immer hier, versammelt in der Paulskirche, die Interessen der Regierung Kohl/Kinkel vertritt, weiß, dass die Bundesrepublik Deutschland seit Jahren Waffenlieferungen an die gegen ihr eigenes Volk einen Vernichtungskrieg führende Türkische Republik duldet. Nach 1990 sind sogar Panzer und gepanzerte Fahrzeuge aus den Beständen der ehemaligen Volksarmee der DDR in dieses Krieg führende Land geliefert worden. Wir wurden und sind Mittäter. Wir duldeten ein so schnelles wie schmutziges Geschäft. Ich schäme mich meines zum bloßen Wirtschaftsstandort verkommenen Landes, dessen Regierung todbringenden Handel zulässt und zudem den verfolgten Kurden das Recht auf Asyl verweigert.

ARBEIT & LEBEN

12.1 Der Fluch der freien Zeit ⇒ Kb, S. 181

Der Fluch der freien Zeit

I Arbeit an sich ist etwas Unangenehmes. Nicht umsonst heißt auf Lateinisch »laborare« »arbeiten« und gleichzeitig »leiden«. In der Regel hat Arbeit absolut nichts mit Vergnügen zu tun. Im Gegenteil: »*Erst die Arbeit, dann das Vergnügen*«, heißt es. Für viele beginnt das Leben erst in der sog. »Frei-Zeit«.

Aber: Arbeiten bedeutet Geld verdienen, Geld verdienen ist gleichbedeutend mit »gut leben«, und wer viel Geld verdient bekommt jede Menge gutes Leben.

Tatsächlich hat uns die Industriegesellschaft enorme Wohltaten beschert: Bildung, Demokratie, Individualismus, Massenkultur, Bausparverträge, Kreditkarten, Urlaubsreisen. All diese Gaben versöhnen uns auf unterschiedlichste Art und Weise mit der an sich widersinnigen These, derzufolge Arbeit etwas Schönes sei. Aber nur wer die Erwerbsarbeit in den Mittelpunkt seines Lebens stellt, kann sich an den Wohltaten der Industriegesellschaft erfreuen. Und: Nur wer einen »geregelten Beruf« hat, hat ein Recht auf »Freizeit«. Wer an einem Montagvormittag, wenn die anderen an ihre Arbeitsplätze strömen, zu Hause sitzen bleibt, darf sich über sein schlechtes Gewissen nicht wundern.

II Doch immer mehr Menschen werden in Zukunft gezwungenermaßen montags ein schlechtes Gewissen haben. Die Gründe sind hinlänglich bekannt: Automatisierung und Globalisierung haben in den letzten Jahren Millionen von Arbeitsplätzen vernichtet. Immer mehr Waren werden von Robotern hergestellt, das Humankapital, der arbeitende Mensch, nimmt radikal ab. Die Produktivität steigt, die Arbeit sinkt. Dax und Dow-Jones jubilieren, Arbeiter protestieren. Manager und Wirtschaftswissenschaftler trauen sich kaum noch deutsch zu reden, sprechen von »*lean production*«, »*outsourcing*« und »*jobless growth*«. Mehr als 36 Millionen Arbeitslose sind in den westlichen Industrieländern registriert. Hinzu kommen immer mehr Menschen, die zwar nicht arbeitslos, aber auch nicht vollbeschäftigt sind. Bereits heute befinden sich weniger als zwei Drittel der Arbeiter und Angestellten in Deutschland in einem sog. »Normalarbeitsverhältnis«. Schon in zehn Jahren könnten es nur noch 50 Prozent sein. Der Rest jobbt mehr oder minder zeitlich ungebunden in einer grellbunten Dienstleistungswelt, mal als Billigkraft in Fastfoodläden, mal in einer Telefonzentrale, mal bei der Gebäudereinigung, oft überhaupt nicht.

III Alle diese Menschen haben Zeit, viel Zeit. Aber diese Zeit steht unter einem negativen Vorzeichen. Mit »Freizeit« hat sie nichts zu tun. Für eine konsumorientierte Freizeit fehlt den Betroffenen das Geld, für eine aktive und produktive Gestaltung der Freizeit fehlen ihnen die psychischen Voraussetzungen. Arbeitslosigkeit lähmt. Die freie Zeit wird zur Qual.

Ein grotesker Widerspruch tut sich hier auf: Zum ersten Mal in ihrer Geschichte wird der Mensch auf einem äußerst hohen Lebens- und Bildungsniveau von der organisierten Arbeit befreit. Doch die arbeitsfreie Zeit wird gleichzeitig zum schlimmsten Feind des Menschen: Keiner will sie!

I' Um diesen Widerspruch zu lösen, diskutieren seit etwa zwanzig Jahren Soziologen, Ökonomen und Philosophen über alternative Konzepte zur Erwerbsgesellschaft. Wie sollen die sich aus den technischen Entwicklungen ergebenden Einsparungen an Arbeitszeit genützt werden?
Zur Beantwortung dieser Frage setzen die meisten Vordenker derzeit auf eine neue Definition von »Arbeit«. Solange »Arbeit« nur »Erwerbsarbeit« bedeutet, bedeutet »arbeitslos« auch »Arbeitslosenghetto«. Wir müssen unsere mentalen und existenziellen Bindungen an die Erwerbsarbeit lockern. Wir müssen aufhören, unser ganzes Leben nur auf eine ganz bestimmte historische Form von Arbeit bzw. Arbeitszeit auszurichten. Tätig-Sein bedeutet nicht, sich nur in einem Full-Time-Job zu verausgaben, sondern auch: Arbeit in der Familie, Arbeit in der Nachtbarschaft, Eigenarbeit, kreativer Müßiggang, Produktivität im Privaten, Klavierspielen lernen, einen Roman schreiben, ehrenamtlich tätig sein, sich für Bürgerrechte engagieren. Die Gesellschaft muss auch diese Tätigkeiten als »Arbeit« anerkennen und Wege finden, sie in irgendeiner Form zu bezahlen. Nur dann hat auch die Erwerbsarbeitslosigkeit eine Chance, ihre negativen Auswirkungen und ihr negatives Image zu verlieren.

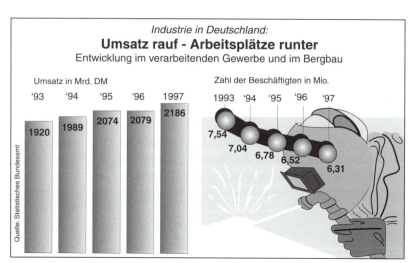

ARBEIT & LEBEN

2.2 Jenseits der Erwerbsarbeit ⇒ Kb, S. 181

MOMO

Tauschring

Wollten Sie immer schon mal ...

- tun, was Ihnen Spaß macht und was Sie gut können? Und dabei noch neue Menschen kennenlernen?
- Leute finden, die Ihnen Tätigkeiten abnehmen, die Sie nicht selbst erledigen können oder wollen?
- auch die Talente anbieten, die Sie nicht durch Berufsausbildung erworben haben?
- Ihre Zeit sinnvoll einsetzen und etwas Nützliches dafür bekommen?
- Ihre »verschütteten« Talente wiederentdecken?
- Hilfe bekommen, ohne Geld dafür bezahlen zu müssen?
- einem Netzwerk von Menschen angehören, in dem alle ihre vielfältigen Fähigkeiten anbieten und die der anderen nutzen können?
- tauschen und leihen, statt alles neu zu kaufen und wegzuwerfen?

Dann werden Sie doch Mitglied bei MOMO.

So funktioniert MOMO:

Mitglied bei MOMO kann jede/r werden.
...

Mehr
Möglichkeiten
Ohne
MOneten

> Baue Regale und Küchen auf.

> Koche für euch. Huhn auf afrikanisch in Erdnussbuttersoße.

> Hilfe! Wer kann meine Waschmaschine reparieren?

2.3 Das Verhängnis ⇒ Kb, S. 182

Sie war noch jung, sie war hübsch und drall, gesund und froh. Nun gut, aber irgend ein Haken wird dabei sein, sonst wäre ja keine Geschichte daraus geworden. Wohl an! Sie war in fester Stellung, bei den Damen ihrer Kundschaft sehr beliebt, sie hatte auch Freude an ihrer Tätigkeit, der sie in modernen, hellen und gelüfteten weißgekachelten Räumen nachging. Nun ja, aber wir wissen doch –. Sie lernte eine jungen Mann kennen, er war ein netter Bursche, ein wohlanständiger Kerl, ebenfalls fix angestellt. Die beiden hatten einander erst zwei- oder dreimal getroffen. Aha. Beim drittenmal fragte er sie anteilnehmend, welchen Beruf sie denn ausübe? »Ich bin _____«, sagte sie, blickte durch einige Sekunden verzweifelt vor sich hin und fügte, gleichsam entschuldigend, hinzu: »Am Hauptbahnhof.« – »Das geht nicht,« sagte er. Und verließ sie zur selben Stunde.

Heimito von Doderer: Die Erzählungen

Arbeit & Leben

12.4

Freiheit

Der Mensch ist von Natur aus träge. Darum muss immer mal wieder die Peitsche knallen, damit er seine Trägheit überwindet und etwas leistet.
Nein, es sind keine Zyniker, die solche Äußerungen von sich geben, sondern, zum Beispiel, TV-Redakteure, die viel unterwegs sind und mit unterschiedlichen Kamerateams arbeiten. Sie berichten von einer häufigen Erfahrung: Arbeiten sie mit fest angestellten Mitarbeitern des Senders, müssen sie viel Zeit einkalkulieren. Das Team verlangt, dass die tariflich festgesetzten Pausen und Arbeitszeiten eingehalten werden und lehnt Überstunden ab. Ganz anders dagegen die Arbeit mit freien Teams. Sie sind höflich, munter, flexibel, leistungsbereit, ohne Scheu vor Überstunden oder Nachtarbeit, und sie protestieren nicht, wenn mal eine Pause ausfällt – schließlich möchten sie wieder engagiert werden.

Theaterintendanten, Unternehmer, Abteilungsleiter der Industrie, auch Chefredakteure, machen ähnliche Erfahrungen. Wo immer sie es mit Festangestellten zu tun haben, wird weniger geleistet. Wir haben hier einen der Gründe für lean production und outsourcing – den Trend, die Belegschaft zu reduzieren, immer mehr Aufgaben aus den Betrieben an freie Teams und freie Mitarbeiter zu vergeben. Gelegentlich handelt es sich bei den Mitarbeitern solcher Teams um dieselben Leute, die zuvor innerhalb des Betriebs als Angestellte den gleichen Job verrichtet haben. Jetzt aber tun sie das für weniger Geld, bei längerer Arbeitszeit, mit weniger Rechten und – zwangsweise – mit mehr Engagement.

Dass Arbeitgeberherzen deshalb höher schlagen, versteht man, und weil die Gewerkschaften dank der Globalisierung entmachtet sind, können die Arbeitgeber auf dem eingeschlagenen Weg fast widerstandslos weitermarschieren. Aus den Medien, aus den Parteien, überall schallt es daher der Jugend entgegen: Bilde dir nicht ein, dass du deinen jetzt erlernten Beruf bis an dein Lebensende wirst ausüben können. Stell dich darauf ein, ihn oft wechseln zu müssen, dich ständig fortbilden und auch mal beschäftigungslose Zeiten überstehen zu müssen. Vor den üblichen Risiken des Lebens, Krankheit, Arbeitslosigkeit, Alter, wirst du dich selbst schützen müssen.

Aber das alles ist gut für dich, denn du wirst freier, selbstständiger und flexibler sein als dein Vater, der Angestellte, es je gewesen ist. Du wirst dein eigener Chef sein, dich selber managen und dich mit deiner Kreativität immer wieder neu erfinden Und dank der Telekommunikation wirst du zu Hause arbeiten und selbst bestimmen können, wie du dir Arbeit und Freizeit einteilst. Mehr Markt, mehr Leistung, mehr Wettbewerb, mehr Flexibilität, das haben auch die Parteien in ihre Programme geschrieben, sogar die SPD.

Nicht hineingeschrieben haben sie, dass es auch Leute gibt, die nicht so recht wissen, wie das gehen soll, »sich immer wieder neu zu erfinden«. Nicht hineingeschrieben haben sie, dass dies alles nur funktioniert, wenn man von der Existenz von Alten, Kranken, Schwachen und insbesondere Kindern absieht. Vergessen wurde in den Parteiprogrammen die Frage, was mit der wachsenden Zahl derer passieren soll, die dem Konkurrenzdruck nicht standhalten und von dem immer schneller sich drehenden Karussell der Leistungsgesellschaft hinausgeschleudert werden.
Nicht hineingeschrieben haben die Parteien in ihre Programme, dass mehr Wettbewerb am und um den Arbeitsplatz auch heißt: Man hat keine Kollegen mehr, nur noch Konkurrenten. Das bedeutet: mehr arbeiten als der Konkurrent; und das heißt auch: weniger Zeit haben für die Kinder, den Ehepartner und für die Pflege von Freundschaften. Es wird kälter werden zwischen den Menschen, und davon steht nichts in den Programmen.

Tarifvertrag

Vertrag zwischen Arbeitgebern oder Arbeitgeberverbänden und Gewerkschaften, der die Rechte und Pflichten der Tarifpartner regelt. In den Tarifverträgen sind u.a. die Höhe der Löhne, die Arbeitszeit, die Arbeitsbedingungen, Überstundenregelungen, Kündigungsfristen festgelegt.
Die Tarifverträge sind Ausdruck der Tarifautonomie, also des Rechtes der Tarifvertragsparteien, unabhängig von staatlichen Reglementierungen Tarifverträge frei auszuhandeln, abzuschließen und wieder zu beenden.

ARBEIT & LEBEN

macht

Schreibt man den bestehenden Trend in die Zukunft, dann wird es künftig vier Gruppen von Menschen geben: Die erste Gruppe sind die Globalisierungsgewinnler, die Besitzer von Kapital, und deren Helfer auf den Führungsebenen. Dank eingesparter Arbeitskräfte, gesenkter Löhne und reduzierter Sozialleistungen steigt das Einkommen dieser Minderheit gewaltig.

Die zweite Gruppe sind Hochqualifizierte, die gut verdienen, aber ständig am Ball bleiben müssen, um nicht von Konkurrenten ins Abseits gedrängt zu werden. Von einem Achtstundentag kann nicht die Rede sein.

Die dritte Gruppe sind gering Qualifizierte, die sich finanziell nur dadurch über Wasser halten können, dass sie mehrere Beschäftigungsverhältnisse gleichzeitig eingehen müssen. Auch sie kommen mit einem Achtstundentag lange nicht aus.

Die vierte Gruppe sind die Überflüssigen, die den Konkurrenzkampf schon in der Schule oder der Universität verloren haben. Zu dieser Gruppe kommen diejenigen hinzu, die wegen Alter, Behinderung, Krankheit, Alkoholismus, Drogensucht oder Unqualifiziertheit überhaupt keine Beschäftigung finden. Gewalt, Drogen und Kriminalität werden deren ständige Begleiter sein.

Gesellschaften mit solchen Voraussetzungen müssen nicht untergehen; sie können sich möglicherweise damit ganz gut arrangieren. Die Reichen ziehen sich dann eben hinter hohe Mauern mit Stacheldraht, Videokameras und Alarmanlagen zurück, panzern ihre Autos und schützen sich und ihre Kinder mit Bodyguards und privaten Sicherheitsdiensten.

Die anderen, die sich keinen privaten Sicherheitsdienst leisten können, wird der Staat schützen müssen. Er kann Schnellrichter zulassen, Strafgesetze verschärfen, alle öffentlichen Plätze mit Kameras überwachen, von jedem Neugeborenen einen genetischen Fingerabdruck im Polizeicomputer speichern, die Jugendstrafbarkeit auf 12 Jahre herabsetzen, Kindergefängnisse bauen und damit die Kriminalität zwar nicht verhindern, aber auf einem noch erträglichen Maß halten.

Das Ganze wird dann wahrscheinlich auch kaum billiger sein als ein funktionierender Sozialstaat, aber der Reiche will nicht mehr teilen, sondern sich von seinen gesparten Steuern und Löhnen lieber Panzerglas und Überwachungskameras kaufen.

Und so wird man sich halt daran gewöhnen müssen, dass Kinder und Jugendliche bewaffnet in die Schulen gehen, andere Kinder erpressen und mit Drogen dealen.

Kann aber gut sein, dass sich dann sogar die Reichen in die Achtzigerjahre zurücksehnen, wo faule, protestierende, sozial bestens abgesicherte und fest angestellte Arbeitnehmer für die 38-Stunden-Woche und sechs Wochen Urlaub kämpften und trotzdem Exportweltmeister waren.

Sozialhilfe

Die **Sozialhilfe** besteht in staatlichen Hilfeleistungen für Personen in Notlagen, die diese aus eigenen Mitteln und Kräften nicht beheben können. Ziel der Sozialhilfe ist es, den Personen in Notlagen die Führung eines menschenwürdigen Lebens zu ermöglichen. Die Leistungen der Sozialhilfe werden, anders als die Leistungen der Sozialversicherung, nicht aus Beiträgen, sondern aus Steuergeldern finanziert.

Sozialversicherung

Die **Sozialversicherung** umfasst die gesetzliche Krankenversicherung, die Arbeitslosenversicherung, die gesetzliche Rentenversicherung, die Pflegeversicherung und die gesetzliche Unfallversicherung. Sie ist grundsätzlich eine Zwangsversicherung, d.h., die Mitgliedschaft ist gesetzlich vorgeschrieben. Die Beiträge werden von den Arbeitgebern und den Arbeitnehmern gemeinsam getragen. Ziel der Sozialversicherung ist es, das mit Krankheit, Arbeitsunfall, Berufsunfähigkeit, Mutterschaft, Alter und Tod verbundene finanzielle Risiko abzusichern.

arm

⇒ **Kb, S. 182**

ARBEIT & LEBEN

Der Text scheint nicht zum Thema »Arbeit« zu passen. Aber Sie werden sehen, dass auch die tägliche Müllbeseitigung Arbeit ist. Schwere Arbeit.

Der Schnurbart

Robert Gernhardt über die korrekte Entsorgung von Altglas und Teebeuteln

Ingrid und ich wohnen in einem Zwei-Familien-Altbau, zusammen mit Uwe und Svende, einer praktizierenden Grünen, die in Ingrid und mir unheimlich wichtige Lernprozesse auslöste.

Mich sensibilisierte Svende nach einer Mülleimerkontrolle in Sachen Altglas, und immer bestrebt, der Jugend mit gutem Beispiel wenn schon nicht voranzugehen, dann doch wenigstens hinterherzulaufen, trug ich seither geduldig mein Kreuz bis zum fernen Container, jedenfalls fast immer. Alles hätte so schön sein können, wenn es nur nicht so schlimm weitergegangen wäre.

Den Anfang machte Ingrid. »Hier!« sagte sie und stellte knallend zwei Cognac-Flaschen auf meinen Schreibtisch.

»Oh! Dankeschön!« erwiderte ich erfreut. »Remy Martin! Meine Lieblingsmarke! Wie aufmerksam von dir! Wo hast du denn die her?« – »Aus der Altglas-Tonne.« – »Ach ja? Und welcher Narr wirft in diesem Haus volle Remy-Flaschen in die Altglas-Tonne?« – »Sie sind leer!« – »Ach was?« Nun sah ich es auch. »Und welche Närrin schleppt hier leere, bereits weggeworfene Remy-Flaschen wieder an?« – »Ich.« – »Das schwante mir, Weib. Und warum tust du solches?«

»Weil sich in dieser Woche bereits drei leere Cognac-Flaschen in der Altglas-Tonne angesammelt haben. Und weil ich nicht will, dass Svende und Uwe dich für... für... einen...

»Wieso mich? Hast du nicht ebenfalls von diesem Zeugs ... na ja ...«

»Dann eben uns.«

»Und wieso willst du nicht, dass die uns für... für ...«

»Weil wir Älteren den Jüngeren ein Vorbild sein sollten. Und da finde ich es einfach nicht gut, wenn die qua Mülltonne Woche für Woche Einblick bekommen in unseren, vor allem aber deinen... naja...«

»Drei Flaschen?« – Ingrid nickte. »Vielleicht stammt eine von Uwe und Svende?« fragte ich hoffnungsvoll. »Nie. Die trinken nur Fruchtsäfte.« – »Und woher weißt du das?« – »Das lehrt der Tonneninhalt.«

»Weil er nicht häufiger geleert wird«, erwiderte ich blitzenden Auges und wusste doch, dass auch diese geschliffene Sentenz mich nicht davor bewahren würde, die leeren Flaschen bei Nacht und Nebel beseitigen zu müssen: Der gläserne Mensch, von dem die rechten Utopisten immer geträumt hatten, er drohte nun im Wortsinne Wirklichkeit zu werden. Doch tags darauf sollte es noch schlimmer kommen.

Gerade hatte ich meinen Mülltüten-Inhalt umsichtig auf die Tonnen verteilt, gerade wollte ich die Glasausbeute des Tages, eine Weißweinflasche und ein Underberg-Fläschchen, in die Altglas-Tonne werfen, als die zufällig an mir vorbeischauende Svende mich sanft fragte: »Sag mal, findest du das eigentlich so gut, was du da gerade machst?«

»Na ja«, stammelte ich, »so ein Schluck naturreiner Weißwein zum Mittagessen und hinterher ein Fläschchen Underberg also alles praktisch Heilkräuter... das ist doch ich meine ...«

»Findest du es eigentlich so gut, Glas und Papier in ein und dieselbe Mülltonne zu werfen?«, hakte Svende nach und löste damit jene Spirale des Schreckens aus, die seither meine Tage verdüstert.

Wie jeder Underberg-Trinker weiß, ist jedes Underberg-Fläschchen in ein braunes Packpapierchen eingeschlagen, und für einen Moment war ich versucht, das Papierchen unter Hinweis auf seine Kleinheit Hohn lachend zusammen mit dem Fläschchen in die Altglas-Tonne zu

schleudern, als ein, wie ich damals noch meinte, teuflisch witziger Plan mich innehalten ließ.

»Danke für den Hinweis«, sagte ich gleisnerisch, riss, so gut es ging, das teilweise angeklebte Papier vom Fläschchen, warf jegliches in seinen Behälter und schaute sodann zweifelnd vom Etikett der Weißweinflasche zu Svende.

»Vielleicht löse ich das besser ebenfalls ab?«, fragte ich mit gespielter Bußfertigkeit, atmete dann aber scheinbar erleichtert auf, als mir Svende großherzig Absolution erteilte: »Ach komm ... Das bisschen Papier...«

Dafür tat ich anderntags umso unbarmherziger, als ich mit spitzen Fingern eine Granini-Flasche aus dem Altglas-Behälter holte und Svende streng befragte, weshalb sie den metallenen Schraubverschluss nicht einer vom Glase getrennten Beseitigung zugeführt habe. Weil es leider noch keine gesonderte Altmetall-Tonne gebe, antwortete sie in aller Unschuld, worauf ich tückisch ein Eimerchen präsentierte, das ich eigenhändig mit »Altmetall« beschriftet hatte:

»Weißt du, ich finde, wir Umweltbewussten sollten nicht nur auf staatliche Verordnungen warten, wir sollten auch selber getrenntsammlungsmäßig initiativ werden« – und zu diesen Worten ließ ich den Granini-Deckel lustig klirrend in den Eimer fallen.

Doch was als parodistischer Seitenhieb auf übertrieben sortenreine Müllbeseitigungspraktiken gedacht gewesen war, entpuppte sich unvermittelt als Rohrkrepierer. Nicht genug damit, dass Svende und Uwe meine vorgebliche Initiative total gut fanden, sie zogen auch einen Tag später gleich, indem sie einen mit »Altkunststoff« beschrifteten Eimer im Vorgarten aufstellten, ein Vorgang, den Svende mit den Worten begleitete:

»Da kommen dann zum Beispiel die Plastikverschlüsse von deinen Underberg-Flaschen rein.«

Der Schlag saß! Zwei Tage lang fiel mir keine passende Antwort ein, schon wollte ich mit einer »Altbier«-Tonne das Handtuch werfen, da riet mir Ingrid, mit »Altholz« zu kontern. »Altholz?« fragte ich misstrauisch. »Gibt's so ein Wort überhaupt?« – »Gibt ja auch Altbundeskanzler.«

Trotzdem hatte ich ein ungutes Gefühl, als ich die neue Tonne in den nun schon reichlich vollgestellten Vorgarten trug. »Für gebrauchte Streichhölzer und so«, erläuterte ich der interessiert zuschauenden Svende. »Logisch«, erwiderte sie. »Die leeren Streichholzschachteln kommen aber ins Altpapier!«, fügte sie mahnend hinzu. Da wusste ich, dass ich es mit unbezwingbaren Gegnern zu tun hatte und dass mein endgültiger umweltschützerischer und mülltechnischer K.o. nur noch eine Frage der Zeit war. Und richtig: Seit gestern steht sie vor unserer Tür, die Biomülltonne.

»Für alles Kompostierbare, wird sowieso bald Pflicht in Hessen«, hatte Uwe kurz angebunden erklärt. »Claro«, hatte ich demütig geantwortet und zugleich voller Schrecken gespürt, wie da etwas sehr Gemeines und sehr Böses in meinem Herzen aufkeimte, ein derart tot geglaubtes Gefühl, dass mir anfangs nicht einmal der Name dafür einfiel. Wie hieß das gleich? Sünde? Stunden später sortierte Ingrid in der Küche die Abfälle des Tages vor. Zerstreut fischte sie einen Teebeutel aus dem Biomüll. »Den tue ich wohl besser zum Altpapier – oder?« Sie blickte abwesend auf den Teebeutel. »Der Tee ist doch eigentlich bio. Aber was ist der Beutel? Und was mache ich mit den beiden Metallklammern? Und was mit dem hier?«

Sie zog grüblerisch an dem Fädchen, das den Beutel mit dem Haltepapier verband. »Ist Schnur nun mehr bio oder mehr Altpapier oder mehr Altholz?«

Lächelnd ließ Ingrid das Teebeutelschnürchen über der Biomüll-Tüte schweben, als plötzlich Besorgtheit ihre Züge streifte. »Schnur ist doch bio! Oder doch nicht?« fragte sie wie von weit her. »Ist Schnur vielleicht weder noch? Brauchen wir vielleicht noch eine ... eine ...« Kichern hinderte sie am Weiterreden.

»Was brauchen wir?«, fragte ich besorgt, ohne doch ihrem grausen Kichern Einhalt gebieten zu können. »Eine ... Altschnurtonne?«, prustete sie.

»Ingrid!« Ich legte schützend meinen Arm um ihre Schulter. »Lass uns schlafen gehen. Morgen ist auch noch ein Tag!«

»Und was ist Schnur?«, fragte sie fast tonlos. – »Bio!«, antwortete ich fest. – »Bestimmt?« – »Bestimmt!« – Noch schaute sie zweifelnd. »Ganz bestimmt! Schnurbart ist doch auch bio!«

Da erfüllte ein großer Glanz von innen ihr Gesicht. »Stimmt!«, sagte sie glücklich und ließ sich willenlos abführen.

GR Aktiv & Passiv

1.1 Nominalkomposita ⇒ Kb, S. 19, 22; 40

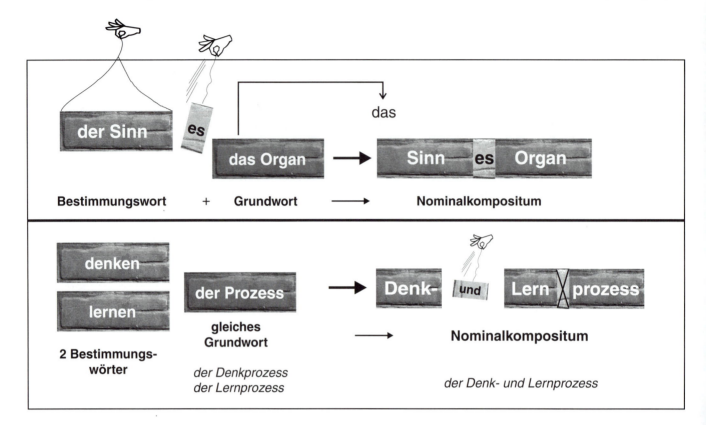

1.2 Aktiv und Passiv ⇒ Kb, S. 19, 20

1.2.1 Vorgangspassiv (Formen)

Aktiv	Passiv	
Ich speichere die Information.	Die Information **wird** gespeichert.	Präsens
	Die Information **wurde** gespeichert.	Präteritum
	Die Information **ist** gespeichert **worden**.	Perfekt
	Die Information **war** gespeichert **worden**.	Plusquamperfekt
	werden + **Partizip II**	

1.2.2 Gebrauch von Aktiv und Passiv

1.2.2.1 Aktiv

Ich habe schon in Korea Deutsch gelernt. Am Anfang verstand **ich** gar nichts.	**Persönlicher** Bericht: Person (Wer?) und Handlung (Was passiert?) sind wichtig.
In Korea lernt **man** sehr viel Grammatik. **Man** muss ja in Korea nicht so viel Deutsch sprechen und verstehen.	Die **eigene Erfahrung** wird **verallgemeinert**.
Man sollte beim Wörterlernen die Wörter nach bestimmten Prinzipien ordnen.	**Regeln und Normen** werden genannt.

1.2.2.2 Passiv

Leider **werden** Hörverstehen und Sprechen nicht so viel **geübt**.

In dem Kurs **wurde** sehr viel **diskutiert**.

Bei jedem Text dachte ich, dass da in einer völlig fremden Sprache **gesprochen wird**.

Handlung (Was passiert?) ist wichtig, die Person (Wer?) unwichtig (unbekannt, soll nicht genannt werden).

Vergleichen Sie:

Die Lehrerin	schaltet	**den Kassettenrecorder**	ein.	**Der Kassettenrecorder**	wird *von der Lehrerin*	eingeschaltet.
Die Lernumgebung	beeinflusst	**das Lernen**.		**Das Lernen**	wird *durch die Lernumgebung*	beeinflusst.
AKTIV	**Subjekt**	**Akkusativ-Objekt**		PASSIV **Subjekt**	**durch + Akkusativ** oder **von + Dativ**	

1.2.3 Zustandspassiv ⇒ Kb, S. 20, 21; 40

1.2.3.1 Formen

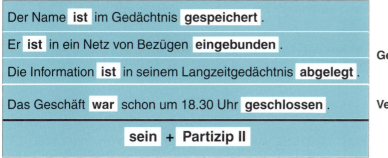

Der Name **ist** im Gedächtnis **gespeichert**.	
Er **ist** in ein Netz von Bezügen **eingebunden**.	Gegenwart
Die Information **ist** in seinem Langzeitgedächtnis **abgelegt**.	
Das Geschäft **war** schon um 18.30 Uhr **geschlossen**.	Vergangenheit
sein + Partizip II	

1.2.3.1 Bedeutung

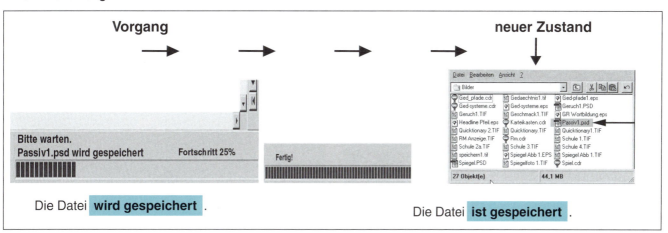

Die Datei **wird gespeichert**.   Die Datei **ist gespeichert**.

Das Vorgangspassiv (»werden-Passiv«) drückt eine Aktion, eine Handlung oder einen Prozess aus. Im Beispiel oben wird eine Datei gerade vom Arbeitsspeicher des Computers auf die Festplatte geschrieben.

1. **Das Zustandspassiv** (»sein-Passiv«) drückt das **Resultat eines Vorgangs** aus: der Prozess ist beendet und es ist ein neuer Zustand erreicht: Die Datei ist auf der Festplatte gespeichert und erscheint im Dateiverzeichnis.

2. Das Zustandspassiv kann nur mit **transitiven Verben** gebildet werden. Diese Verben müssen zusätzlich eine **starke und wirkungsvolle Handlung** ausdrücken, die zu einem neuen Zustand des Objekts führt. Solche Verben sind z.B. *töten, verwandeln, kochen, wählen ...*

GR NEGATIONEN

2.1 Negationen
⇒ Kb, S. 28–30, 90

2.1.1 nicht

> Man nimmt die Fremdheit **(gar) nicht** wahr.
>
> Sie hatte sich **nicht** für ihr Verhalten entschuldigt.
>
> Man lässt sich von der Fremdheit **kaum** berühren.

1. »**nicht**« negiert den ganzen Satz. »**gar nicht**«, »**überhaupt nicht**« verstärken die Negation.
2. »**kaum**« hat die Bedeutung von »fast nicht«.

2.1.2 kein

> Es scheint **keine** *Verständigungsmöglichkeiten* mehr zu geben.
>
> Später hatte ich **keine** Angst mehr vor Kontakten.

1. »**kein_**« negiert ein unbestimmtes Nomen (oder einen nominalen Ausdruck).
2. Auch Nomen, die keinen Artikel haben (»Nullartikel«), werden mit »**kein_**« negiert (ø Angst → keine Angst).

2.1.3 Negations-Pronomen und Negations-Adverbien

> Ich fühlte mich **nirgendwo** zu Hause. — *Das Adverb »nirgendwo« (»nirgends«) bedeutet an keinem Ort (positiv: **überall**).*
>
> Ich glaubte, dass ich es **niemals** schaffen würde. — *»niemals« (»nie«) negiert temporale Bestimmungen (positiv: **immer**).*
>
> **Niemand** schien mich zu verstehen. — *Das Pronomen »niemand« negiert Personen (positiv: **alle, jeder**).*
>
> **Nichts** erscheint mehr sicher. — *Das Pronomen »nichts« negiert Sachen (positiv: **alles**).*

2.1.4 »weder ... noch« und »nicht ..., sondern ...«

> Die Gründe für die Schwierigkeiten liegen **weder** bei einem selbst **noch** bei den anderen.

»**weder ... noch**« negiert mehrere Aussagen.

> Ich habe das **nicht** gesagt, **sondern** nur gedacht.

»**nicht ..., sondern**« negiert die erste Aussage und kontrastiert sie zur zweiten positiven Aussage.

2.1.5 Negations-Präfixe und Negations-Suffixe

Präfixe: un-; miss-; des-

> Alles erschien mir **un**verständlich.
>
> Es handelte sich um ein **Miss**verständnis.
>
> Anfangs war ich ziemlich **des**orientiert

1. **un-** kann man mit Nomen und Adjektiven verbinden (**nicht** mit Verben).
2. **miss-** kann man mit Nomen, Adjektiven und Verben verbinden.
3. Negationspräfixe bei **nichtdeutschen Wörtern**: *in-:* inhuman, indirekt (aber **irr**eal, **imm**ateriell, **imp**lizit, **ill**egal); *des-:* Desinteresse, desillusioniert; *dis-:* disqualifiziert, Dissonanz.

Suffix: -los; -leer; -frei

> Dort gab es unter dem end**los**en Himmel nichts außer Mais, Rindern und menschen**leer**en Straßen.
>
> Man betrachtet die Menschen vorurteils**frei**.

1. Die Suffixe *-los, -leer, -frei* bedeuten »**ohne** ...«
ein kinder**los**es Ehepaar → ohne Kinder, arbeits**los** → ohne Arbeit; inhalts**leer** → ohne Inhalt; ein alkohol**frei**es Getränk → ohne Alkohol.
-leer und *-los* verbinden sich mit Nomen, die positiv bewertet werden, *-frei* mit Nomen, die eher negativ bewertet werden.
2. Das Suffix *-arm* negiert Nomen in abgeschwächter Form. Es bedeutet »**nicht viel**« ein regenarmes Gebiet → nicht viel Regen, eine fettarme Ernährung → nicht viel Fett

2.2 Verben mit festen Präpositionen

⇒ Kb, S. 33

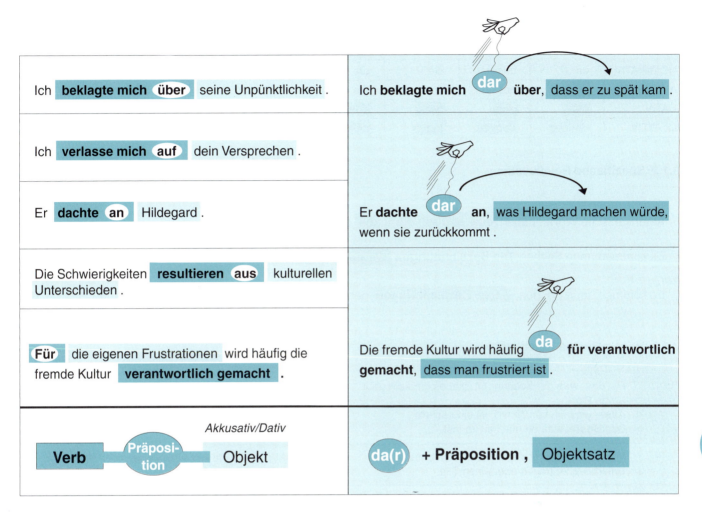

1. Das Verb heißt »sich beklagen über«. Die Präposition **über** ist obligatorisch. Nach ihr folgt immer der **Akkusativ**.

2. Das Verb heißt »sich verlassen auf«. Die Präposition »**auf**« ist obligatorisch. Nach ihr folgt der **Akkusativ**. Bei einigen Verben mit der Präposition »auf« folgt der Dativ: *beruhen auf, bestehen auf*.

3. Das Verb heißt »*denken an*«. Nach der Präposition »an« folgt bei diesem Verb der Akkusativ. Bei vielen Verben mit der Präposition »an« folgt der Dativ: *teilnehmen an, arbeiten an, zweifeln an*.

4. Das Verb heißt »*resultieren aus*«. Die Präposition »**aus**« ist obligatorisch. Nach ihr folgt immer der **Dativ.**

5. Das Verb heißt »*verantwortlich machen für*«. Die Präposition »**für**« ist obligatorisch. Nach ihr folgt immer der **Akkusativ**.

Falls an das Verb mit der festen Präposition kein direktes Objekt, sondern ein Nebensatz angeschlossen wird, wird die Präposition mit **da(r)** verbunden. »da(r)« verweist auf einen folgenden Objektsatz.

da oder dar?
dar verbindet sich mit Präpositionen mit einem Anfangsvokal: **dara**uf, **dari**n, **daru**m ...
da verbindet sich mit Präpositionen mit einem Konsonanten am Anfang: **daf**ür, **dam**it, **daz**u ...

Stellung von da(r) + Präposition im Satz
da(r) + Präposition steht bei **einfachen Verbformen** direkt **vor dem Komma**. Bei **zusammengesetzten Verbformen** steht da(r) + Präposition **zwischen den Verbteilen**: *wird **dafür** verantwortlich gemacht, dass ...; hat **daran** gedacht, dass ...; es kommt **darauf** an, ob ...*

GR Relativsätze

3.1 Relativsätze ⇒ Kb, 48; 63

3.1.1 Relativpronomen

KASUS	Maskulin	Neutrum	Feminin	Plural
NOMINATIV	der	das	die	die
AKKUSATIV	**den**	das	die	die
DATIV	**dem**	**dem**	**der**	**denen**
GENITIV	**dessen**	**dessen**	**deren**	**deren**

3.1.2 Spezifische Relativsätze

Amerikanische Wörter haben **eine** gewisse Aura, **die** sie attraktiv macht.

Es kommen neue Sachen. **Die Bezeichnungen der neuen Sachen** sind genau so neu wie sie selbst.

Es kommen neue Sachen, **deren Bezeichnungen** genau so neu sind wie selbst.

3.1.3 Unspezifische Relativsätze

was	Für **das, was** der Scanner tut, gibt es gar kein deutsches Wort. **Alles, was** ich von dir will, ist ein Lächeln. **Das Beste, was** du machen kannst, ...	**was** steht bei unspezifischen **Sachverhalten** vor allem nach: *nichts, manches, vieles, einiges, etwas* und nach nominalisierten Superlativen: *das Beste, das Schönste ...*
wie	Man muss ausprobieren, **wie** es sich anfühlt, eine Unterhose zu tragen oder einen Slip.	**wie** bezieht sich auf die **Art und Weise** einer Handlung
wo	**Dort, wo** ich herkomme, gibt es zwei Amtssprachen. **Der Zeitpunkt, wo** ich dich wiedersehe, rückt näher.	**wo** bezieht sich auf einen nicht weiter spezifizierten **Ort**. **wo** bezieht sich auf eine nicht spezifizierte **Zeitangabe**
wohin woher	Sie sagte mir genau, **wohin** ich gehen sollte. Er fragte mich, **woher** ich komme.	**wohin** und **woher** beziehen sich auf einen nicht weiter spezifizierten **Ort**
wer wen wem	**Wer** auf Schotterwegen bergan strampelt, will wenigstens ein schickes Wort für sein Sportgerät.	**wer (wen, wem)** bezeichnet eine nicht weiter spezifizierte **Person**

3.1.4 Relativsätze mit Präpositionen

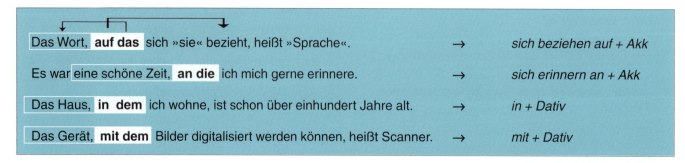

Das Wort, **auf das** sich »sie« bezieht, heißt »Sprache«.	→	sich beziehen auf + Akk
Es war eine schöne Zeit, **an die** ich mich gerne erinnere.	→	sich erinnern an + Akk
Das Haus, **in dem** ich wohne, ist schon über einhundert Jahre alt.	→	in + Dativ
Das Gerät, **mit dem** Bilder digitalisiert werden können, heißt Scanner.	→	mit + Dativ

1. Der Kasus des Relativpronomens ist abhängig von der Präposition. Die Präposition kann wiederum abhängig vom Verb sein (wohnen in + Dativ – Wo?). Zum Vergleich: *Das Haus, **in das** ich einziehe, ist schon über einhundert Jahre alt* (einziehen in + Akk – Wohin?)
2. Wenn der Relativsatz sich auf etwas Unbestimmtes bezieht, verwendet man **wo(r)** + Präposition: *Es gab noch **etwas, worauf** ich hoffen konnte.*

3.2 Umschreibung von Modalverben ⇒ Kb, S. 51

3.2.1 können *(Fähigkeit, Möglichkeit, Erlaubnis)*

Mit Geduld **kann** man dieses Problem **lösen**.

a) sein + zu + Infinitiv

Mit Geduld **kann** dieses Problem **gelöst werden**.	Mit Geduld **ist** dieses Problem **zu lösen**.
Das Eindringen englischer Wörter in die deutsche Sprache **kann** nicht **verhindert werden**.	Das Eindringen englischer Wörter in die deutsche Sprache **ist** nicht **zu verhindern**.
können + Infinitiv Passiv	**sein + zu + Infinitiv**

b) sich lassen (passive Bedeutung)

Mit Geduld **lässt sich** dieses Problem **lösen**.	kann gelöst werden
Die Schuld des Angeklagten **lässt sich** nicht beweisen.	kann nicht bewiesen werden

c) Suffixe »-bar«, »-fähig«

Das Problem ist mit etwas Geduld **lös**bar.	*kann gelöst werden*
Die Krankheit ist heute noch **unheil**bar.	*kann nicht geheilt werden*
Nach zwei Flaschen Wein ist man normalerweise fahrun**fähig**.	*man kann nicht fahren*
Der Wagen hat einen leistungs**fähigen** Motor.	*kann viel leisten*

Andere Suffixe:
1. Adjektive mit dem Suffix **»-lich«** können in einigen Fäll auch die Bedeutung von »man kann (nicht)« haben: eine **unleserliche** Schrift → eine Schrift, die man nicht lesen kann; ein **unerklärliches** Phänomen, → ein Phänomen, das man nicht erklären kann.
2. Die Suffixe -abel/-ibel haben bei nicht deutschen Wörtern die gleiche Bedeutung wie -bar: ein **akzeptables** Ergebnis → kann akzeptiert werden.

d) andere Ausdrücke

Möglichkeit:	**es ist möglich**, etwas zu tun	**Es ist möglich,** mit Geduld dieses Problem **zu lösen**.
	es besteht die Möglichkeit, etw. zu tun	
Fähigkeit:	**fähig sein**, etw. zu tun	
	im Stande sein, etw. zu tun	Mit Geduld **sind Sie in der Lage**, dieses Problem **zu lösen**.
	in der Lage sein, etw. zu tun	

GR UMSCHREIBUNG VON MODALVERBEN

3.2.2 müssen / sollen *(Zwang, Pflicht, Befehl, Notwendigkeit)* ⇒ Kb, S. 188

a) haben + zu + Infinitiv (aktive Bedeutung)

Arbeitslose **müssen** sich regelmäßig beim Arbeitsamt melden.	Arbeitslose **haben** sich regelmäßig beim Arbeitsamt **zu** melden.
Der Vermieter **muss** beim Auszug die Wohnung im renovierten Zustand übergeben.	Der Vermieter **hat** beim Auszug die Wohnung im renovierten Zustand **zu** übergeben.
müssen + Infinitiv	**haben** + **zu** + Infinitiv

b) sein + zu + Infinitiv (passive Bedeutung)

Die Miete **muss** am Anfang des Monats im Voraus bezahlt werden.	Die Miete **ist** am Anfang des Monats im Voraus **zu** bezahlen.
Das Visum **muss** bei der deutschen Botschaft beantragt werden.	Das Visum **ist** bei der deutschen Botschaft **zu** beantragen.
müssen + Infinitiv Passiv	**sein** + **zu** + Infinitiv

c) andere Ausdrücke

gezwungen sein, etwas zu tun	Ich **bin gezwungen**, mein Visum **zu verlängern**.
verpflichtet sein, etwas zu tun	Arbeitslose **sind verpflichtet**, sich regelmäßig beim Arbeitsamt **zu melden**.
die Pflicht haben, etwas zu tun	Arbeitslose **haben die Pflicht**, sich regelmäßig beim Arbeitsamt **zu melden**.
es ist (nicht)notwendig/erforderlich, etwas zu tun	**Es ist notwendig,** den Antrag vollständig **auszufüllen**. **Es ist nicht erforderlich**, jeden Satz im Text **zu verstehen**.

3.2.3 wollen *(Absicht, Wunsch)* ⇒ Kb, S. 168

Ich **will** nächstes Jahr in Paris **studieren**.

a) Konjunktiv II *(Wunsch)*

Ich **möchte** im nächsten Jahr in Paris studieren.

Ich **würde gern** den Termin auf Freitag verlegen.

b) andere Ausdrücke

beabsichtigen, etw. zu tun die Absicht haben, etw. zu tun planen, etw. zu tun entschlossen sein, etw. zu tun	*Ich **beabsichtige**, nächstes Jahr in Paris **zu studieren**.* *Ich **bin entschlossen**, nicht mehr zu rauchen.*

3.2.4 dürfen *(Erlaubnis, Verbot)* ⇒ Kb, S. 168

Sie **dürfen** Handys *nicht* während des Unterrichts **benutzen**.

Verbot:	Erlaubnis:
es ist verboten, etw. zu tun es ist untersagt, ... es ist nicht erlaubt, ... es ist nicht gestattet, ... es ist nicht möglich, ... **Es ist nicht gestattet**, Handys während des Unterrichts **zu benutzen**.	es ist erlaubt, etwas zu tun die Erlaubnis haben, ... es ist gestattet, ... es ist möglich, ... **Es ist erlaubt,** Handys im Kino **zu benutzen**.

INDIREKTE REDE GR

4.1. Texte und fremde Meinungen wiedergeben
⇒ Kb, S. 60, 67; 90

4.1.1 Direkte und indirekte Rede

Direkte Rede: Indikativ	Indirekte Rede: Konjunktiv I oder Konjunktiv II
»Mich **beunruhigt** am Internet die Tatsache, dass es uns von den wirklich wichtigen Problemen **ablenkt**.« **1**	Postman erklärt, dass **ihn** am Internet die Tatsache **beunruhige**, dass es uns von den wirklich wichtigen Problemen **ablenke**.
»Gegen diese Manipulation **gibt** es nur ein Heilmittel: Die Bürger **müssen** einen direkten Zugriff auf alle Informationen haben.« **2**	Barlow ist der Meinung, dass **es** gegen diese Manipulation nur ein Heilmittel **gebe**: Die Bürger **müssten** einen direkten Zugriff auf alle Informationen haben.
»Niemals zuvor **war** das Wissen der Menschheit für jedermann so einfach zugänglich.« **3**	Barlow sagte, niemals zuvor **sei** das Wissen der Menschheit für jedermann so einfach zugänglich **gewesen**.
»Wir **haben** nicht zu wenig Informationen, Daten, Nachrichten, sondern schon viel zu viel.« **4**	Postmann vertritt die Meinung, dass **wir** nicht zu wenig Informationen **hätten**, sondern schon viel zu viel.

1. Die indirekte Rede wird mit dem Verb »erklären« eingeleitet. Die Verben des Zitats werden in den Konjunktiv I verwandelt: die Tatsache beunruhigt mich → die Tatsache **beunruhige** *ihn;* es ablenkt → **es ablenke**. Die Personalpronomen wechseln: mich → **ihn.**
2. In der Redewiedergabe wird neben dem Konjunktiv I (gebe) auch der **Konjunktiv II** verwendet: die Bürger müssen → die Bürger **müssten**. Den Konjunktiv I von »müssen« in der 3. Person Plural kann man von der Indikativform nicht unterscheiden; der Konjunktiv II ist eindeutiger.
3. Das Zitat steht im Präteritum. Es wird mit der Vergangenheitsform des Konjunktiv I wiedergegeben: war → **sei gewesen.**
4. Wie in Beispiel 2 steht in der indirekten Rede der Konjunktiv II, weil man die Konjunktiv-I-Form von *wir haben* nicht vom Indikativ unterscheiden kann: wir haben → wir **hätten**.

4.1.2 Formen

4.1.2.1 Konjunktiv I der Gegenwart

sein	haben	hören	wissen	können	Endung
ich sei	ich habe	ich höre	ich wisse	ich könne	e
du seist Sie seien	du habest Sie haben	du hörest Sie hören	du wissest Sie wissen	du liegest Sie können	est en
er sei	**sie habe**	**es höre**	**sie wisse**	**er könne**	**e**
wir seien	wir haben	wir hören	wir wissen	wir können	en
ihr seiet Sie seien	ihr habet Sie haben	ihr höret Sie hören	ihr wisset Sie wissen	ihr könnet Sie können	et en
sie seien	**sie haben**	**sie hören**	**sie wissen**	**sie können**	**en**
Infinitiv-Stamm + Konjunktiv-Endung					

Wenn die Konjunktiv-I-Form und die Indikativ-Form identisch sind (1. Person Singular, 1. und 3. Person Plural), verwendet man in der indirekten Rede häufig den Konjunktiv II.

GR Indirekte Rede

4.1.2.2 Konjunktiv I der Vergangenheit

Verben, die das Perfekt mit »sein« bilden

er sei
sie sei → gekommen / gegangen / gewesen
es sei

Konjunktiv I von *sein* + Partizip II

Verben, die das Perfekt mit »haben« bilden

er habe
sie habe → gehört / geantwortet / gehabt
es habe

Konjunktiv I von *haben* + Partizip II

4.1.3 Regeln

(1) Der **Konjunktiv I** wird heute fast nur noch in der **Schriftsprache** verwendet – vor allen Dingen in Zeitungen, wo fremde Meinungen wiedergegeben werden.

(2) In der **gesprochenen Sprache** verwendet man meistens die **Indikativform** oder den **Konjunktiv II** mit »würde«.
Sie: »Ich sitze täglich sechs Stunden am Computer.«
→ Sie sagt, sie **sitzt** täglich sechs Stunden am Computer.
→ Sie sagt, sie **würde** täglich sechs Stunden am Computer **sitzen**.

(3) Oft signalisiert der Konjunktiv II in der indirekten Rede, dass man sich **vom Inhalt der Rede distanziert**: Man glaubt nicht, was man wiedergibt, oder man hat eine andere Meinung. Verstärkt wird die Distanz durch das Verb »behaupten« und durch das Adverb »angeblich« (hier ist der Konjunktiv II nicht nötig).
Er: »Mein Computer ist noch nie abgestürzt.«
→ Er **behauptet**, dass sein Computer noch nie abgestürzt **wäre**.
→ **Angeblich** ist sein Computer noch nie abgestürzt.

(4) **Bitten** und **Aufforderungen** werden mit dem Modalverb »**sollen**« wiedergegeben.
Er: »Könnten Sie mir bitte helfen?«
→ Er sagt, dass ich ihm helfen **solle (soll)**.

4.2 Mehrteilige Textkonnektoren   ⇒ Kb, S. 58; 90

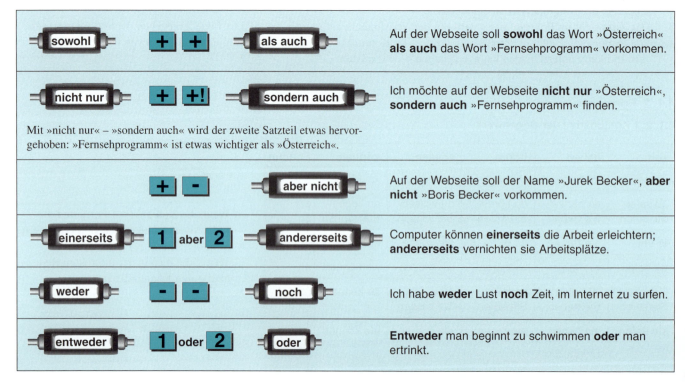

NOMINALISIERUNGEN GR

5.1 Nominalisierungen

⇒ Kb, S. 79

5.1.1 Nominalisierung von Verben

5.1.1.1 Aus den Infinitiven der Verben

Verb	Nomen
reisen	das Reisen
staunen	das Staunen
tanzen	das Tanzen

Alle Verben können Nomen aus dem Infinitiv bilden. Die Nomen sind Neutren.

5.1.1.2 Mit Hilfe von Suffixen

Verb	Nomen	Endung
verändern	die Veränder**ung**	-ung
freuen	die Freu**de** (!)	-e
versuchen	der Versuch	-Stamm
sich ereignen	das Ereig**nis**	-nis
reagieren	die Reak**tion**	-ion
tolerieren	die Toler**anz**	-anz
tendieren	die Tend**enz**	-enz

5.1.1.3 Aus Partizipien

Partizip	Nominalpartizip	Bedeutung
reisend	der/die Reisende	*eine Person, die reist*
studierend	der/die Studierende	*eine Person, die studiert*
interviewt	der/die Interviewte	*eine Person, die interviewt wird*
angestellt	der/die Angestellte	*eine Person, die bei einer Firma arbeitet (angestellt ist)*
illustriert	die Illustrierte	*Zeitschrift, die viele Bilder enthält*

1. Aus den Partizipien I und II lassen sich Nomen bilden. Die Nomen werden wie Adjektive dekliniert: die Reisende → mit **den** Reisend**en**.
2. Manche Nominalpartizipien haben eine spezielle Bedeutung, sie sind »lexikalisiert« (Angestellte, Illustrierte).

5.1.2 Nominalisierung von Adjektiven

5.1.2.1 Aus Stamm der Verben +-e

Adjektiv	Nomen
neu	das Neu**e**
unbekannt	das Unbekannt**e**
fremd	das Fremd**e**

Alle Adjektive können Nomen aus dem Stamm und der Endung -e bilden. Die Nomen sind Neutren. Sie werden wie Adjektive dekliniert.

5.1.2.2 Mit den Suffixen *-heit / -keit / -igkeit* (alle feminin)

-heit		-keit		-igkeit	
frei	Frei**heit**	freundlich	Freundlich**keit**	gerecht	Gerecht**igkeit**
klug	Klug**heit**	unabhängig	Unabhägig**keit**	lautlos	Lautlos**igkeit**
wahr	Wahr**heit**	aufmerksam	Aufmersam**keit**	boshaft	Boshaft**igkeit**
einsilbige (kurze) Adjektive werden mit **-heit** nominalisiert. Ebenso mit **-heit** werden manche Partizipien II nominalisiert: verlogen - Verlogenheit.		Komplexe Adjektive, die schon die Suffixe - **ig, -lich, -sam, -bar** haben, werden mit **-keit** nominalisiert.		Komplexe Adjektive mit den Suffixen **-los, -haft** werden mit **-igkeit** nominalisiert	

GR NOMINALISIERUNGEN

5.1.3 Nominalstil und Verbalstil ⇒ Kb, S. 79; 115; 170

Die Nominalisierung von Satzteilen und Sätzen ist charakteristisch für wissenschaftliche Texte, Zeitungsartikel, für die Sprache der Verwaltung und der Justiz.

5.1.3.1 Nominalisierung mit Genitivattribut

verbal	nominal
Die menschlichen Beziehungen **verarmen**. (1)	die **Verarmung** der menschlichen Beziehungen
Wir **verdrängen** unsere Gefühle. (2)	die **Verdrängung** unserer Gefühle
Der Mensch **wird** kurzfristig **wiederhergestellt**. (3)	die **kurzfristige Wiederherstellung** des Menschen
Verb im Aktiv oder Passiv	**Nominalverb + Genitivattribut**

(1) Das Verb »verarmen« wird nominalisiert: **verarmen → Verarmung**. Das Subjekt wird zum Genitivattribut des Nominalverbs: **die menschlichen Beziehungen → der menschlichen Beziehungen**.
(2) Das Verb »verdrängen« wird nominalisiert: **verdrängt → Verdrängung**. Das Akkusativobjekt wird zum Genitivattribut des Nominalverbs: **unsere Gefühle → unserer Gefühle.**
(3) Das Verb »wiederherstellen« wird nominalisiert: **wird wiederhergestellt → Wiederherstellung**. Das Adverb »kurzfristig« wird zum (Links-)Attribut des Nominalverbs: **kurzfristig → kurzfristige (!)**

5.1.3.2 Nominalisierung mit Präpositionalattribut

verbal	nominal
jemand **sehnt sich nach** dem Unbekannten	die **Sehnsucht nach** dem Unbekannten
jemand **flüchtet aus** dem Alltag	die **Flucht aus** dem Alltag
jemand **hat sich über** Veränderungen **gefreut**	die **Freude über** Veränderungen
Verb im Aktiv	**Nominalverb + Präpositionalattribut**

(1) Das Verb »sich sehnen nach« wird nominalisiert: **sehnt sich nach → Sehnsucht nach**. Das Reflexivpronomen fällt weg.
(2) Das Verb »flüchten« wird nominalisiert: **flüchtet aus → Flucht aus.**
(3) Das Verb »sich freuen über« wird nominalisiert: **hat sich über ... gefreut → Freude über.** Der nominale Satz muss mit einer Vergangenheitsform des Verbs fortgesetzt werden: Die Freude über Veränderungen **war /hat ...** Die nominalisierte Form ist immer tempusneutral. Der Kontext legt fest, welche Zeit verwendet werden muss.

5.1.3.3 Nominalisierung von Nebensätzen

verbal: Hauptsatz – Nebensatz	nominal: Hauptsatz
Wir reisen, **weil wir uns nach Neuem sehnen**.	Wir reisen **aus Sehnsucht nach Neuem**.
Um das Dokument zu erlangen, ist ein Studium nötig.	**Zur Erlangung des Dokuments** ist ein Studium nötig.
Nachdem ich aus dem Urlaub zurückgekehrt war, begann bald wieder der Stress.	**Nach meiner Rückkehr aus dem Urlaub**, begann bald wieder der Stress.
Konjunktion + Verb	**Präposition + Nominalverb**

KAUSALSÄTZE GR

5.1.3.4 Übersicht: Konjunktion → Nebensatz (verbal) – Präposition → Hauptsatz (nominal)

Typ	Konjunktion	Präposition
Grund (kausal)	weil, da, denn	wegen, aufgrund, aus
Folge (konsekutiv)	so dass	
Bedingung (konditional)	wenn, falls	bei, mit
Ziel (final)	damit, um ... zu	zu, zwecks
Einschränkung (konzessiv)	obwohl	trotz
Gegensatz (adversativ)	während, aber	entgegen
Art und Weise (modal, instrumental)	wobei, indem, dadurch, dass	mit, durch, unter
Gleichzeitigkeit	während	während
Vorzeitigkeit	nachdem, als	nach
Nachzeitigkeit	bevor, ehe	vor

5.2 Den Grund, die Ursache nennen ⇒ Kb, S. 84

Sachverhalt (Folge): *Warum? Aus welchem Grund? Weshalb?* → **Grund, Ursache, Motiv**

verbal: Hauptsatz – Nebensatz	nominal: Hauptsatz
Weil ihre Arbeit zunehmend technisiert ist, finden sie im Beruf keine Befriedigung mehr. *(1)*	**Infolge** der zunehmenden Technisierung ihrer Arbeit finden sie in ihrem Beruf keine Befriedigung mehr.
Da sich diese unerfüllbaren Wünsche ständig wiederholen, geraten wir in einen Kreislauf. *(2)*	**Aufgrund** dieser ständigen Wiederholung unerfüllbarer Wünsche geraten wir in einen Kreislauf.
Sie suchen ihr Glück in der Ferne, **denn** es gibt keine befriedigenden Lebensverhältnisse zu Hause. *(3)*	**Mangels** befriedigender Lebensverhältnisse zu Hause suchen sie ihr Glück in der Ferne.
Wir reisen, **weil** wir uns nach Unbekanntem sehnen. *(4)*	Wir reisen **aus** Sehnsucht nach dem Unbekannten.
kausale Konjunktion + Verb weil — da — denn	**kausale Präposition** + Nomen infolge — aufgrund — mangels — aus

(1) Das Verb im kausalen Nebensatz wird nominalisiert: zunehmend technisiert ist → zunehmenden Technisierung. Das **Subjekt** des weil-Satzes **wird** zum **Genitivattribut** des Nominalverbs: ihre Arbeit → ihrer Arbeit.

(2) Das Verb im kausalen Nebensatz wird nominalisiert: ständig wiederholen → ständigen Wiederholung. Das Subjekt des da-Satzes wird zum Genitivattribut des Nominalverbs: diese unerfüllbaren Wünsche → dieser ständigen Wiederholung unerfüllbarer Wünsche.

(3) Der **negative kausale Ausdruck** »*denn es gibt keine ...*« wird mit Hilfe der Präposition **mangels** nominalisiert.

(4) Die kausale Präposition **aus** gibt den Grund für eine **Absicht** oder für einen **Plan** an. Die Präposition **vor** kann auch eine kausale Bedeutung haben: mit **vor** wird der Grund für einen **nicht kontrollierbaren Vorgang** ausgedrückt: *vor Angst zittern, vor Müdigkeit einschlafen.*

Übersicht

Konjunktionen	Präpositionen	Adverbien
weil, da denn (koord.)	wegen, aufgrund, infolge mangels, aus, vor	nämlich dank

GR Konzessivsätze

6 Einschränkungen und Einwände nennen ⇒ Kb, S. 97; 139

6.1 Hauptsatz – Nebensatz: Konzessivsätze mit »obwohl« und »auch wenn«

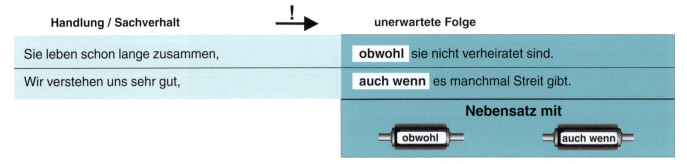

Handlung / Sachverhalt	unerwartete Folge
Sie leben schon lange zusammen,	**obwohl** sie nicht verheiratet sind.
Wir verstehen uns sehr gut,	**auch wenn** es manchmal Streit gibt.

Nebensatz mit **obwohl** / **auch wenn**

6.2 Hauptsatz – Hauptsatz: Konzessivsätze mit »trotzdem« und »aber«

Mein Chef ist sehr sympathisch.	**Trotzdem** gibt es häufig Schwierigkeiten.
Frauen erzeugen **zwar** 80 Prozent der Weltnahrungsmittel,	**aber** besitzen nur ein Prozent des Weltvermögens.

zwar — aber — trotzdem

»trotzdem« nimmt die Position 1 ein; »aber« die Nullposition. »aber« und »trotzdem« können auch im Mittelfeld stehen:
... *Es gibt **trotzdem** Schwierigkeiten. ..., besitzen **aber** nur ein Prozent des Weltvermögens.*

6.3 Nominale Konzessivsätze mit »trotz«

Obwohl unbezahlte Frauenarbeit ständig zunimmt, erscheint sie nicht in den Statistiken.	**Trotz** ständiger Zunahme unbezahlter Frauenarbeit erscheint sie nicht in den Statistiken.
Obwohl Frauen und Männer gesetzlich gleichgestellt sind, werden Frauen in der Berufswelt benachteiligt.	**Trotz** gesetzlicher Gleichstellung von Frauen und Männern werden Frauen in der Berufswelt benachteiligt.
Nebensatz mit **obwohl**	**trotz** $_{+\ Genitiv}$ + Nominalverb (+ Genitivattribut)

1. Das Verb im Nebensatz wird nominalisiert: obwohl ... zunimmt → **trotz Zunahme**; obwohl ... gleichgestellt sind → **trotz Gleichstellung**.
2. Das Subjekt des Nebensatzes wird zum Genitivattribut des Nominalverbs: unbezahlte Frauenarbeit → unbezahlte**r** Frauenarbeit; Frauen und Männer → **von Frauen und Männern** (= Genitivattribut)
3. Das Adverb des Nebensatzes wird zum Attribut: nimmt ständig zu → **ständiger** Zunahme; gesetzlich gleichgestellt sind → **gesetzlicher** Gleichstellung

6.4 Konzessive Adverbien

allerdings, gleichwohl, freilich	*eine positive oder negative Einschränkung folgt*	Er hilft ab und zu im Haushalt, **allerdings** muss man es ihm dreimal sagen.
immerhin	*eine positive Einschränkung folgt*	Dieses Essen ist dir total misslungen; (aber) **immerhin** hast du dir Mühe gegeben.
dabei, dennoch, trotzdem	*das Gegenteil von dem, was erwartet werden kann, folgt*	Der Kurs ist ziemlich gut. **Dabei** ist er gar nicht teuer.

Übersicht

Konjunktionen	Präpositionen	Adverbien
obwohl, obgleich, auch wenn	trotz (+ *Genitiv*), ungeachtet (+ *Genitiv*)	trotzdem, dennoch, immerhin, allerdings, freilich

Attribute mit Partizipien GR

7.1 Partizipien als Attribute

⇒ Kb, S. 110, 119

7.1.1 Partizip-I-Attribut

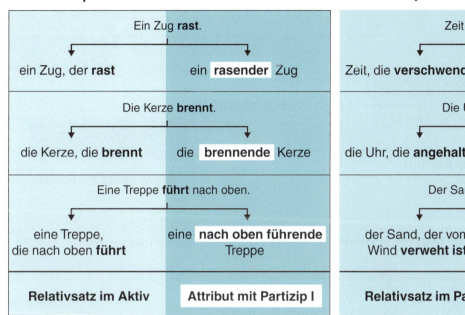

7.1.2 Partizip-II-Attribut

Das Partizip-Attribut wird wie ein Adjektiv-Attribut dekliniert: *ein rasend**er** Zug; vor einer brennend**en** Kerze.*
*Vergleiche: ein schnell**er** Zug; vor einer rot**en** Kerze*

7.1.3 Bedeutung des Partizip-I-Attributs

Beide Handlungen (wecken, dösen) finden **zur gleichen Zeit** statt. Vergleichen Sie: **Präteritum:** *Das Geräusch weckte den dösenden Fischer → Das Geräusch weckte den Fischer. Der Fischer döste im Boot.*
Das Partizip I hat eine **aktive Bedeutung**.

7.1.4 Bedeutung des Partizip-II-Attributs

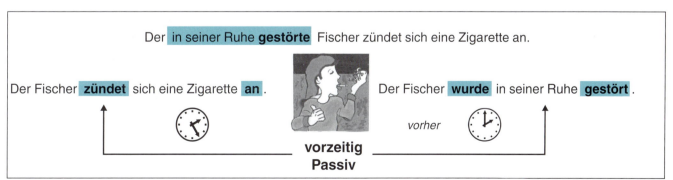

In der Regel findet die Handlung des Partizip-II-Attributs (stören) **vor** der anderen Handlung (anzünden) statt.
Das Partizip II hat eine **passive Bedeutung.**

GR WENN & ALS

7.1.5 Partizip-Attribute und Relativsatz

Die einen klagen über ihr mit Terminen und Verpflichtungen gefülltes Leben in der Großstadt.

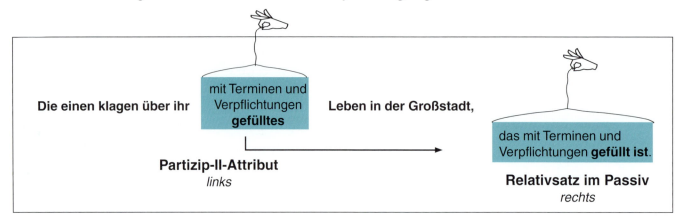

Die anderen schimpfen über die in ihrem Dorf herrschende Langeweile und Leere.

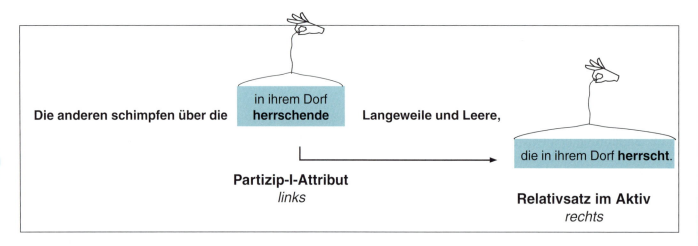

7.2 »wenn« und »als« in der Vergangenheit   ⇒ Kb, S. 110

Die ersten Erfahrungen, **als** ich ...	Die Erfahrungen kehrten immer wieder, **wenn** ich ...
Als ich im Juni 1995 das erste Mal nach Südamerika **kam**, konnte ich mich überhaupt nicht an das Lebenstempo gewöhnen.	(Immer) **wenn** ich nach Südamerika **kam**, musste ich mich auf ein anderes Lebenstempo einstellen.
Als ich zu einer Party ging, war ich der Einzige, der pünktlich kam.	(Jedesmal) **wenn** ich mich **verabredete**, musste ich mich zwingen, unpünktlich zu kommen.
Die Gastgeberin lachte, **als** ich **fragte**, wo denn die anderen Gäste seien.	Aber (immer) **wenn** ich unpünktlich zu einer Verabredung **kam**, war mein Partner noch unpünktlicher.
einmaliges Ereignis in der Vergangenheit **als**	sich wiederholendes Ereignis in Vergangenheit **wenn**

FINALSÄTZE **GR**

8 1. Ziele und Zwecke nennen ⇒ Kb, S. 130

8.1.1 Hauptsatz – Nebensatz: Finalsätze mit »um ... zu«, »damit«

Wozu? Zu welchem Zweck? Warum? ⟶ Ziel / Zweck

Professionelle Lügner müssen jahrelang trainieren,	**um** mit dem ganzen Körper lügen **zu können**.
In Deutschland verwendet man keinen Lügendetektor,	**um** die Wahrheit in einem Prozess heraus **zu** finden.
Sie trägt eine Sonnenbrille,	**damit** man ihre Augen nicht sieht.

Nebensatz mit **damit** / **um** ... **zu** — *nur bei gleichem Subjekt!*

1. »um ... zu« ist nur möglich, wenn das Subjekt des Hauptsatzes und des Ziel-Satzes gleich sind.
2. Im dritten Beispiel gibt es unterschiedliche Subjekte: sie ≠ man: → *um ... zu* **nicht möglich!**

8.1.2 Nominaler Finalsatz mit »zu + $_{Dativ}$«

Am meisten wird gelogen, **um** unangenehme Konsequenzen **zu** vermeiden.	Am meisten wird **zur Vermeidung unangenehmer Konsequenzen** gelogen.
Oft lügt man, **um** andere Personen **zu** schützen.	Oft lügt man **zum Schutz anderer Personen**.
Decoder: ein Gerät, **um** digitale Fernsehprogramme **zu** empfangen.	Decoder: ein Gerät **zum Empfang digitaler Fernsehprogramme**.
Nebensatz mit um ... zu (oder damit)	zu + $_{Dativ}$ + Nominalverb + Genitivattribut

1. Das Verb im finalen Nebensatz wird nominalisiert: um ... zu vermeiden → **zur Vermeidung**; um ... zu schützen → **zum Schutz**; um zu empfangen → **zum Empfang**.
2. Das Akkusativobjekt des Nebensatzes wird zum Genitivattribut des Nominalverbs:
unangenehm**e** Konsequenzen → unangenehm**er** Konsequenzen; ander**e** Personen → ander**er** Personen; digital**e** Fernsehprogramme → digital**er** Fernsehprogramme.

8.1.3 Verben mit der Präposition »zu«

Verben, die »zu« als feste Präposition haben, geben meistens auch ein Ziel an.

beitragen zu	einladen zu
dienen zu	passen zu
sich entschließen zu	raten zu
auffordern zu	überreden zu
führen zu	verpflichten zu
gelangen zu	verurteilen zu
gratulieren zu	zwingen zu

Übersicht

Konjunktionen	Präpositionen
um ... zu, damit	zu + $_{Dativ}$, zwecks + $_{Genitiv}$

105

GR Es

es
⇒ Kb, S. 136

1 — Pronomen Neutrum

»Es« ist ein Pronomen für ein Nomen im Neutrum.

*Ich trinke niemals Bier. Ich mag **es** nicht.*

2 — Hinweis auf Subjekt

»Es« ist ein Pronomen für alle Nomen bei dem Verb »sein«.

*Ich kenne deine Lügen. **Es sind** immer die gleichen.*
*Das Telefon klingelt. Ich glaube, **es ist** Christina.*

3 — Bezug auf Satz(teil)

»Es« bezieht sich auf einen vorangegangenen Satz / Satzteil.

*Ich sagte: »Ich habe keine Lust.« **Es** war die schlichte Wahrheit.*
*Manchmal lüge ich meinen Chef an, aber ich tue **es** nicht gern.*

S | O

4 — formales Subjekt

»Es« ist ein formales Subjekt »unpersönlicher« Verben und Ausdrücke. Zum Beispiel:

Natur	**Zeit**	**Sinne**
es regnet	**es** ist Mittag	**es** blendet
es schneit	es ist noch früh	es knallt
es blitzt	es ist schon lange her	es schmeckt süß
es ist kalt	es sind bald Ferien	es riecht nach Meer
...	...	es juckt ...

andere Ausdrücke: **es** geht mir gut; **es** handelt sich um ...; **es** ist mir alles egal ...

5 — Platzhalter

»Es« ist ein Platzhalter im Vorfeld des Satzes.

a) Aktiv

Es ist alles richtig.
Es fallen viele Leute auf diesen Trick herein.

b) Passiv

Es wird nirgendwo so viel gelogen wie in der Politik.
Es wurde auf der Party leider zu viel geredet.

»Es« fällt weg, wenn an die erste Stelle ein anderes Satzglied kommt:

Alles ist richtig.
Viele Leute fallen auf diesen Trick herein.

Nirgendwo wird so viel gelogen wie in der Politik.
Leider wurde auf der Party zu viel geredet.

6 — Signal für Nebensatz

»Es« ist ein Signal für einen noch folgenden Satz (Subjekt oder Objekt).

***Es** kann sein, dass ich zu spät komme.*
*Ich kann **(es)** mir nicht vorstellen, dass diesen Spruch jemand ernst nimmt.*

S | O

Gibt die Position von »es« im Satz an. | S | O | S = Position von »es« als Subjekt; O = Position von »es« als Objekt.

ZEITSÄTZE **GR**

9 Zeitliche Folgen ausdrücken
⇒ Kb, S. 150, 153

9.1 Vom Früheren zum Späteren

bevor / vor: Es folgt ein Ereignis, das <u>zeitlich nach</u> einem anderen Ereignis lag.

verbal	**Bevor** Nazi-Deutschland militärisch zusammenbrach,	starben über 6 Millionen Juden.	**F**
	Sie entdeckte das Foto, **noch bevor** die Ausstellung eröffnet wurde.		**r**
			ü
nominal	**Vor** dem militärischen Zusammenbruch Nazi-Deutschlands	starben über 6 Millionen Juden.	**h**
	Sie entdeckte das Foto **noch vor** Eröffnung der Ausstellung.		**e**
			r
	bevor / vor : Das geschah **später**.	Das geschah **früher (davor)**.	

Die **Tempusformen** können in Haupt- und Nebensätzen **gleich oder unterschiedlich** sein.

1. Der Sachverhalt des Hauptsatzes »*6 Millionen Juden starben*« passierte **zeitlich vor** der Handlung im Nebensatz »*Nazi-Deutschland brach militärisch zusammen*«.
2. Sie können den Satz auch so lesen: *Die Ausstellung wurde eröffnet, aber schon vorher entdeckte sie das Foto.*

nachdem / nach: Es folgt ein Ereignis, das <u>zeitlich vor</u> einem anderen Ereignis lag.

verbal	**Nachdem** der Krieg beendet war,	entstand die Legende von der »sauberen Wehrmacht«.	**S**
	Nachdem sie lange überlegt hatte,	ging sie an die Öffentlichkeit.	**p**
			ä
nominal	**Nach** dem Ende des Krieges	entstand die Legende von der »sauberen Wehrmacht«.	**t**
	Nach langer Überlegung	ging sie an die Öffentlichkeit.	**e**
			r
	nachdem / nach : Das geschah **vorher**.	Das geschieht **später (danach)**.	

Tempusformen in »nachdem-Sätzen«: Nebensatz: Plusquamperfekt – Hauptsatz: Präteritum

1. Der Sachverhalt des Hauptsatzes »*die Legende von der sauberen Wehrmacht entstand*« geschah **zeitlich nach** der Handlung des Nebensatzes »*der Krieg war beendet*« (abgeschlossene Handlung in der Vergangenheit → Plusquamperfekt).
2. Sie können den Satz auch so lesen: *Zuerst hatte sie lange überlegt und danach* (als ihre Überlegungen abgeschlossen waren) *ging sie an die Öffentlichkeit.*

als, während, bei: Beide Ereignisse finden <u>zeitlich parallel</u> statt.

verbal	**Als** sie das Foto entdeckte,	überlief es sie eiskalt.	**Z**
	Während ihr Vater auf Heimaturlaub kam,	war er immer sehr liebevoll.	**u**
			g
nominal	**Bei / während** der Entdeckung des Fotos	überlief es sie eiskalt.	**l**
	Während des Heimaturlaubs	war ihr Vater sehr liebevoll.	**e**
			i
	als / bei / während : Beide Handlungen geschahen gleichzeitig.		**c**
			h

»als« steht meistens in Präteritumsätzen, in der gesprochenen Sprache auch in Perfektsätzen. (Vgl GR 7.2, Tb, S. 104.)

1. Die Handlung des Hauptsatzes »*es überlief sie eiskalt*« läuft gleichzeitig zur Handlung des Nebensatzes »*sie entdeckte das Foto*«.
2. Sie können den Satz auch so lesen: *Ihr Vater kam auf Heimaturlaub. Dabei (währenddessen) war er sehr liebevoll.*

GR ZEITSÄTZE

9.2 Vom Anfang zum Ende

seitdem / seit: **Es folgt ein Ereignis, das den Anfang eines anderen Ereignisses zur Folge hat.**

verbal	**Seit(dem)** die Ausstellung eröffnet worden ist, wird über die Wehrmacht heftig diskutiert.	A n f a n g
nominal	**Seit** Eröffnung der Ausstellung wird heftig über die Wehrmacht diskutiert.	
	seit(dem) / seit : Das ist der **Anfang** *dieser Handlung / dieses Sachverhalts.*	

1. Das Ereignis im Hauptsatz »*über die Wehrmacht wird heftig diskutiert*« hat mit dem Ereignis des Nebensatzes »*die Ausstellung ist eröffnet worden*« **begonnen.** Es wird auch noch in der Gegenwart über die Wehrmacht diskutiert.
2. Die **Tempusformen** können in Haupt- und Nebensätzen **gleich oder unterschiedlich** sein.

bis (dass) / bis: **Es folgt ein Ereignis, das das Ende eines anderen Ereignisses zur Folge hat.**

verbal	Sie beschäftigte sich wenig mit der Vergangenheit, **bis (dass)** das Foto veröffentlicht wurde.	E n d e
nominal	**Bis zur** Veröffentlichung des Fotos beschäftigte sie sich wenig mit der Vergangenheit.	
	bis (dass) / bis : Das ist das **Ende** *dieser Handlung / dieses Sachverhalts.*	

1. Die Handlung des Hauptsatzes »*sie beschäftigte sich wenig mit der Vergangenheit*« ist mit dem Ereignis des Nebensatzes »*das Foto wurde veröffentlicht*« **zu Ende.**
2. Die **Tempusformen** können in Haupt- und Nebensätzen **gleich oder unterschiedlich** sein.

Übersicht

	Konjunktionen	Präpositionen	Adverbien und andere Ausdrücke
Früher	bevor, ehe	vor (+ Dativ)	vorher, zuvor, davor
Später	nachdem, als,	nach (+ Dativ)	danach, dann, hinterher, später
Gleichzeitig	als, während, kaum	bei (+ Dativ), während (+ Genitiv)	gleichzeitig, währenddessen, in diesem Augenblick
Anfang	seit(dem), sobald	seit (+ Dativ)	von diesem Zeitpunkt an
Ende	bis (dass)	bis zu (+ Dativ)	

FOLGESÄTZE **GR**

10 Die Folge nennen
⇒ Kb, S. 165

Sachverhalt (Grund): *Was folgt daraus? Wozu führt das?* ⟶ **Folge, Konsequenz, Schlussfolgerung**

Hier fällt es den Menschen schwer, Gefühle zu zeigen,	**sodass** bei Beerdigungen nur still getrauert wird.
Friedhöfe erschienen ihr **so** unheimlich,	**dass** sie nie einen betrat.
Hier fällt es den Menschen schwer, Gefühle zu zeigen.	**Deshalb** wird bei Beerdigungen nur still getrauert.
Er schrieb sein Testament mit dem Computer.	**Aus diesem Grund** wurde es vor Gericht nicht anerkannt.
Alle Menschen sind sterblich. Herr Schmidt ist ein Mensch.	**Also** ist Herr Schmidt sterblich.
Grund ⟶	**Folge**

1. Die Konjunktion »sodass« leitet eine Folge des im Hauptsatz genannten Sachverhalts ein. (Hauptsatz – Nebensatz)
2. Das Korrelat »so ..., dass« signalisiert eine Folge, die im Nebensatz genannt wird. Im Unterschied zum ersten Beispiel wird hier nur die Folge genannt, die eintritt, wenn in einer bestimmten Art und Weise gehandelt wird oder wenn etwas eine bestimmte Eigenschaft hat: *Wie erschienen ihr die Friedhöfe? - So unheimlich, dass sie nie einen betrat.* Besonders häufig finden Sie das Korrelat »so ..., dass« in Verbindung mit Adjektiven: *so schön, dass; so laut, dass ...* (Hauptsatz – Nebensatz)
3. Die Folge wird eingeleitet durch das Adverb »deshalb«. (Hauptsatz – Hauptsatz)
4. Der Ausdruck »aus diesem Grund« bezieht sich auf einen direkt vorher genannten Grund und leitet einen Hauptsatz ein, der eine Folge enthält.
5. Das Adverb »also« leitet eine (logische) Schlussfolgerung ein. »Also« wird auch für längere Argumentationen verwendet, die mit einer Folgerung abschließen.

Übersicht

Konjunktionen	Adverbien	andere Ausdrücke
sodass (so ... , dass)	daher, darum, deshalb, deswegen, demzufolge, folglich, infolgedessen, also somit, demnach	das hat zur Folge, dass; daraus folgt, dass; das führt dazu, dass; die Folge ist, dass; aus diesem Grund

GR KONDITIONALSÄTZE

11.1 Konjunktiv II: Formen ⇒ Kb, S. 174

11.1.1 Konjunktiv II der Gegenwart

Konjunktiv II mit »würde«			Konjunktiv II vom Präteritum				
alle Verben			*regelmäßig*	*unregelmäßig*			
sagen			machen	kommen	sein	hätten	Endung
ich	würde	sagen	machte	käme	wäre	hätte	**e**
du	würdest	sagen	machtest	kämest	wärest	hättest	**est**
Sie	würden	sagen	machten	kämen	wären	hätten	**en**
er sie es	würde	sagen	machte	käme	wäre	hätte	**e**
wir	würden	sagen	machten	kämen	wären	hätten	**en**
ihr	würdet	sagen	machtet	kämet	wäret	hättet	**et**
Sie	würden	sagen	machten	kämen	wären	hätten	**en**
sie	würden	sagen	machten	kämen	wären	hätten	**en**
»würde« + Infinitiv			Präteritum ohne und mit Umlaut + Konjunktiv-II-				Endung

Der Konjunktiv II vom Präteritum wird in der Alltagssprache nur von Verben gebildet, die häufig vorkommen: kommen → käme; nehmen → nähme; gehen → ginge; wissen → wüsste. Üblich ist in allen anderen Fällen der Konjuntiv II mit »würde«. In literarischen Texten finden Sie den Konjunktiv II vom Präteritum öfter.

11.1.2 Konjunktiv II der Vergangenheit

Konjunktiv II vom Plusquamperfekt *(3. Person Singular)*		
er sie es **wäre** gekommen gewesen geblieben		er sie es **hätte** gemacht verloren gedacht
Konjunktiv II von »sein« + Partizip II		Konjunktiv II von »haben« + Partizip II

11.2 Bedingungen nennen ⇒ Kb, S. 174, 176

Wann? In welchem Fall? Unter welcher Bedingung? ⟶ *Folge*

11.2.1 Konditionalsätze mit und ohne Konjunktion

mit *wenn / falls*   ohne Konjunktion

Wenn man jemanden besuchen will, sollte man sich vorher ankündigen.	**Will** man jemanden besuchen, sollte man sich vorher ankündigen.
Falls der Gastgeber gähnt, heißt es Abschied nehmen.	**Gähnt** der Gastgeber, heißt es Abschied nehmen.
Konditionalsatz mit wenn falls	Verb am Anfang: Konditionalsatz ohne

Bei Konditionalsätzen ohne Konjunktion rückt das Verb an den Satzanfang. Diese »Spitzenstellung« des Verbs ist sonst nur noch bei Imperativen (Komm her!) und Satzfragen (Kommst du heute?) möglich.

110

KONDITIONALSÄTZE GR

11.2 nominale Konditionalsätze

Wenn man über Krankheiten berichtet, sollte man daran denken, dass ...	**Bei** Berichten über Krankheiten sollte man daran denken, dass ...
Wenn man geduldig zuhört und gelegentlich fragt, ist man oft der beste Gesprächspartner.	**Mit** geduldigem Zuhören und gelegentlichen Fragen ist man oft der beste Gesprächspartner.
Falls man jemanden unangemeldet besucht, sollte man genau auf die Reaktionen des Gastgebers achten.	**Im** Falle eines unangemeldeten Besuchs sollte man auf die Reaktionen des Gastgebers achten.
konditionale Konjunktion + Verb	**konditionale Präposition + Nomen** bei / mit / im Falle

bei + **Dativ**; *mit* + **Dativ**; *im Falle* + **Genitiv**

1. Das Verb im konditionalen Nebensatz wird nominalisiert: berichtet→ Berichten. Nach *bei* folgt der Dativ.
2. Die Verben im konditionalen Nebensatz werden nominalisiert: zuhört → Zuhören; fragt → Fragen. Die Adverbien werden zu Attributen der Nominalverben: **geduldig** zuhört → **geduldigem** Zuhören, **gelegentlich** fragt → **gelegentlichen** Fragen. Nach *mit* folgt der Dativ.
3. Das Verb im konditionalen Nebensatz wird nominalisiert: besucht → Besuchs. Das Adverb wird zum Attribut des Nominalvebs: **unangemeldet** besucht → **unangemeldeten** Besuchs. Nach *im Falle* folgt der Genitiv.

11.3 irreale Konditionalsätze

Wenn uns jemand das Beste geben **würde**, **wären** wir verunsichert und **fühlten** uns schlecht.	*Bedingung möglich:* **Konjunktiv II der Gegenwart**
Wenn wir das vorher **gewusst hätten**, **hätten** wir Sie viel früher **eingeladen**.	*Bedingung irreal:* **Konjunktiv II der Vergangenheit**

1. Die Bedingung *(»wenn uns jemand das Beste geben würde«)* ist möglich, ebenso die Folge.
2. Die Bedingung *(»wenn wir das vorher gewusst hätten«)* ist irreal. Der Satz bedeutet: »Wir haben das vorher **nicht** gewusst. Deswegen haben wir Sie **nicht** viel früher eingeladen.« Der Konjunktiv II der Vergangenheit signalisiert immer Nicht-Wirklichkeit.

Auch der Konjunktiv der Gegenwart kann Bedingungssätzen eine irreale Bedeutung geben: *Wenn ich du wäre, würde ich ...*

Übersicht

Konjunktionen	Präpositionen	Adverbien und andere Ausdrücke
wenn, falls	bei, mit, im Falle	unter der Bedingung, dass; vorausgesetzt, (dass); angenommen, (dass); sonst, andernfalls (= wenn nicht).

GR Bestimmter & unbestimmter Artikel

12 Bestimmter und unbestimmter Artikel ⇒ Kb, S. 188

1 Formen

bestimmt (Nominativ)

Singular	Plural
der Mann	die Männer
die Frau	die Frauen

unbestimmt (Nominativ)

Singular	Plural
ein Mann	Ø Männer (Nullartikel)
eine Frau	Ø Frauen (Nullartikel)

2 Bestimmter und unbestimmter Artikel im Text

Jedes Mitglied von MOMO hat **ein** Zeitkonto. Auf **dem** Zeitkonto werden alle Arbeiten eingetragen. Wenn z.B. jemand ein Fahrrad repariert, wird die Arbeitszeit auf **dem** Konto gutgeschrieben. Jedes Mitglied von MOMO erhält außerdem **ein** Scheckheft. **Die** ausgefüllten Schecks werden bei MOMO abgegeben, sodass sowohl **das** Guthaben als auch **die** Schulden auf **den** Konten verbucht werden können.

Unbestimmter Artikel: neue Information
Bestimmter Artikel: Bezug auf Bekanntes

Eine **neue Information** wird genannt: Man verwendet den **unbestimmten** Artikel: *ein Zeitkonto*. Danach ist die Information **bekannt**. Es werden alle Nomen (oder Synonyme und Unterbegriffe) mit dem **bestimmten** Artikel verwendet: *dem Zeitkonto, dem Konto, das Guthaben (auf dem Zeitkonto), die Schulden (auf dem Zeitkonto).*
Das gleiche gilt für: **ein** Scheckheft – **die** ausgefüllten Schecks

3 Bestimmter Artikel

Geografische Namen	**die** Alpen, **die** Donau, **die** Nordsee, **der** Montblanc
Straßennamen	**die** Schillerstraße, **der** Domplatz
Zeitangaben	**der** Morgen, **der** 5. März, **am** (an dem) Dienstag, **der** März, **im** 21. Jahrhundert, **der** Winter
Historische Ereignisse	**der** 2. Weltkrieg, **die** Französische Revolution, in **der** Antike
Einmalige Dinge	**die** Sonne, **der** Mond, **der** Himmel, **das** Paradies, **die** Welt

4 Ohne Artikel

Personennamen	Christina, Herr Störmer, Albert Einstein
Sprichwörter	Reden ist Silber, Schweigen ist Gold. Ende gut, alles gut.
Schlagzeilen	Kirchen warnen vor Ellbogengesellschaft; Unternehmerverbände warnen Regierung
nachgestellte Zahl	Textbuch, Seite 39. Der Zug fährt auf Gleis 5 ein. Paketabgabe nur an Schalter 4.

5 Wechselnder Gebrauch bei Stoffen und abstrakten Begriffen

Nullartikel	bestimmter Artikel	unbestimmter Artikel
Ø Kaffee enthält Ø Koffein.	**Der** Kaffee stammt aus Brasilien.	Das ist **ein** sehr milder Kaffee.
Ø Wein schmeckt besser als Ø Bier.	**Der** Wein aus Frankreich ist teuer.	Haben Sie **einen** trockenen Wein?
Sie brauchen Ø Geduld für diese Aufgabe.	**Die** Geduld meines Vaters war zu Ende.	Sie hatte **eine** bewundernswerte Geduld.
Ø Freiheit ist nur ein Wort.	Die Freiheit **der** Presse ist garantiert.	**Eine** Freiheit, die jederzeit wieder aufgehoben werden kann, ist keine.
nicht zählbar, allgemein, nicht bestimmt	**bestimmt, identifizierbar**	**besondere Eigenschaften (oft mit Adjektiven und Relativsätzen)**

SoS: Sprech- oder Schreibhilfen

SoS ERFAHRUNGEN, ERINNERUNGEN, RATSCHLÄGE

1.1 Über Erinnerungen sprechen

Ich **erinnere mich** noch gut **an** ...
Ich kann mich noch gut **daran erinnern, dass** ...
Ich **vergesse nie**, wie ...
Es **ist mir** noch gut **in Erinnerung**, dass ...
Wenn mich meine Erinnerung nicht täuscht, ...
Ich **denke** noch oft **an die Zeit**, als ...

Leider habe ich **vergessen**, ...
Da **versagt** meine Erinnerung.
... ist in **Vergessenheit geraten**.
Mir ist entfallen, ...

In meiner Kindheit / Jugend ...
Als ich noch zur Schule ging, ...
Früher ...
In den 70-er/ 80-er Jahren ....
Vor gar nicht langer Zeit ...
Es ist schon lange her, dass ... / als ...

1.2 Über Erfahrungen sprechen, Erfahrungen austauschen

Welche Erfahrungen hast du mit ... gemacht?
Wie sehen deine Erfahrung mit .... aus?
Erzähl mir doch mal etwas über deine Erfahrungen mit ...!

Ich **habe die Erfahrung gemacht**, dass ...
Meiner Erfahrung nach ...
Was ... angeht, habe ich folgende Erfahrung gemacht:
Gute / schlechte Erfahrungen habe ich mit ... gemacht.
Ich weiss **aus eigener Erfahrung**, dass ...
Die **Erfahrung hat gezeigt**, dass ...
Erfahrungsgemäß ...
Aller Erfahrung nach ....

1.3 Ratschläge und Empfehlungen geben

1.3.1 Freundschaftliche und persönliche Ratschläge

Hast du 'ne Ahnung, wie man ...?
Hast du 'ne Idee, wie man ...?
Hast du 'n Tip, wie man ...?
Kannst du mir verraten, wie ... ?

Wie wäre es, wenn du regelmäßig die Vokabeln wiederholst?
Was hältst du davon, neue Wörter auf Karteikarten **zu** schreiben?
Ich gebe dir den Tipp, täglich 10 Minuten laut **zu** lesen.
Wenn ich du wäre, würde ich alles Unbekannte erst einmal ignorieren.
Ich an deiner Stelle würde erst einmal alles Unbekannte ignorieren.

1.3.2 Formelle Ratschläge

Welche Ratschläge können Sie mir geben?
Was raten Sie mir?
Was sollte ich tun, damit ...?
Ich hätte gern ihren Rat: ...

vorsichtig	neutral	dringend
Möglicherweise könnten Sie ...	Ich rate Ihnen, ... zu	Ich empfehle / rate Ihnen **dringend**, ...
Vielleicht wäre es Ihnen möglich, ...	Ich empfehle Ihnen, ... zu ...	Sie müssten ...
Ich möchte anregen, ...	Ich gebe Ihnen den Rat, ...	Sie sollten ...
Ich möchte Ihnen den Rat geben, ...	Es wäre sinnvoll, wenn ... / dass ...	Ich lege Ihnen nahe, ...
	... ist empfehlenswert.	Ich gebe Ihnen den Ratschlag, ...

Beispiele

Vielleicht **wäre es Ihnen möglich**, die Wortlisten nach Oberbegriffen **zu ordnen**.	Ich **empfehle Ihnen,** die Wortlisten nach Oberbegriffen zu ordnen.	Ich **rate Ihnen dringend**, die Wortlisten nach Oberbegriffen **zu ordnen**.

1. Verben und Verbindungen von Verben und Nomen werden meistens mit einem Infinitivsatz mit »zu« verwendet. Sie können auch einen Nebensatz mit »dass« anschließen. Stilistisch ist der Infinitivsatz eleganter.
2. Vorsichtige Ratschläge werden mit »könnten« und »ich möchte«, bestimmte Ratschläge mit »sollte« und »müsste« formuliert.

IRRTÜMER / VERMUTUNGEN SoS

2.1 Irrtümer eingestehen und korrigieren

Scheinbar ... *Scheinbar hatte sie ihr Versprechen nicht gehalten.*	**Aber dann begriff ich, dass ...** *Aber dann begriff ich, dass sie nicht unhöflich sein wollte.*
Ich hatte den Eindruck, dass ... *Ich hatte den Eindruck, dass die Frau verrückt war.*	**Später wurde mir klar, dass ...** *Später wurde mir klar, dass ich ihre religiösen Gefühle verletzt hatte.*
Es sah so aus, als ob ... *(+ Konjunktiv II)* *Es sah so aus, als ob die Gäste sich nichts zu sagen hätten.*	**Nach einiger Zeit wurde mir bewusst,** *Nach einiger Zeit wurde mir bewusst, dass für Inder Schweigen auch eine Tätigkeit ist.*
Es schien so, als ob ... *(+ Konjunktiv II)* *Es schien so, als ob man sich auf Japaner nicht verlassen könnte.*	**Später begann ich zu verstehen, dass ...** *Später begann ich zu verstehen, dass das ein ungerechtes Urteil war.*
Es kam mir vor, als ob ... *(+ Konjunktiv II)* *Es kam mir vor, als ob meine Chefin mich anlügen würde.*	**In Wirklichkeit aber ...** *In Wirklichkeit aber wollte sie höflich und hilfsbereit sein.*

2.2 Vermutungen äußern, Hypothesen aufstellen

Was ist das?

Ich vermute, dass ...
Ich vermute, dass das ein Klavier ist.

Ich glaube, dass ...

Ich nehme an, dass ...

Ich könnte mir vorstellen, dass ...

Ich gehe davon aus, dass ...

Ich glaube, dass ...

Vielleicht ...
Möglicherweise ...
Möglicherweise ist das ein Teil der Wirbelsäule.

Vermutlich ...

Eventuell ...

... wird wohl ... sein (Futur I)
Die werden wohl aus einem Weinfass getrunken haben.

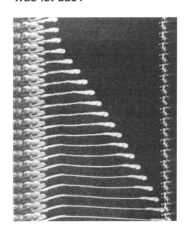

Dutzende Vögel flugunfähig
Untersuchung ergab Alkohol im Blut

Sehr oft werden **Modalverben** benutzt, um Vermutungen ausdrücken. Welche Modalverben Sie wählen, entscheidet, wie sicher Sie in Ihren Vermutungen sind.

0 % keine Ahnung

mag
könnte (vielleicht)
kann
wird (wohl)
dürfte
müsste
muss

100 % absolut sicher

SoS Fragen stellen

3 Fragen stellen

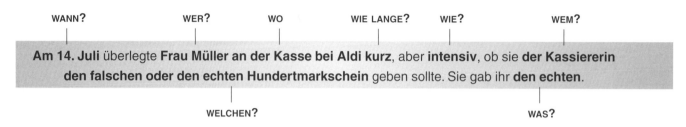

3.1 »W-Fragen«

Wer ist für die englischen Wörter in der Sprache verantwortlich?
Was heißt denn »Hotline« auf Deutsch?
Welches Wort soll ich nehmen, das deutsche oder das englische?
Was für Sprachen sprichst du? Was für eine
Ich mache im Juli Ferien, und **wann** fährst du weg?
Wie lange bleibst du noch hier?
Wo bist du eigentlich geboren?
Wie wirkt diese Stimme auf dich?
Wie viel hast du für das Mountainbike bezahlt?

Wer →	Personen (*)
Was →	Sachen
Welcher →	Alternative aus einer Gruppe (*)
Was für →	Eigenschaften einer Person oder Sache (*)
Wann →	Zeitpunkt
Wie lange →	Zeitraum, Dauer
Wo →	Ort
Wie →	Art und Weise, Umstände, Eigenschaften
Wie viel →	Quantität, Menge

(*) Nach Genus, Numerus und Kasus unterschiedlich: Wer/Wem/Wen/Wessen; Welcher/Welches/Welche/Welchem/Welchen; Was für Ø / ein / eine / einer / einem / einen.

3.2 Entscheidungsfragen

Ist der Hundertmarkschein echt? [↘] -- **Ja**, natürlich!
Bezahlen Sie öfter mit falschen Hundertern? [↑]
-- **Nein** [↓], nur manchmal.

> Antwort: »ja« oder »nein«. Das Verb steht an erster Stelle. Am Ende der Frage steigt die Intonation [↑]. Bei der Antwort fällt sie [↓].

3.3 Fragen mit Präpositionen

Um welche Sprache handelt es sich bei diesen Sätzen?
(→ **Um** Neudeutsch.)
Mit wem ist sie verheiratet? (→ **Mit** einem Schauspieler.)
Womit beschäftigst du dich gerade? (→ **Mit** diesem und jenem.)

> Vor das Fragepronomen wird eine Präposition gestellt. Die Antwort beginnt meistens mit dieser Präposition. Viele Präpositionen bilden eine eigene Frageform mit **wo(r)**.

3.4 Fragen nach der Begründung

Warum sind englische Wörter attraktiver? – **Weil** sie kürzer sind.
Aus welchem Grund joggen Sie? – **Weil** ich Dauerlauf langweilig finde.

> Nach dem Grund fragt man mit **warum, weshalb, aus welchem Grund, wieso**.

3.5 Nachfragen

Sie kommen aus Japan? [↑] – **Ja**.
Du hast keinen Führerschein? [↑] – **Nein**.

> Die Information ist bereits bekannt. Man möchte sie noch einmal bestätigt bekommen. Die Satzstellung entspricht der eines normalen Aussagesatzes. Die Frage ist nur an der steigenden Intonation erkennbar.

3.6 Rhetorische Fragen

Muss ich denn hier alles machen!
Wer hätte das gedacht!

> Man erwartet keine informative Antwort. Am Ende steht ein Ausrufezeichen!

BILDBESCHREIBUNG SoS

4.1 Ein Bild beschreiben und interpretieren

4.1.1 Beschreibung

Was sehen Sie?

Das Bild zeigt ...

Auf dem Bild ist ... zu sehen

Bsp → *Auf dem Bild **ist** ein riesiger Hai **zu sehen**.*

Das Bild stellt ... dar.

Im Vordergrund/Hintergrund
Vorne links/rechts
Hinten links/rechts   } sieht man ...
In der Mitte, oben / unten   kann man ... erkennen
Auf der linken/rechten Seite ...

Bsp → ***Oben kann man*** *drei schwimmende Figuren **erkennen**. Sie ...*

4.1.2 persönliche Eindrücke

Was fällt Ihnen auf? Was fällt Ihnen zu dem Bild ein?

Mir fällt auf, dass ...

Auffallend/merkwürdig ist, dass ...

Auf mich wirkt das Bild ... *(+ Adjektiv)*

Bsp → ***Auf mich wirkt das Bild*** *sehr melancholisch.*

Beim Betrachten des Bildes empfinde ich ....

Ich frage mich, ob / warum / was ....

Warum hat der Maler ... ?

Ich stelle mir vor, dass ...

Die Frau /der Mann / ... macht auf mich den Eindruck, als hätte/wäre er/sie ...

Bsp → *Der Mann im Vordergrund **macht auf mich den Eindruck, als wäre er** sehr einsam.*

4.1.3 Interpretation, Absichten des Malers

Wie interpretieren Sie das Bild?

Der Künstler/Maler/Zeichner   möchte uns mitteilen, dass ...
                              möchte zum Ausdruck bringen, dass ...
                              möchte zeigen, dass ...
                              veranschaulicht das Problem, dass ...

4.2 Verben, die die indirekte Rede einleiten

Wenn Sie fremde Meinungen oder Texte wiedergeben, können Sie als Einleitung verschiedene Verben benutzen.

neutral		Zweifel
Er/sie **sagt**, dass ...	Er/sie **erklärt**, dass ...	Er/sie **behauptet**, dass ...
Er/sie **meint**, dass ...	Er/sie **teilt mit**, dass ...	Er/sie **stellt die Behauptung auf**, dass ...
Er/sie **findet**, dass ...	Er/sie **betont**, dass ...	Er/sie **gibt an**, dass ...
Er/sie **schreibt**, dass ...	Er/sie **unterstreicht**, dass ...	**Es heißt**, dass ...
Er/sie **fragt**, dass ...	Er/sie **vertritt die Ansicht**, dass ...	
Er/sie **antwortet**, dass ...	Er/sie **stellt fest**, dass ...	

SoS Statistiken verbalisieren

5 Statistiken, Diagramme, Schaubilder in Worten ausdrücken

5.1 Das Thema des Schaubilds

Das Diagramm/Schaubild **zeigt** ...
Das Diagramm/Schaubild **stellt** ... **dar**
Das Diagramm/Schaubild **gibt** / **liefert Informationen über** ...
Das Diagramm/Schaubild zeigt ... **von** 1990 **bis** 1999.

*Das Diagramm **zeigt** die weltweite Entwicklung des Tourismus **von** 1980 **bis** 1995.*

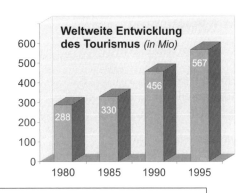

5.2 Entwicklungen

Die Zahl der ... ist **von** ... **auf** ... **gestiegen**.
Die Zahl der ... **hat sich von** ... **auf** ... **erhöht**.
Die Zahl der ... **ist von** ... **auf** ... **gesunken**.
Die Zahl der ... **ist von** ... **auf** ... **zurückgegangen**.

*Die Zahl der Touristen ist **von** 288 Millionen im Jahre 1980 **auf** 567 Millionen im Jahre 1995 **gestiegen**.*

5.3 Vergleiche

... (wesentlich/erheblich/deutlich) **mehr** / **weniger als** ...
die meisten / **die wenigsten**

Im Vergleich zu ...
Im Unterschied zu ...
Verglichen mit ...

Während .., **waren es** ...
35 % der ... **Demgegenüber** /**dagegen** ...

*1995 reisten weltweit **wesentlich mehr** Menschen **als** 1985.*

*Im **Vergleich zu** 1980 unternahmen 1990 weltweit 168 Millionen Menschen mehr eine Urlaubsreise.*

*Während 1985 die Zahl der Touristen weltweit 330 Millionen betrug, **waren es** 1990 456 Millionen.*

5.4 Anteile

Der Anteil der ..., die ..., ist **von** ... Prozent **auf** ... Prozent gewachsen.
Der Anteil der ..., die ..., **beträgt** ... Prozent
... **Prozent aller** ...

*Der Anteil der Deutschen, die eine Urlaubsreise unternahmen, ist **von** 45 Prozent im Jahre 1965 **auf** 78 Prozent im Jahre 1995 **gewachsen**.*

5.5 Fazit

Die Zahl der ... **ist rückläufig**.
Der Anteil der ..., die ..., **steigt tendenziell**.
Die Zahl der ... **sinkt tendenziell**.

*Der Anteil der Deutschen, die eine Urlaubsreise unternehmen, **steigt tendenziell**.*

5.6 Kritik

Das Schaubild ist mit Vorsicht zu genießen, weil ...
Das Schaubild manipuliert den Leser, weil ...
Ich traue der Statistik nicht, weil ...
Bei der Statistik bleibt unberücksichtigt, ...

***Bei der Statistik bleibt unberücksichtigt**, um was für Urlaubsreisen es sich handelt.*

Verben, die eine Veränderung ausdrücken *(alle intransitiv)*

(an)steigen
sich erhöhen
(an)wachsen
zunehmen

sinken
fallen
zurückgehen
abnehmen

GESPRÄCHSSTRATEGIEN SoS

6 Gesprächsstrategien

6.1 In Diskussionen eingreifen

Vielleicht haben Sie in den deutschsprachigen Ländern die Erfahrung gemacht, dass in Diskussionen jeder möglichst schnell (und wortreich) seine Meinung äußern möchte. Für Menschen, die zunächst nachdenken, bevor sie etwas sagen, ist es schwierig, sich an solchen Diskussionen zu beteiligen. Noch schwieriger ist es natürlich, wenn man in einer fremden Sprache nach Worten suchen muss. Manchmal nimmt man darauf Rücksicht, manchmal nicht. Wenn Sie den Eindruck haben, dass Ihnen Ihre Gesprächspartner keine Chance geben, etwas zu sagen, sollten Sie nicht schweigen, sondern Ihren Wunsch, auch an dem Gespräch teilzunehmen, ausdrücken.
Sie können dafür folgende Redemittel verwenden:

vorsichtig	neutral	bestimmt
Wenn Sie erlauben, möchte ich auch etwas sagen.	Entschuldigung, aber ich würde gern etwas dazu sagen!	Entschuldigen Sie, dass ich Sie unterbreche. Ich möchte ...
Wenn ich dazu auch etwas sagen dürfte ...!	Darf ich auch etwas dazu sagen?	Moment, bitte, dazu fällt mir ein, dass ...
Gestatten Sie mir eine Bemerkung dazu ...!		Moment mal! Ich möchte dazu auch etwas sagen ...!
		So! Jetzt will ich aber auch mal was dazu sagen!

Bei Diskussionen sollten alle Gesprächsteilnehmer deutlich machen, dass sie Interesse an der Meinung der anderen haben. Oft trägt es zu einer angenehmen »Gesprächsatmosphäre« bei, wenn man jemanden direkt anspricht und ihn oder sie um eine Stellungnahme bittet.

> Was meinen Sie dazu?
> Würden Sie dem zustimmen?
> Mich interessiert Ihre Meinung zu diesem Thema!
> Ich habe den Eindruck, Sie möchten etwas dazu sagen ...
> Was ist Ihre Meinung dazu?

6.2 »Jemandem den Wind aus den Segeln nehmen«.

Wenn Sie Ihre Gesprächspartner von Ihrer Meinung überzeugen wollen, ist es oft sinnvoll, mögliche Gegenargumente anzusprechen und ihre (relative) Berechtigung zu betonen. Anschließend nennen Sie Ihr Argument. Es gibt für die Gesprächsstrategie eine Redewendung: *»jemandem den Wind aus den Segeln nehmen.«*
Für diese Gesprächsstrategie können Sie folgende Redemittel verwenden:

Zugegeben: ... ... es gibt eine Reihe von Fortschritten auf dem Weg zur Gleichberechtigung.	**Aber ...** ... Frauen erhalten für die gleiche Arbeit immer noch weniger Lohn.
Ich räume ein, dass ...	**Trotzdem ...**
Es ist bekannt, dass ..	**Aber ich gebe zu bedenken, dass ...**
Es besteht überhaupt kein Zweifel daran, dass ... ... es eine Reihe von Fortschritten auf dem Weg zur Gleichberechtigung gibt.	**Aber es besteht ebenso wenig ein Zweifel daran, dass ...** ... Frauen für die gleiche Arbeit immer noch weniger Lohn erhalten.
Niemand wird leugnen / bestreiten, dass ...	**Aber man muss doch auch sehen, dass ...**
Kein vernünftiger Mensch wird abstreiten, dass ...	

119

SoS Textzusammenfassung

7.1 Einen (argumentativen) Text zusammenfassen

7.1.1 Textaufbau, Textgliederung

Das Thema benennen

1. **In dem Text geht es um** ...
   → *In dem Text **geht es um** das unterschiedliche Lebenstempo der Kulturen.*
2. **Der Text behandelt die Frage, wie / ob** ...
   → *Der Text **behandelt die Frage, welche** Unterschiede es in dem Lebenstempo der Kulturen gibt.*
3. **Der Text beschäftigt sich mit der Frage, wie/ob** ...
4. **Der Autor/die Autorin berichtet von** ...
   → *Der Autor **berichtet von** Experimenten eines Sozialpsychologen.*

Den Textaufbau darstellen

1. Im 1. Teil / Abschnitt **geht es um** ...
2. **Im Anschluss daran** ...
   → *Im **Anschluss daran werden** die Ursachen für das unterschiedliche Lebenstempo benannt.*
3. **Anschließend** ...
4. **Schließlich** ...

7.1.2 Argumentation

Thesen benennen

Der Autor/die Autorin **stellt die These auf, dass** ...
                       vertritt die These, dass ...
                       führt aus, dass ...
                       behauptet, dass ...

*Der Autor **vertritt die These, dass** das Lebenstempo vom Reichtum eines Landes abhängt.*

Begründungen von Thesen

1. Der Autor/die Autorin **begründet das damit, dass** ...
   *Der Autor **begründet das damit, dass** in allen Experimenten das Lebenstempo in den reichen Ländern am höchsten war.*
2. Der Autor/die Autorin **führt folgende Argumente an**:
                          nennt zur Begründung, dass ...
3. **Zur Begründung seiner These führt er/sie an**, dass ...

Experimente/Untersuchungen anführen

1. **Bei dem** Experiment wurde ...
2. **Das Experiment ergab / zeigte,** dass ...
   *Die **Experimente ergaben, dass** das Lebenstempo unterschiedlich ist.*
3. Das Experiment **hatte folgende Ergebnisse**:
4. **Aus der Untersuchung schließen** die Forscher, dass ...

Beispiele anführen

1. Der Autor **führt als Beispiel an,** dass ...
   *Der Autor **führt als Beispiel an, dass es bei den Kapauku in Paua verboten ist,** an zwei aufeinander folgenden Tagen zu arbeiten.*
2. Der Autor **erläutert dies anhand eines Beispiels:** ...
              verdeutlicht dies mit einem Beispiel: ...
3. **Beispielsweise / zum Beispiel hat /gibt** ...
   *Beispielsweise **gibt es** in Burkina Faso keine »verschwendete Zeit«.*

7.1.3 Ergebnis, Schlussfolgerungen

Das Ergebnis zusammenfassen

1. Der Autor/die Autorin **kommt zu dem Ergebnis,** dass ...
   *Der Autor **kommt zu dem Ergebnis**, dass die Lebensqualität nicht vom Lebenstempo abhängt.*
2. Der Autor/die Autorin **zieht das Fazit,** dass ...
                          fasst seine Thesen **dahingehend zusammen**, dass ..
3. Die Forscher **ziehen aus** der Untersuchung **die Schlussfolgerung** , dass ...
   *Aus **der Untersuchung zogen die Forscher die Schlussfolgerung, dass** das Lebenstempo von dem Grad der Industrialisierung abhängt.*

7.2 Termine vereinbaren und absagen

einen Termin haben
→ Ich **habe** morgen **einen Termin** beim Zahnarzt.

einen Termin abmachen, vereinbaren
→ Ich möchte gern **einen Termin** mit Ihnen für den 4. August **vereinbaren**.

sich einen Termin geben (lassen)
→ Können Sie mir bitte **einen Termin** für den 4. August **geben**?

den Termin absagen
→ Ich möchte **den Termin** am 4. August **absagen**.

den Termin vom ... auf den ... verlegen
→ Wäre es möglich, **den Termin vom** 4. **auf den** 12. Augst zu **verlegen**?

Bei einer schriftlichen Absage eines Termins können Sie folgende Schreibhilfen verwenden:

> Es tut mir Leid, dass ...
> Leider muss ich Ihnen mitteilen, dass ...
> Es tut mir Leid, Ihnen mitteilen zu müssen, dass ...
> Leider bin ich gezwungen, ...
> Wäre es möglich, den Termin auf den ... zu verlegen?
> Ich möchte Sie bitten, den Termin auf den ... zu verlegen.
> Passt es Ihnen am ... um ...?

7.3 Zeitangaben

7.3.1 WANN?

Adverbien

Vergangenheit	Gegenwart	Zukunft
gestern	heute	morgen
voriges (letztes) Jahr	dieses Jahr	nächstes Jahr
letztes Mal	diesmal (dieses Mal)	nächstes Mal
früher	jetzt	später
vor einiger Zeit	jetzt	bald
		gleich
am Anfang	jetzt gerade	am Ende

Präpositionen

Tageszeit:	**am** Morgen, **am** Mittag, **am** Abend, **in der** Nacht
Monat:	**im** Januar, **im** Februar, **im** Juni ...
Jahreszeit:	**im** Frühling, **im** Sommer, **im** Herbst, **im** Winter
Jahr:	2000, **im Jahre** 2000
Datum:	**am** Mittwoch, **dem** 24. Mai 2000 um 13.30 Uhr

Zeitpunkte: **vor** dem Kurs
während des Kurses
nach dem Kurs

7.3.2 WIE LANGE?

> ein Jahr lang
> **seit** einem Jahr
> **bis zum** nächsten Sommer
> den ganzen Tag
> stundenlang
> (für) ein paar Minuten
> (für) einen Augenblick

7.3.3 WIE OFT?

immer		nie
immer	oft	selten
jedes Mal	häufig	fast nie
dauernd	manchmal	so gut wie nie
fast immer	öfter	
meistens	ein paar Mal	
regelmäßig	unregelmäßig	
jeweils am Sonntag		

Ich lerne ungefähr **seit einem Jahr** Deutsch.
Ich studiere **bis zum nächsten Sommer** in München.
Ich warte schon **stundenlang** auf dich!
Darf ich für einen Augenblick um Ihre Aufmerksamkeit bitten?

SoS STREITGESPRÄCH

8 Meinungen äußern, begründen, widersprechen

8.1 Eine Meinungsäußerung einleiten

neutral	bestimmt	absolut überzeugt
Ich bin der Meinung, dass ... Meiner Meinung nach *(Verb folgt)* ... Ich stehe auf dem Standpunkt, dass ... Meines Erachtens *(Verb folgt)* ... Ich meine / denke / glaube / finde, dass ...	Ich finde es falsch/richtig, dass ... Ich bin davon überzeugt, dass .. Ich bin sicher, dass ...	Ich bin felsenfest davon überzeugt, dass ... Es besteht überhaupt keinen Zweifel daran, dass ... Zweifellos *(Verb folgt)* ... Jeder weiß doch, dass ... Jedes Kind weiß, dass ...
	Beispiele	
Meines Erachtens sollte man auch in dieser Situation die Wahrheit sagen.	**Ich finde es falsch, dass** man der Frau die Wahrheit ins Gesicht sagt.	**Zweifellos ist es** sehr unhöflich, hier die Wahrheit zu sagen.

8.2 Eine Meinung begründen

..., weil ... ..., denn ... ... und zwar deswegen, weil ...	Und zwar aus folgenden Grund: Ein Argument ist, dass ... Der Grund dafür ist, dass ...	Ich möchte das damit begründen, dass ... Folgende Argumente sprechen dafür: 1. ... Dafür lassen sich folgende Argumente anführen: 1. ...
	Beispiele	
..., **weil** eine Lüge immer ein Lüge bleibt.	**Der Grund dafür ist, dass** dadurch die Gastfreundschaft missachtet wird.	**Ich möchte das damit begründen, dass** die Frau dem Mann einen Gefallen tun wollte.

8.3 Einer Meinung widersprechen *(Es folgt dann in der Regel eine Begründung des Widerspruchs wie bei 8.2)*

neutral	bestimmt	engagiert bis arrogant
Dem möchte ich widersprechen. Ich teile diese Ansicht nicht. Da muss ich dir widersprechen.	Das finde ich überhaupt nicht. Damit bin ich nicht einverstanden. Das sehe ich überhaupt nicht so.	Da bist du auf dem Holzweg. Das meinst du doch nicht im Ernst?! Das glaubst du doch selbst nicht! Das ist doch totaler Blödsinn!

8.4 Einer Meinung zustimmen

Genau!
Genauso ist es!
Stimmt!
Das finde ich auch.
Dem ist nichts mehr hinzuzufügen.
Da bin ich ganz deiner Meinung.
Dem würde ich zustimmen.
Das trifft den Nagel auf den Kopf.
Besser hätte ich es auch nicht sagen können.
Du sprichst mir aus der Seele.

8.5 Rederecht beanspruchen

Entschuldigung, dazu möchte ich etwas sagen.
Darf ich auch mal was dazu sagen?!
Verzeihung, wenn ich Sie unterbreche, aber ...
Du hast lange genug geredet.
Ich glaube, es ist klar, was du meinst.

8.6 Unterbrechungen zurückweisen

Darf ich bitte diesen Gedankengang zu Ende bringen?
Moment, ich bin noch nicht fertig!
Jetzt bin ich dran!!
Lass mich bitte ausreden!
Du kannst danach was dazu sagen!

11 Lebendiges Erzählen und Zuhören

Der Erzähler

... weckt Interesse an der Geschichte

Wisst ihr, was mir neulich/gestern passiert ist?

Ihr werdet es nicht glauben, aber ...

Was glaubt ihr, was dann passiert ist?

Ihr könnt euch nicht vorstellen, wie ...

... fordert Zuhörer zum Erzählen auf

Habt ihr so was auch schon mal erlebt?

Habt ihr auch schon einmal solche Erfahrungen mit ... gemacht?

Die Zuhörer

... fragen nach

Und dann?

Und was hast du dann gemacht?

Wie konnte das passieren?

Warum hast du nicht ...?

Konntest du nicht ...?

... kommentieren interessiert

Nicht möglich!

Unglaublich!

Das ist ja'n Ding!

So eine Frechheit!

Da fällt einem nichts mehr zu ein!

Das hätte ich auch / nicht gemacht!

Das war richtig!

... kommentieren uninteressiert

Na so was.

Ach ja?

Sehr interessant.

Wie aufregend.

Etwas kürzer, bitte!

Index zu den Grammatikkapiteln im Textbuch

Die Seitenzahlen beziehen sich auf das Textbuch. Bei den Verben mit festen Präpositionen sind die Seiten im Kursbuch (Kb) angegeben.

Aktiv 91
Artikel 112
    bestimmter Artikel
    Nullartikel
    unbestimmter Artikel
Aufforderungen 98
direkte Rede 97
es 106
Finalsätze 105
Genitivattribut 100 f, 102, 105
indirekte Rede 97
Infinitivsätze
    mit haben + zu 96
    mit sein + zu 95
Kausalsätze 101
Konditionalsätze 110 f
    irreale Konditionalsätze
    mit und ohne Konjunktion
Konjunktionen
    Übersicht 101
    finale
        um ... zu, damit 105
    kausale
        weil, da, denn 101
    konditionale
        wenn, falls 110 f
    konsekutive
        sodass 109
    konzessive
        obwohl, obgleich, auch wenn 102
    temporale
        wenn, als, kaum, bevor, ehe, nachdem,
        während, bis dass, seitdem 104, 107 f
Konjunktiv I
    Formen 97
    in indirekter Rede 97 f
Konjunktiv II
    Formen 110
    in indirekter Rede 97
    in irrealen Konditionalsätzen 111
Konsekutivsätze 109
Konzessivsätze 102
Modalverben
    siehe Umschreibungen von Modalverben
Modalpassiv
    siehe Umschreibungen von Modalverben können, müssen
Negationen 92
    Adverbien
    Präfixe
    Pronomen
    Suffixe
Nominalisierung 99 ff
    Adjektive
    Partizipien
    Verben
Nominalkompositum 90
    Bestimmungswort
    Grundwort

Nominalstil 100
Partizipattribut 103 f
    Umwandlung in Relativsätze 104
Passiv
    Modalpassiv *siehe Umschreibung von Modalverben*
    Vorgangspassiv 90
    Zustandspassiv 91
Plusquamperfekt 107
Präpositionalattribut 100
Präpositionen in nominalen Strukturen
    Übersicht 101
    finale
        zu, zwecks 105
    kausale
        wegen, aufgrund, infolge, mangels, aus, vor 101
    konditionale
        bei, mit, im Falle 111
    konzessive
        trotz, ungeachtet 102
    temporale
        vor, nach, bei, während, seit, bis zu 107 f
Verben mit festen Präpositionen 93
    an *Kb 34*
    auf *Kb 34*
    mit *Kb 72*
    nach *Kb 159*
    über *Kb 108*
    um *Kb 170*
    von *Kb 189*
    zu *Kb 105*
Präteritum 104, 107
Redewiedergabe 97 f
Relativpronomen 94
Relativsätze 94
    mit Präpositionen
    spezifische
    unspezifische
Temporalsätze 107 f
    bis, bis dass 108
    gleichzeitig: als, während, bei 107
    nachzeitig: bevor, vor 107
    vorzeitig: nachdem, nach 107
    seit, seitdem 108
    wenn oder als? 104
Tempusformen 107 f
Textkonnektoren
    mehrteilige 98
Umschreibungen von Modalverben 95 f
    dürfen
    können
    müssen
    sollen
    wollen
Verbalstil 100
Vorgangspassiv 90
Wortbildung: Nominalkompositum 90
Zeitfolgen 107 f
Zustandspassiv 91

Quellenverzeichnis Texte

S. 9	Gerhard Henschel, Mein Unterricht im Urstromtal, *in:* Frankfurter Rundschau, 6. 12. 98
S. 11	Jonathan Hancock, Gedächtnis der Sieger, Knaur Verlag 1996
S. 12	*zusammengestellt nach Informationen aus:* Störfall im Flaschenhals, Der Spiegel, 12/1997
S. 13	c't 13/1997
S. 14/15	Wolf Wagner, Kulturschock Deutschland, Rotbuch Verlag, Hamburg 1996
S. 16	(Die U-Kurve des Kulturschocks) ebd.
S. 17	Peter Bichsel, El Salvador, *aus:* Eigentlich möchte Frau Blum den Milchmann kennenlernen, Walter Verlag AG, Olten
	Günter Kunert, Nach Kanada, *aus:* Verspätete Dialoge, Carl Hanser Verlag
S. 18	Gundolf S. Freyermuth, Heimkehr *in* Frankfurter Rundschau, 10. 12. 1997
S. 19	Heinrich Heine, Ein Wintermärchen *aus* Heinrich Heines Gesammelte Werke, F.W. Hendel Verlag, Leipzig 1925
S. 20	Paul Maar, Der fremde Planet, *aus:* Der Tag, an dem Tante Marga verschwand, Verlag Friedrich Oetinger, Hamburg 1986
S. 22	Dieter E. Zimmer, Deutsch und anders – die Sprache im Modernisierungsfieber, Rowohlt Verlag, Reinbek bei Hamburg 1998
S. 24	Die Farbe der Stimme, *nach:* Geo 12/98
S. 26	Anatomie der Mühsal, *in:* Der Spiegel 29/1997
S. 28	Bertolt Brecht, Herr Keuner und die Flut, *aus:* Bertolt Brecht, Gesammelte Werke, Suhrkamp, Frankfurt/M. 1967
	Zitate *aus:* Der digitale Mensch, Spiegel spezial 3/1997
S. 29	Günter Kunert, Olympia Zwo, in: Zurück ins Paradies, München 1984
S. 30	Computerspiele, *in:* Familie & Computer 11-12/1994
S. 32	Frankfurter Rundschau 18.05.1998
S. 34	Warum wir reisen? *in:* Studiosus-Reisen Katalog
S. 35	*frei nach:* Antoine de Saint-Exupéry
	Franz Hohler, Rückreise von Amerika, *aus:* 47 und eine Wegwerfgeschichte, Zytglogge Verlag, Gümlingen 1974
S. 36	Jost Krippendorf, Über die Ferienmenschen, *aus:* Die Ferienmenschen, Orell Füssli Verlag, Zürich 1984
S. 38	Christoph Henning, *in:* Psychologie heute, Heft 5, Mai 1997
S. 40	Kultur, Natur & Tee, *in:* TUI-Reisen Katalog; Tropische Träume *in* Studiosus-Reisen Katalog
S. 41	Herbert Grönemeyer, Männer, Grönland Musikverlag
S. 42	*nach:* Der Spiegel 33/1993
S. 44	Maria Binder, Mein Arbeitgeber, *aus:* Liebe Kollegin, Texte zur Emanzipation der Frau in der Bundesrepublik
S. 45	Claudia Pinl, Das faule Geschlecht, Textauszug, *in:* Frankfurter Rundschau, 7. 3. 1994
S. 47	*in:* Frankfurter Rundschau 8. 1. 1998 und 11. 1. 1998
S. 48	Erich Kästner, Sachliche Romanze, *aus:* Gesammelte Schriften für Erwachsene, Atrium, Zürich 1969
	Bertolt Brecht, Ohne Titel, *zitiert nach:* Echtermeyer/von Wiese, Deutsche Gedichte. Berlin 1993
S. 49	Eva Heller, Beim nächsten Mann wird alles anders, Fischer Taschenbuch Verlag, Frankfurt 1987
S. 51	Ulrich Schnabel, Alle klagen über Hetze, doch keiner will die Uhr zurückdrehen, *in:* Die Zeit 7. 5. 1998
S. 52	Heinrich Böll, Anekdote zur Senkung der Arbeitsmoral, *aus:* Aufsätze, Kritiken, Reden, Kiepenheuer & Witsch 1967
S. 54	Robert Levine, Eine Landkarte der Zeit, Pieper Verlag, München 1998
S. 56	David Nyberg, Lob der Halbwahrheit, Junius Verlag, Hamburg 1994
S. 58	Mein erster japanischer Hamburger, ebd.
	Thomas Saum-Aldehoff, Die Nachfahren des Baron Münchhausen, *in:* Frankfurter Rundschau 11. 4. 1998
S. 60	Hendrik M. Broder, Lob der Lüge, *in:* Süddeutsche Zeitung Magazin 36/1996
S. 62	Max Frisch, Mein Name sei Gantenbein, Suhrkamp Verlag, Frankfurt 1974
S. 63	Rudolf Otto Wiemer, verhältniswörter, *aus:* beispiele zur deutschen grammatik, Wolfgang Fietkau Verlag, Berlin 1971
S. 64	Hamburger Institut für Sozialforschung, Vernichtungskrieg. Verbrechen der Wehrmacht 1941 bis 1944, Ausstellungskatalog, Hamburger Edition, Hamburg 1996
	Axel Vornbäumen, „Es ist der Papa", der da tatenlos unterhalb des Galgens steh,t *in:* Frankfurter Rundschau, 12.4.1997
S. 66	Peter Wagner, Schrecken der Erinnerung, *in:* Der STANDARD, 10./11.01 1998
S. 68	*in:* Süddeutsche Zeitung, 5. 4. 1997
S. 69	Herta Müller, Schmeckt das Rattengift? *in:* Frankfurter Rundschau, 31.10.1992
S. 72	Mei-Wei Chen, Geister in der Stadt, WDR 13.6.1998
S. 73	Kurt Marti, Leichenrede *aus:* Leichenrede, Luchterhand Literatur Verlag, Frankfurt 1976
	Mathias Claudius, Der Tod und das Mädchen, *zitiert nach:* Gion Condrau, Der Mensch und sein Tod, Kreuz Verlag, Zürich 1991
S. 74	Philippe Ariès, Studien zur Geschichte des Todes im Abendland, Carl Hanser Verlag, München 1976

S. 76	*in:* Psychologie heute 11/1996
S. 83	*in:* Frankfurter Rundschau, 20.10.1997
S. 84	*aus:* Thomas Kernert, Die Stechuhr, HR 2, 1.7.1998
S. 86	Christian Nürnberger, Freiheit macht arm, *in:* Süddeutsche Zeitung 30.4.1998
S. 88	Robert Gernhardt, Der Schnurbart, *in:* Spiegel spezial 4/1996

Quellenverzeichnis Abbildungen

S. 9	o. re.: Frankfurter Rundschau, 6. 12. 98, u.li. Geo Wissen 9/9;
S. 17	Mara Peres da Silva
S. 28	*Mitte:* Der digitale Mensch, Spiegel spezial 3/1997
S. 31	steady cam 28/1994
S. 33	Der Mensch im Netz der Medien, Spiegel spezial, 3/ 1999
S. 41	*u.li.* Daniel Rückert, Mama, Berlin 1995
S. 46	*Angaben nach:* Statistisches Bundesamt
S. 47	Frankfurter Rundschau 8.1.1998 und 11.1.1998
S. 52/53	Mara Peres da Silva
S. 54	bild der wissenschaft spezial, Mehr Zeit
S. 63	Salvador Dalí, Die Beständigkeit des Gedächtnisses (Die weichen Uhren), Fundacion Gala-Salvador Dalí, VG Bild-Kunst, Bonn 1998
S. 64	Vernichtungskrieg. Verbrechen der Wehrmacht 1941 bis 1994, Ausstellungskatalog, Hamburger Edition, Hamburg 1996
S. 76	Psychologie heute 11/1996
S. 78	Werner Seelhorn (Hrsg), Das dicke Bidstrup-Buch, Eulenspiegel Verlag, Berlin 1974
S. 88/98	Spiegel spezial 4/1996
S. 177	*oben:* siehe S. 28 *Mitte:* Edvard Much, Melancholie, The Munch Museum, The Munch Ellingsen Grup/VG Bild -Kunst, Bonn 1998

Trotz intensiver Bemühungen konnten nicht alle Inhaber von Text- und Bildrechten ermittelt werden. Für entsprechende Hinweise ist der Verlag dankbar.